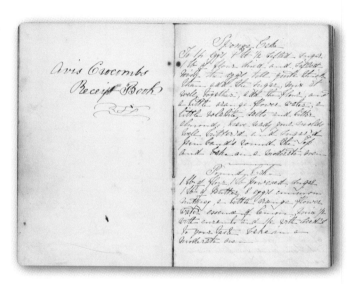

ミセス・クロウコムに学ぶ
ヴィクトリア朝クッキング
男爵家料理人のレシピ帳

ミセス・クロウコムに学ぶ
ヴィクトリア朝クッキング

男爵家料理人のレシピ帳

アニー・グレイ　アンドリュー・ハン

翻訳　村上リコ

もくじ

....

私の大・大おば、
ミセス・クロウコム

······································

ボブ・ストライド

　この本を、私はあやうくゴミ箱に捨ててしまうところだったのです。そもそも、手書きのレシピ帳の存在を初めて知ったのは、1981 年のことでした。でも私とエイヴィス・クロウコムとのつながりは、実は 19 世紀の終わりから始まっていたのです。

　エイヴィスは、1880 年代にオードリー・エンドのブレイブルック男爵夫妻のもとで料理人として働いていました。彼女は 1 冊のノートにレシピを書き留めていましたが、これはおそらくノーフォークで料理人兼家政婦長として働いていた時期から続けていたものでしょう。エイヴィスは 1884 年に執事のベンジャミン・ストライドと結婚しています。ロンドンはハノーバー・スクウェアの、ブレイブルック卿のタウンハウスにいたとき出会ったのに違いありません。結婚を機に使用人をやめ、北ロンドンのメリルボンで宿屋の管理人になったときにも、レシピ帳は彼女とともにありました。そしてベンジャミンは 1893 年、エイヴィスは 1927 年に亡くなります。

　私の祖父、ダニエル・ストライドは、ベンジャミンの甥にあたります。祖父は1890 年代の初めには首都警察に勤めていたのですが、親戚のうちロンドンに住んでいたのが彼だけだったために、おじ夫婦が亡くなったときに遺品の整理をし、そこでエイヴィスのノートを手に入れたようです。祖父は 1949 年に亡くなったとき、娘のエルシー、私にとってはおばにあたる人とロンドンに住んでいました。レシピ帳を含む祖父の遺品はエルシーの手に渡り、彼女が結婚して引っ越すと、今度はスタッフォードシャーに運ばれていきました。

　1981 年にエルシーおばは介護施設に入りました。そのとき私が一族で唯一の若者だったので所持品整理を手伝うことになり、いろいろと家族の形見の品をもらいました。そのなかに例のノートもあったのです。これを私は木箱に入れて、屋根裏にしまっておきました。2009 年までそのままでしたが、妻と屋根裏の片付けをしたとき再発見したのです。もう少しでゴミ箱に捨ててしまうところでしたが、最初のページに祖父の字らしき鉛筆のメモ書きがあるのに気が付いて、考え直しました。祖父のメモには、このノートがエイヴィスのつけていたものであること、彼女がノーフォークのラングリー・パークとエセックスのオードリー・エンドで働いていたことが書かれていました。私たちはオードリー・エンドに、書いてある内容に興味はないかと問い合わせることにしました。すると数日後、イングリッシュ・ヘリテッジから電話がかかってきて驚きましたよ。それはもう大いに興味がある、というのです。

ボブ・ストライドと手書き
のレシピ帳を手にした
キャシー・ヒパーソン。
オードリー・エンドにて、
2009年。

　そういうわけで、私たちはレシピ帳を持って 2009 年の 8 月にオードリー・エ
ンドを訪ねたのです。イングリッシュ・ヘリテッジは、ちょうどその前年にオードリー・
エンドの使用人棟の改築を終え、1880 年代の生活を再現した展示を始めて
いました。なんといっても驚いたのは、彼らは屋敷の記録から、そこで料理人と
して働いていたエイヴィスのことを知っていて、ミセス・クロウコムとその同僚たち
を歴史解説員が演じて見せるイベントをすでに始めていたことです――そのうち
の 1 人はキャシー・ヒパーソンでした。

　エイヴィスの手書きのレシピ帳を寄贈することで、歴史解説員の皆さんがそれ
までに作っていたような、一般的なヴィクトリア時代の料理だけでなく、エイヴィ
スがノートに書き留めたレシピを再現することも可能になりました。以来、このレ
シピ帳は数多くの新聞や雑誌に載り、BBC の『英国の隠れた遺産』という
番組にも取り上げられ、YouTube の料理動画のチャンネル登録者数は爆発
的に増えていきました。

　そしてついには一冊の本になったのです！ ――まさに感無量です。

はじめに

······························

アニー・グレイ

　エイヴィス・クロウコムの世界へようこそ。この本は、YouTube でイングリッシュ・ヘリテッジの製作した『ヴィクトリア時代の方法（The Victorian Way）』の動画シリーズを見て、コメントを書き込んでくれた何百万というファンの存在なしには実現しませんでした。本当に皆さんの熱意がこの本を作り上げたのです。

　私は 1650 年から 1950 年までを専門とする食物史家です。2008 年から 2013 年まで、オードリー・エンド・ハウスの使用人棟で、使用人の衣装を着けて歴史を再現解説するチームを立ち上げから率い、自分でも第 1 キッチン・メイドのキャラクターを演じました。その後は動画のアドバイザーを続けています。

　エイヴィス・クロウコムの手書きのレシピ帳は、研究の手がかりとしてすばらしいものです。少しくたびれたハードカバーの本に、短い材料のリストや、仕事生活のなかで手早く書き写されたレシピがぎっしりと詰まっているのです。彼女が第 5 代ブレイブルック男爵チャールズ・ネヴィルとその妻フローレンスの料理人として、オードリー・エンドにいた時期も含まれます。これは職業料理人のレシピ帳であり、出版しようなどとは思いもせずに書かれているので、繰り返しもあれば、省略もあります。エイヴィスはおそらく、市販の本のレシピを読んで写し、足りない部分を埋めたり、特に美味しくできたものや雇い主のお気に入りの料理を書き留めたりしたのでしょう。研究対象として貴重な歴史の宝物ですが、完成された料理書ではありません（野菜のレシピはきわめて少なく——とはいえこれは意外でもなく、ヴィクトリア時代の野菜といえば、ふつうはゆでてバター系のソースをかけるだけのことがほとんどだったのです——魚料理のレシピはなく、肉料理もほんの少し）。一方で、ジンジャー・ビア ［※現代のジンジャーエールに近いノンアルコールのしょうがドリンク。P223 参照］、オレンジ・マーマレード、ショートブレッドは誰かの大好物だったに違いなく、3 種類ずつ書き留められています。ほかにも甘いお菓子やビスケットのレシピが満載です。

　ヴィクトリア時代の食事は、きっと美味しかったはずです（私はこの時代の料理を偏愛していて、ヴィクトリア女王とは好みが合い、10 年ものの年齢を重ねた羊の肉（マトン）に目がないのです）。エイヴィスのレシピ帳だけでなく、より広く、ヴィクトリア時代の料理の世界に普及していたレシピも掲載しなければ、当時の食文化を軽視することになるでしょう。エイヴィス自身、まず間違いなくそうした料理を作っていたはずです。そういうわけで、この本はヴィクトリア時代料理のレシピ集となっており、21 世紀のキッチンでも作れるよう、ほんの少しだけ調整してあります（ロースト料理用の焼き串（スピット）［※ P49 参照］を持っている人はほとんどいないでしょうから）。

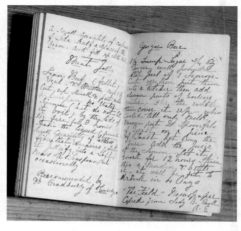

ミセス・クロウコムのレシ
ピ帳。彼女が仕事を
続けるなかでつけてい
たもの。

ヴィクトリア時代、料理の世界にはとてつもない革新が起こり、現在では伝統的英国料理と思われている多くの料理が生まれています。オードリー・エンドの時代衣装を着けた解説員チームは、ボブ・ストライドがエイヴィスの手書きのレシピ帳を寄贈してくれるより前には、ヴィクトリア時代の料理書をもとにしていました。そこから発展したYouTube動画でも、エイヴィスが集めたレシピの範囲より幅広い料理をカバーしています。たぶんエイヴィスは、オードリー・エンドの自家菜園から多くの種類の新鮮な作物を手に入れられたでしょうし、領地内では家畜の肉も、猟鳥獣肉もとれました。ヴィクトリア時代の人びとは、現代ではほとんど見かけなくなった食材を日常的に調理していました。そのうえ、猛烈な勢いで新しい品種の果物や野菜が生み出されていたのです。

本書のレシピは断固としてヴィクトリア時代らしさを残してはありますが、読者の皆さんには自由に手を加えていただきたいと思います——なんにせよ、それこそがエイヴィスのしていたであろうことなんですから。多くのレシピはエイヴィスの手書きのノートからとりました（最高のものを選び抜きました——なのでご安心ください。「レタスの砂糖漬け」は選外です）。ほかには、彼女が読めたとわかっている同時代の本からの抜粋や、キャシー［※エイヴィス役］をはじめ、オードリー・エンドのキッチンで使用人を演じるチームのお気に入り料理もあります。一部には、ヴィクトリア時代の資料から出発したけれど、オードリー・エンドで10年間作り続けるうちに、独自のレシピに進化したものもあります。YouTube動画で紹介したレシピはすべて収録しました。ヴィクトリア時代の食卓をひととおり再現するには十分な数でしょう。

それでもまだエイヴィス成分が足りないというファンの皆さんのために、本の最後に彼女のレシピ帳の書き起こしを注釈付きで掲載しました（白鳥のローストもありますから探してみて）。参考文献リストも掲載したので、さらにどっぷりとエイヴィス・クロウコムの世界に浸ることができるはずです。

ミセス・クロウコムをよみがえらせる

キャシー・ヒパーソン

　私は、1880 年代にオードリー・エンド・ハウスで暮らし、働いていたミセス・クロウコムの役を 2008 年から演じています。私は歴史解説員をしているのですが、この仕事の大好きな点は、オードリー・エンドを訪れた見学者に、この並外れたプロジェクトを見てもらえることです——歴史のなかに実在した 1 人の使用人に焦点を合わせて、キッチン、衣服、調理方法を再現しているのです。
　「歴史解説員」とは、正確に時代考証された衣服を身に着け、歴史上の特定のキャラクターになりきって一人称で語ることにより、現代の観客に、生きた歴史を教える人のことです。王様や貴族の生活をくわしく調べて再現することは比較的容易な場合が多いのですが、地位の低い人びとのことは、文字で残された資料が少ないため、より難しいのです。ミセス・クロウコムの場合はその最たるものです。彼女はヴィクトリア女王時代の使用人。当時の使用人は、ほとんど顧みられることのない存在で、残っている記録は国勢調査くらいです。ミセス・クロウコムの義理の甥の孫にあたるストライド氏が、手書きのレシピ帳を寄贈してくださって以来、訪問者の体験に、わくわくするような深みが加わりました。個人的な話をすると、初めて手書きの筆跡を見たときの感覚を、私は生涯忘れることはないでしょう。彼女はこのノートにほんとうに手を触れて書き込み、きっと大事にしていたに違いないのです。

　オードリー・エンドでの解説のすばらしい点は、ミセス・クロウコムにぴったりの環境で仕事にとりかかれることです。これはイングリッシュ・ヘリテッジが丹精こめてキッチンをよみがえらせてくれたおかげです。私は「パスト・プレジャーズ・リミテド」社が詳細な調査に基づいて制作した衣装を着て、アニー・グレイ博士が愛情たっぷりに調査したレシピで調理をしています。2015 年からは、ミセス・クロウコムが仕事をしている動画がイングリッシュ・ヘリテッジのYouTube チャンネルにあげられるようになり、よりたくさんの視聴者に彼女の姿とそのレシピを見てもらえるようになりました。ミセス・クロウコムが、女性ながら男爵家の料理長を務めたことは、当時としては非常に珍しいことです。その時代の貴族の家では、たいてい男性の料理人を雇っていたからです。彼女を現代によみがえらせるという体験は、私自身の人生に大きな影響を与えました。それまでは料理にさほど興味がなかったし、ヴィクトリア時代のキッチンにも

まったく関心はなかったのですが、このプロジェクトに参加したことで変わりました。ヴィクトリア時代の労働者とはどういうものなのか、また料理の科学について、より深く理解できるようになったと思います。今なら観客の前で自信満々に料理してみせることもできます（でも、羊の脳みそのコロッケはもうやりたくはないですね。絶対にお断りです！）。

　このクッキング・ブックのレシピで料理をするみなさんに、私がミセス・クロウコムの物語を語っているときと同じだけの喜びがもたらされますよう願います。

（前ページと上）
オードリー・エンドのキッチンの端からつながる料理人の部屋。エイヴィス・クロウコムが日々レシピ帳をめくり、メニューを考えていた場所。

1章

オードリー・エンド・ハウス

アンドリュー・ハン

「オードリー・エンド」は、ジャコビアン朝［※ジェームズ1世の治世、1603〜1625年］時代のイングランドに名だたる大邸宅の1つです。王からの寵愛と失墜、富と貧窮の逸話を秘め、野望に燃える代々の所有者たちが果てしのない改築を加えてきました。もともとは、12世紀の半ばに建立されたベネディクト派の修道院、ウォールデン・アビーを基礎として建てられました。このウォールデン・アビーは、1568年にヘンリー8世の修道院解体によって閉鎖されます。王は土地と建物を大法官（ロード・チャンセラー）のトマス・オードリーに与え、初代オードリー・オブ・ウォールデン男爵に叙しました。

トマス・オードリーは修道院のほとんどを取り壊し、残った部分を豪華な住居に改築して「オードリー・イン」としました。初代男爵の義理の息子で継承者となったのは第4代ノーフォーク公爵トマス・ハワードです。ノーフォーク公はこの大邸宅で、1571年8月に、エリザベス1世を1週間かけて歓待しましたが、翌年には大逆罪で処刑されてしまいます。発端はエリザベスの宿敵、スコットランド女王メアリーとの結婚を画策したことでした。

公爵の次男にして同名のトマスは、スペイン無敵艦隊を打ち負かした艦で手柄を立て、一族の名誉を回復しました。1603年、新王ジェームズ1世の手で、トマスは初代サフォーク伯爵に叙せられ、王室宮内長官（ロード・チェンバレン・オブ・ザ・ハウスホールド）という、

（左ページ）
現在のオードリー・エンド・ハウス。西側から見たところ。

（上）
オードリー卿トマスの肖像画、1569年。エイドリアン・トマス・キーの画風を模した画家による。オードリーはウォールデン・アビーを「最高の豪邸」に作り変えた。

王宮の要職にとりたてられました。1614年には大蔵卿（王国の財政に責任を持つ職）という、トップクラスの権力者の地位につきました。伯爵位を与えられるとすぐに、トマスは壮大な規模でオードリー・インの再建に着手しました。ジェームズ王が新居を訪問してくれることを期待してのことです。この時代、王宮の人びとには、春から夏にかけて何か月も国じゅうをめぐって国土を見分する「王室の巡幸」と呼ばれる習慣がありました。国王の立ち寄り先に選ばれることは栄誉だったので、有力な廷臣たちはお互いのカントリー・ハウスの壮麗さを競い合い、王室の訪問を受けようとしました。

　初代サフォーク伯爵の新居は「オードリー・エンド」と改称されました。その当時に競い合って建てられた大邸宅のなかでも、まず最高クラスのもので、20万ポンドかかったともいわれました（現代のお金で5000万ポンド［※2021年5月現在およそ76億円］に相当します）。しかし伯爵はどうやらやりすぎたようで、ジェームズ王は1614年にやってきたとき「この館は国王には立派にすぎるが、大蔵卿にはふさわしいかもしれぬ」とのたまったそうです。それから2年後、伯爵は国庫の横領で告発されます。有罪判決が下されたものの、どうにか斬首は免れました。とはいえ巨額の罰金を科せられて、伯爵は屈辱のうちにオードリー・エンドに隠遁することになりました。

　この失墜により、一族には巨大な館と莫大な借金が残されました。孫の第3代サフォーク伯爵ジェームズは、1640年にオードリー・エンドを相続したとき、土地を売って5万ポンドをどうにか工面し、借金の返済にあて、館と庭園を維持するはめに陥りました。折よくそのころ、国王チャールズ2世が、ニューマーケット競馬場に近い宮殿を探していました。チャールズはオードリー・エンドを5万ポンドで買うことに同意しましたが、代金のうち2万ポンドは後払いに設定されて支払われませんでした。

　3代伯爵は、いまや王の宮殿となった、かつての自宅の管理人に任命されました。オードリー・エンドのくわしい図が初めて描かれたのはこの時期のことで、王宮の営繕技官のヘンリー・ウィンスタンリーが制作した20点以上の銅版画が残っています。その図は、建物で四角に囲まれた2つの内庭を描いていて、小さい方の内庭と、大きな外側の庭が隣り合い、2つの四角形で8の字を描くようになっていました。

　内庭は、対称に配置された儀礼用の居室棟に囲まれており、北側が王妃用、南側が王用です。西側の外庭の周りには、宿舎と執務室がありました。さらに西には、壁に囲まれた広い庭園があって、ケム川が庭園の中心をつらぬくように流れ込み、その水は館の建物と平行に走っていました。

　これだけの壮麗さでありながら、チャールズ2世はまも

初代サフォーク伯爵トマス・ハワード（1561〜1626年）。王が訪問してくれるのを期待して、オードリー・インを壮大なオードリー・エンドに改築した。

A General Prospect of the Royal Palace of Audlyend   H. Winstanley at Littelbury fecit

なくオードリー・エンドへの関心を失ってしまいます。1670年までにはほとんど使われなくなり、建物は荒れ始めました。1695年、それまでの伯爵と同じく館の管理人をしていた5代サフォーク伯は、偉大な建築家にして王の建築物の管理責任者でもあったサー・クリストファー・レンに、苦情の手紙を送っています。「先だっての激しい嵐で煙突がこなごなに砕け、内庭も庭園も危険で歩くことができません。毎日のように屋根から大きな石が降ってくるのです」。そういうわけで、1701年に時の国王ウィリアム3世が、ハワード家にオードリー・エンドを返却することに決めたのも無理からぬことでした。そのかわりに、ハワード一族はいまだに王が支払っていなかった2万ポンドを帳消しにさせられるはめになりました。

　その後の50年のあいだに、ハワード家は館を大幅に縮小し、維持費を払いきれるサイズにしました。1725年までには、内庭の部分が残っているだけのような状態になっていました。第10代サフォーク伯爵のヘンリー・ハワードは、ロンドンの裕福な醸造業者の娘サラ・インウェンと結婚したことで、ある程度まで家計を上向かせます。しかし1745年、正式な跡取りをもうけることなく亡くなったので、領地の所有権は分割相続され、法廷での争いが長く続くことになります。そのあいだ館には住む者もなく、荒れ果てていきました。

　そんなオードリー・エンドに現れた救世主がポーツマス伯爵夫人エリザベスです。伯爵夫人はオードリー・エンドの信託財産から利益を受け取る3人の受益人の1人でした。彼女は1751年にほかの受益人の1人から館と大庭園を1万ポンドで購入し、東側の長広間（ギャラリー）の入った直線部を取り壊して、ひと

最古に近いオードリー・エンドの線描、1676年ごろ。ヘンリー・ウィンスタンリー作。2つの中庭を仕切る中央部の建物と、そこからのびる2つの棟のみが現在まで残っている。

オードリー・エンドの救い主は、ポーツマス伯爵夫人エリザベスだった。彼女は所領の一部を相続したのち、1751年に館と庭を購入して、最新の状態に改良した。

回り小さなU字型の館に作り変えます。伯爵夫人は、ほぼ何もない状態だった庭にも手を入れて（ハワード家はお金に困って、ほとんどの樹木を木材にするために切り倒してしまったのです）、以前よりも小ぢんまりした親密な雰囲気の庭を作り上げました。自家菜園は厩舎の裏に移動させ、これは今も同じ場所にあります。

伯爵夫人には子どもがいなかったので、甥のジョン・グリフィン・ホイットウェルを相続人に指名し、相続の条件として自身の旧姓であるグリフィンに改姓することを求めました。改名してサー・ジョン・グリフィン・グリフィン［※ミドルネームと姓がともにグリフィン］となった甥は、行動する男でした。七年戦争（1756〜1763年）に従軍してめざましい軍功をたてたものの、1760年のクローステル・カンペンの戦いで負傷して現役を退きます。そして1762年にオードリー・エンドを相続すると、彼はすぐさま近代化に着手しました。流行の最先端をいく新古典主義の建築家ロバート・アダムを雇い、勝るとも劣らない人気の造園家ランスロット・'ケイパビリティ'・ブラウンも呼びました［※「ケイパビリティ」は可能性を意味するニックネーム］。

サー・ジョンとロバート・アダムは、新しく一連の客間を南棟の1階に作りました。このとき作られた図書室は壮麗で、イタリアの有名な画家ジョバンニ・バッティスタ・チプリアーニが手掛けた古典様式のフリーズ［※天井の下、壁の上部にある帯状の部分］で飾られ、彫刻は人造のコード・ストーン［※18世紀末から19世紀半ばまで使われていた装飾用の人造石材］製でした。ホールの奥には、3つの階それぞれに長広間を設けることで、館の北側と南側をつなぐ道を作り直します。そして新しく使用人棟を建てました。のちにミセス・クロウコムの縄張りになるキッチンはこの棟のなかにあります。

サー・ジョンはカントリー・ハウスをより住みやすく、管理しやすくする最新技術に強い関心を持ち、いち早く導入していきました。地下水をくみ上げるポンプに、使用人呼び出しベル。水洗トイレは1775年に設置しています（ジョセフ・ブラマーが水洗トイレの特許をとるよりも前の話です）。そして新しく、明るい、高性能なアルガン・オイルランプも、1780年に発明されるとすぐに導入しました。

しかし、最も大きく手を加えたのは庭です。サー・ジョンは1760年代の初頭に、大庭園を広げるべく土地を買い足し始め、1763年からケイパビリティ・ブラウンが仕事に着手しました。ブラウンは古い時代の整形式庭園の名残りは取り除いて、自然のままに見えるものの、実は理想化された景色であるという、当時流行の風景式庭園を作

サー・ジョン・グリフィン・グリフィンは1762年にオードリー・エンドをおばのポーツマス伯爵夫人から相続した。その時代では最新の家庭用テクノロジーに強い熱意を抱いていた。

り上げます。なだらかな芝生、曲がりくねる川、木々や茂みは注意深く配置し
て、使用人の働く建物は見えないように隠しました。オードリー・エンド村のコ
テージのうちいくつかは買い上げて解体したので、労働者の住宅が眺めを遮
ることもなくなりました。そして装飾用の新しい庭園建築を風景の中にちりばめ
たのです。

　1784年にサー・ジョンは第4代ハワード・ド・ウォールデン男爵位を継承し
ます。それからすぐにさらなる改築にのりだしました。大広間（サルーン）を改装し、自分自
身と母親、それまでのオードリー・エンドの持ち主すべての全身肖像画を、当
時流行の画家ビアージョ・レベカに描かせて飾ります。そして最上の寝室も改
装して、新しい一連の儀礼用居室に組み込みました。国王ジョージ3世の
訪問を期待して、1786年に改装したのですが、残念ながら王が訪れることは
ありませんでした。

　1788年、男爵はさらに初代ブレイブルック男爵にも叙されました。2度結婚
したものの、子どもはいなかったので、1797年に亡くなったときに爵位を継承し
たのは、おばのポーツマス伯爵夫人の夫の血縁者、リチャード・ネヴィルでした。

　リチャード・ネヴィルが第2代ブレイブルック男爵となって、オードリー・エン
ドにやってきたときには、ちょうど妻に先立たれたばかりの47歳で、7人の子ど
もがいました。館は最新の設備に改装してありましたが、子ども部屋はなかった
ため、3階にしつらえました。また、暖房の効果を高めるために改良型のストー
ブも導入しました。そして1819年、ついにオードリー・エンドはふたたび王室
の訪問を受けることになります。国王ジョージ3世の娘のメアリー王女が、グロ
スター公爵ウィリアム（メアリーの夫で、いとこでもありました）と、彼の姉プリン
セス・ソフィア・オブ・グロスターを伴って訪れたのです。

　1820 年、2 代男爵のリチャードは、自分の一族の領地であるバークシャー
の「ビリングベア」邸に引退しました。オードリー・エンドは、同名の長男、リ
チャード・ネヴィルに譲られます。彼はちょうど新婚家庭を構えるところでした。
1825 年、第 3 代ブレイブルック男爵を継承したリチャードは、妻のジェーン・
コーンウォリスとともに大々的な改装に着手します。サー・ジョン・グリフィン・グ
リフィンは、18 世紀の当時に流行していた新古典主義様式に館を作り変えま
したが、3 代男爵のリチャードは学者にして古物愛好家で、ジャコビアン時代
の特徴をよみがえらせたいと考えたのです。多大な労力をはらって、階段や、
ホールの鏡板張りと木彫細工の施された障壁などに塗ってあった白い塗料を
はがし、もとのジャコビアン時代の木材を露出させました。リチャードは、建築
家のヘンリー・ハリソンと共同で改装を進めるなかで、館に残るジャコビアン様
式の要素は保存し、新しく何かを加えるときは、必ず古い様式になじむよう注
意をはらいました。パーティー用の応接間などは、館が建てられたときにあった
2 階に戻しました。家の東側の庭には、パルテール（歩道と花壇からなる整
形式庭園）を設けました。

　1858 年にリチャードの跡を継いで 4 代男爵になったのは、長男のリチャード・
コーンウォリス・ネヴィルです。病弱で、当時の男性らしい活動はできませんで
したが、そのかわり考古学と古物収集に関心を寄せていました。化石と鳥のは
く製を大量に収集し、ケースに入れて 1 階と 2 階の長広間に飾りました。また、
自分で発掘した骨董品や発見物を展示するミュージアム・ルームも作りました。

　4 代男爵は 1862 年に 41 歳の若さで亡くなり、弟のチャールズ・ネヴィル
が継承しました。5 代男爵の主な関心事は農業とクリケットです。チャールズ
は自家農場を再建し、ジャージー牛のミルクを増産するために実験的手法を
用いました。1842 年には家の前の芝生にクリケット場も作ります（このクリケット
場は、のちに川の反対岸に移されました）。この 5 代男爵チャールズこそが、
エイヴィス・クロウコムが 1880 年代に料理人として仕えた「ブレイブルック卿」
なのです。

このときまでには、館の建物は現在とほとんど同じ形になっていました。チャールズもその後の世代も、あまり手を加えることはしなかったのです。エイヴィスの時代と見た目が違うのは、1階にあるいくつかのアダム様式［※前述のロバート・アダムらによる建築・室内装飾様式］の部屋のみで、ヴィクトリア時代には一連の寝室に改装されていました。1960年代、建設省、つまり国家的に重要な建物に責任を持つ政府機関が、18世紀末の内装を復元したためです。そのため、エイヴィスがオードリー・エンドにやってくる100年前の姿になっているのです。

第5代ブレイブルック男爵チャールズ（ミセス・クロウコムの雇い主）と彼の家族。オードリー・エンドにて、1866〜7年ごろ撮影。チャールズ（前列中央）から見て左にいるのが妻のフローレンスで、足元にいるのが娘のオーガスタ。彼の肩に手をかけているのがチャールズの姪のキャサリン、その妹のメアリーは向かって左端にいる。姉妹の母親はチャールズから見て右に座っている。残り3人の女性たちはおそらくチャールズの姉妹のミラベル、ルイーザ、ルーシーと思われる。帽子をかぶっている男性は、家族の礼拝堂付き牧師レイン・オールダム。

2章

ミセス・クロウコムの調理法

アニー・グレイ

レシピについて

　本書はヴィクトリア時代のレシピを網羅したリストではなく、ミセス・クロウコムが手書きしたレシピを完全に現代化した料理書でもない、その中間です。あなたがいま手にしているこの本のレシピは、エイヴィスがオードリー・エンドで日々作っていたであろう料理を表現したもので、半分以上は彼女のレシピ帳の記述をもとにしています。それ以外は、エイヴィスが利用できたと調べがついているか、ほぼ間違いなく使っただろうと推定できる資料からとりました。

　一般的な表記とは大幅に異なる綴りのタイトルがついたレシピがありますが、これは、エイヴィスの独特の綴りを採用したものです。小さなスペルミスは読みやすいよう訂正しました。たとえば、「マイトル・ドホテル（Maitre dHotel）」［※フランス語の記号抜け］は「メートル・ドテル（Maître d'Hôtel）」と直しました。

　レシピはヴィクトリア時代の食習慣にしたがって並べました。スープ、魚料理、肉料理（より正式には「セイボリー・アントレー」）、野菜料理、スイーツ（ヴィクトリア時代には「スイート・アントルメ」と呼ばれました）、そしてデザートとセイボリー［※塩味や辛味のきいた料理］。当時の家族の食卓はこのように構成されていたはずです。

　もしもあなたがヴィクトリア時代の上流階級の食事を、オードリー・エンドの第5代ブレイブルック男爵夫妻と同じ様式で再現したいなら、第1の「コース」にはスープ、魚料理、2種類のアントレー（肉料理のページを参照）を用意します。テーブルの中央にフラワー・アレンジメントを置き、その周囲にこれらの料理を一度に並べなければなりません。最初のコースが終わったら、何かしらのロースト料理（猟鳥獣肉が望ましく、これも肉料理のページを参照）と、野菜料理、2種のスイーツを出して、先の皿と置き換えます。最後には、デザートとセイボリーのレシピから、4種類の料理を選んで置き換えましょう。そして食事の締めくくりには生のフルーツとコーヒー、紅茶、パンチ［※ワインや蒸留酒にフルーツなどを混ぜたアルコール飲料。P224参照］のグラスを出すのです。

➡➡

計量と材料

　ヴィクトリア時代特有の習慣と用語については、各ページにちりばめた「メモ」で解説していますが、計量法とよく使われる材料、そしてイングリッシュ・ヘリテッジの YouTube チャンネルに世界中から寄せられたよくある質問への答えをここにまとめておきます。

単位：元のレシピは帝国ポンド、オンス、パイント（インペリアル）で書かれています（1 帝国パイント＝ 20 液量オンス、1 米国パイント＝ 16 液量オンスとなります。このずれの元凶は英国の 1824 年の重量単位法です）が、本書ではグラム単位とアメリカのカップ単位の換算を示しました［※英国の計量カップは日本と同じ 200ml（ミリリットル）、アメリカのカップは 250ml です。この日本語版では原則として重さはグラム単位、容量はミリリットル単位で表記しています］。何はともあれ、デジタルクッキングスケールを買うことから始めましょう（帝国単位とグラム単位の両方が使えるものがよいでしょう）［※日本では帝国単位が使えるものはあまり普及していません。本書のレシピでは帝国単位は省きました］。計量カップは非常に不正確です。また、プローブ式のデジタル温度計も、パイや肉の温度を測るのにおすすめします。一度使えば手放せないこと請け合いです。どの単位を使うにせよ、レシピごとに書かれた単位に従いましょう。そして同じレシピの中で帝国単位とグラム単位とカップ計量を取り違えないようにしましょう。

大さじと小さじ：英国とアメリカで計量スプーンはほんの少しだけ大きさが違います。帝国単位にもとづいた英国のスプーンは、アメリカの計量スプーンより少し大きいのです。違いはわずかなので「小さじ」「大さじ」とだけ表記しました。もしアメリカの計量スプーンをお使いの場合は、すり切りより気持ち多めに入れるようにしてください。とはいえ、スプーンで計るような量の材料の効果を考えれば、古い帝国単位の計量スプーンでもアメリカのものでも大きな差は出ないでしょう［※帝国単位の大さじは 17.8ml、日本の大さじは 15ml、アメリカ慣用単位による大さじは 14.8ml です。小さじはその⅓です］。

ひとつまみ：親指と人差し指と中指でつまんだ量です。

卵：英国の M サイズ［※ 53 〜 63g（グラム）。日本の卵は MS サイズが 52 〜 58g、M サイズで 58 〜 64g］を想定しています。巻末に収録している元のレシピ帳の書き起こしでは、現代に合わせて調整した本編のレシピよりも多くの卵を使っていますが、それは昔の卵が今より小さかったからです。

バター：特に指定がないかぎりすべて無塩バターですが、少し塩の入ったものでも問題ありません。

調味料：お好みでどんどん調整してください。ケーキであっても、ふつうは風味を引き出すためにひとつまみの塩が必要です。

こしょう：白い粒こしょうを使うレシピは黒こしょうでも代用できます。ただしソースに斑点ができても気にならない場合のみですが。

小麦粉：特に指定がない限り、中力粉を使います（プレーンフラワー、またはオー

ルパーパス・フラワーといいます）。

塩：ふつうは海塩の中くらいのサイズの結晶を使います。アメリカではコーシャー・ソルトと呼ばれるものです。粒子の細かい食卓塩は避けましょう。たいてい添加物を含むので、狙い通りの味にならない可能性があります（また、計量スプーンで計る場合、塩味のききすぎになります）。もちろん好みは人それぞれですから、ご自分の味を追求してください。

牛乳：かならず全乳を使ってください。

クリーム：どんなタイプでも使えます。ただし「生クリーム（高脂肪）」と指定してある場合は、英国のダブルクリーム、アメリカではヘビークリームと呼ばれるものを使ってください［※日本では乳脂肪45％程度の生クリームに相当］。英国にはホイッピング・クリームという商品もありますが、これはもう少し脂肪分が少なく、泡立てに最適なものです［※日本の乳脂肪35％程度の生クリームに相当］。わからない場合は、手に入る中で、もっとも多くの用途に向けられた製品を選んでください。ヴィクトリア時代のレシピで調理をするのなら、脂肪分の高いクリームを選んでおけば間違いはありません。

ベーキング・パウダー：既製品が簡単に手に入ります。ない場合は、重曹（ベーキング・ソーダ）小さじ½と、酒石酸水素カリウム［※酒石酸、ケレモル、クリームタータ等の商品名で売られています］小さじ1を混ぜればできます。

ゼラチン：板ゼラチンを使います。粉ゼラチンを使う場合、板ゼラチン3枚につき粉ゼラチン大さじ1の割合です。

スエット：たいていの動物の腎臓の周囲につくかたい脂肪［※ケンネ脂］のことです。お店やオンラインショップで買うことができ、生のスエットを売ってくれる肉屋さんもあります。ヴィクトリア時代に広く使われていたのは牛のスエットで、ほかのタイプもありました。本書でも牛のスエットをよく使いますが、他の脂を使った場合の結果は確認していません。ベジタリアン用のスエットもあります［※英国では乾燥スエットのパッケージ品が売られています。手に入りにくい場合は、風味は変わりますがバターなどの固形の脂で試してみましょう］。

パフ・ペイストリー生地：必ずバターで作った生地を使用してください。英国では既製品のパフ・ペイストリーが広く売られています［※市販の冷凍パイシートで代用可能］。ただし、植物性油脂を使った一部のブランドの商品はひどい味なので、原材料をよくチェックしましょう。オールバターのペイストリー生地が手に入らないなら、あきらめて別の料理にしたほうがいいかもしれません（または、自分で生地を作ることです）。たいていのレシピは、簡単なバターのショートクラスト・ペイストリー生地［※タルト生地］でも代用できます。

ブラック・トリークル：ブラックストラップ・モラセスで代用できますが、オンラインでブラック・トリークルを買うこともできます。

肉：できるかぎり最高品質のものを使うことを強くおすすめします。ヴィクトリア時代の人たちは、牛に肥育ホルモンや抗生物質を定期的に投与したりもせず、鶏のバタリーケージ飼育もしませんでした。英国には、大切に世話をされた動物であることを示すさまざまなアニマルウェルフェア・マークが存在します。倫理的な理由だけでなく、よりおいしくて扱いやすい肉を手に入れるためにも、オー

ガニック基準マークを探す価値はあります。どんな国や地域にお住まいにせよ、良心的な肉屋さんと仲良くなっておくとよいでしょう。

スープストック：良質で、できれば自家製の、野菜あるいは使う材料に即した肉のスープストックを想定しています（手作りするのは難しくはありません）。既製品の固形スープを使う場合は、たいてい塩分が多く、合成添加物が入っているので、味に影響が出ることに注意しましょう。ミセス・クロウコムはさまざまな等級のストックを最低でも5種類は用意して、選べるようにしていたはずです——スープストックのランクは、何の種類の肉を（骨だけではなく）どれだけ多く使っているか、またローストされているかどうかで決まりました。たとえば、仔牛肉のスープストックは最高級とみなされました。

ワイン：ブレイブルック男爵家では、ワインが必要となれば、クラレット（赤）やホック（白）などのヨーロッパ産ワインを用いていたはずです。辛口ミディアムの、ほどほどに果実味のある赤（ボルドーかコート・デュ・ローヌのようなタイプ）または、軽くフルーティーでミディアムな白（リースリングなど）を選びましょう。「骨太」「フルボディ」などと書かれたものには近寄らないことです。マルベック、オーク樽熟成ワインは避けてください。

代用できる材料：一部には高価な食材もあります——結局のところ、本書のレシピはヴィクトリア時代の上流階級の料理なのです。けれど、アルコール類はおおむねどれも安価な酒精強化ワイン（ポートワイン、シェリー、ベルモット、ジンジャーワインなど）に変えることができますし、ノーブランドの品でもかまいません。うずらの卵はピクルスの市販品もあります。トリュフは省略してもよいですし、ポルチーニ茸（香り用）か、くるみのピクルス（飾り用）で代用できます。

　食べられるものに制限がある場合は、ぜひレシピを調整してください。それについてはあなた自身のほうが経験が豊富だと思いますから、最適な代用品がわかるはずです。ご自分の必要と好みに合わせて、実験と調整を行うことをおすすめします。ミセス・クロウコムもきっとそうしていたでしょう（とはいえ私たちは書いてあるとおりにしか試していないので、変更して起こりうる結果についてはアドバイスはできません）。

　国によって食品の衛生・安全規制は異なります。たとえば、英国では鶏にはサルモネラ症ワクチンが投与されていますが、そうではない国もあります。それはつまり、英国では生卵のリスクは低いけれど、危険な国もあるということです［※日本の食品安全基準でも卵は生食できます］。ご自身の判断にしたがってください。また、特にお年寄りや病人、幼い子どもや妊娠中の人が食べるものを作るときは注意すべきです。

　レシピの中では、ブレンダーやミキサーなど、現代の便利な器具を使うことも想定しています。こうしたものがなくても、もちろんすべてのレシピを作ることができます。

　お楽しみあれ！

スープ

SOUP

うさぎ（またはチキン）のスープ
RABBIT（OR CHICKEN）SOUP

エイヴィス・クロウコム、未発表の手書きレシピ帳（日付不明）

【材料】

6〜8人分

うさぎ丸ごと（骨付き）…2羽
　　または鶏丸ごと（骨付き）…1羽

玉ねぎ（外皮をむいておく）…小3個

にんじん（ヘタを切り落とす）…2本

セロリの茎…2本

ローリエ2枚とタイムの枝1本
（または下ごしらえ済みのブーケガルニ1つ）

水…2と¼L

卵黄…2個分

生クリーム（高脂肪）…115ml

塩とこしょう…調味用

クルトン…サービング用

クルトン

ヴィクトリア時代のスープには、クルトンは
おなじみの添え物でした。さまざまな形に
小さく切ったパンのかけらを揚げるか、とき
には焼いたもので、スープとは別の容器
に入れて出しました。ミセス・クロウコムは
「シペット」という古風な呼び名を使い続け
ていましたが、これは16世紀にまでさかの
ぼるものです。シペットはもともとスープだけ
でなく、あらゆる料理の飾りとして使われ
ていました。

　どんな貴族の館でも、晩餐の料理はスープから始まりました。ふつうは2種類から選べるように用意します。「ライトな（透明の）」スープと「ダークな（濃厚な）」スープです。当時の作家は、ライトなスープは淑女にいかにもふさわしく、ダークは紳士向けだと書いています。また、猟鳥獣肉や赤味の肉で作ったスープは紳士に最適で、淑女は繊細な白い肉や野菜を選ばなければならないと説く本もありました。エイヴィス・クロウコムの手書きのレシピ帳には、このスープをお客様に出すときはチキンが望ましいと書き添えられています。当時、鶏はうさぎよりも高価だったのです。仔牛肉で作ることもできます。

【作り方】

　大きな深鍋に、うさぎまたは鶏を野菜、ハーブとともに入れます。野菜を刻む必要はありませんが、長すぎるようなら鍋に収まるよう切りましょう。分量の水を入れ、火にかけて沸騰させ、表面に浮いてきたあくをすくい取ります。肉がやわらかくなるまで煮込みます（90分程度）。

　スープをざるで濾してボウルに入れます。濾し取ったハーブは捨て、骨から肉を取り外します（骨と皮は捨てます）。肉と野菜をあらく刻みます。肉と野菜をスープに戻し入れ、［※ブレンダーがあれば使い、なければすり鉢でつぶしたあと濾し器を通して］なめらかになるまで混ぜ合わせます。スープをきれいな鍋に入れてふたたび沸騰させてから火を弱め、沸き立たない程度の弱火で煮ます。お好みで塩とこしょうを加えます。

　卵黄と生クリームをボウルに入れて泡立て器でかき混ぜます。卵黄液を熱いスープに注ぎ入れ、とろみがつき始めるまでよく混ぜます。沸騰させてはいけません。スクランブルエッグになってしまいます。

　火を止めて、温めたスープ用の鉢に入れ、クルトンを添えて出します。

　もう少し風味を強くしたいなら、骨から肉を外すときにうさぎのフィレ肉や鶏のむね肉を取っておいて、サイズをそろえたきれいな角切りにします（このとき、骨から外した肉に加えてなんでもお好きな浮き実を入れてかまいません）。角切りの肉は、鉢に入れる直前にスープに加えてください。

ベジタブル・スープ　VEGETABLE SOUP

マリア・ランデル『家庭料理の新しいシステム』(1806年)

【材料】

4〜6人分

玉ねぎ…小1個

きゅうり…1本[※英国のきゅうりは日本のものより大きく、200〜300g程度]

レタス(リトルジェムレタス[※ミニロメインレタス]、または類似の球のかたい品種)…1個

バター…55g

野菜のスープストックまたは水…1と¼L

えんどう豆…115g

カイエンペッパー…調味用

生クリーム(高脂肪)…115ml(なくても可)

塩とこしょう…調味用

クルトン…サービング用

ピュレにする方法

ミセス・クロウコムは野菜をピュレ状にするのに、現代のようなブレンダーではなく、乳棒と乳鉢ですりつぶし、タミー(濾し布のことで、ふつうは目の粗いモスリンでした)に押しつけて濾したでしょう。さらに濾し器も通したかもしれません。

エイヴィスは幅広い資料にあたって、ノートにレシピを書き加えました。マリア・ランデルのベストセラー『家庭料理の新しいシステム』も間違いなく読んでいたはずです。公式の出版だけでなく、無断転載もされて、100年以上も刷られ続けたからです。もともとはランデルが自身の家族のために書いたものでしたが、実用的なアドバイスや、丁寧に試作を重ねたレシピが満載で、長いこと生き残っていたのです。

【作り方】

玉ねぎときゅうりの皮をむいて薄切りにします。レタスの葉を取ってせん切りにします。大きい鍋にバターを溶かし、玉ねぎを入れて、透き通るまで弱火で熱します(20〜30分くらい)。きゅうりとレタスを加えてよくかき混ぜます。さらに弱火で10分熱し、スープストックまたは水を加えます。火を強め、沸騰したら弱火に落としてコトコト煮ます。

野菜がやわらかくなるまで15分煮ます。えんどう豆を加えてさらに10分煮込んだら、ブレンダーか、すり鉢と濾し器を使ってなめらかになるまで混ぜ合わせます。きれいな鍋に戻して、火にかけて熱を通します。塩とこしょうで調味し、さらに真のヴィクトリア朝風にしたいならカイエンペッパーを少々加えます。クリーミーなスープがお好みなら、生クリームを加えてよく混ぜます。

温めたスープ用の鉢に入れ、クルトンを添えて出します。

スープ・メイガー SOUP MAIGRE

エイヴィス・クロウコム、未発表の手書きレシピ帳（日付不明）

【材料】

6人分

ターニップ［※西洋かぶ。日本のかぶよりも固く、煮崩れしにくい］…5個

セロリの茎…5本

玉ねぎ…2個

バター…55g

ローリエ2枚とタイムの枝1本

（または下ごしらえ済みのブーケガルニ1つ）

チキンのスープストック…1と¼L

生クリーム（高脂肪）…115ml

塩とこしょう…調味用

クルトン…サービング用（なくても可）

....

玉ねぎ

玉ねぎは貧民のものとみなされてきました。安くてボリュームがあり、口臭やお腹にガスがたまる原因になったためです。上流階級の晩餐に出される料理には、ごく控えめにしか使われませんでした。ミセス・クロウコムと同時代の人がそのような風潮をはっきりと記録しています。とあるケンブリッジの食堂には、「葉玉ねぎ（スカリオン）が大好きな紳士の方々は遠く離れた、窓の下のテーブルをお使いください」という注意書きが掲げられていたのです。

....

　スープ・メイガー、またの名を「リーンな」スープは、肉を断つ節食期間のために作られたものです。この節食期間は中世の時代にカトリック教会が広めました。18世紀までにはスープ・メイガーはターニップのスープを指すようになり、英国人からはたびたび「スープ＝ミーガー」と揶揄して呼ばれ［※ミーガー（meager）は貧弱という意味］、フランスの食事が貧しい証拠とみなされるようになりました。その時代、フランス人はターニップばかり、英国人はビーフばかり食べて生きているというステレオタイプがあったのです。エイヴィスはこのメニューをただ「ターニップ・ピュレのスープ」と呼んでいました。

【作り方】

　よく切れる包丁か、またはフードプロセッサーの方がもっとよいですが、いずれかの器具で野菜をすべてみじん切りにします。大きな鍋にバターを入れて中火で溶かし、切った野菜を入れます。野菜が焦げない程度にやわらかくなるまで、弱火で5分〜10分加熱します。ハーブとスープストックを加えて沸騰させ、そして弱火にしてコトコト煮ます。

　時々かき混ぜながら40分ほど煮込んだら、火からおろし、ブレンダー、またはすり鉢と濾し器を使ってなめらかになるまで混ぜ合わせます。きれいな鍋に戻して、沸騰しない程度に火を通します。生クリームを入れてよく混ぜ、塩とこしょうで味をととのえます。

　温めたスープ用の鉢に入れて、お好みでクルトンを添えて出します。

ルバーブのスープ RHUBARB SOUP

著者不明、『カッセルの料理事典』(1875年ごろ)

【材料】

4〜6人分

玉ねぎ…小1個

ルバーブ…255g

トマト…170g

ベーコン（バラ）…2枚

バター…大さじ1

ビーフのスープストック…1と¼L

白いパン（耳を切り落とし、薄くスライスする）…2枚

塩とこしょう…調味用

クルトン…サービング用

このスープは、ヴィクトリア時代に特有の進歩の精神によって、基本的なビーフコンソメにルバーブの酸味を加え、風味を強めたものです。オードリー・エンドでは、ほかの野菜や果物と同じように、ルバーブも自家菜園で育てていたことでしょう。ルバーブは促成栽培（鉢をかぶせて日光をさえぎることで、茎をやわらかく、色を薄く、旬よりも早く収穫できるようにすることです）か、または露地栽培されました。ルバーブはレモンやタマリンドと似たような使い方ができます（タマリンドはヴィクトリア時代にもフレーバーとしては知られていましたが、食材として使うことはあまりありませんでした）。スープの材料として選んだルバーブが赤ければ赤いほど、仕上がりも鮮やかな色になります。

【作り方】

野菜を乱切りにし、まだ種類ごとに分けておきます。ベーコンを小さく切ります。大きな深鍋を中火にかけてバターを溶かし、ベーコンを入れて炒め、焦げ目がついたら火を弱めます。玉ねぎを加えて軽く色づくまで20分くらい炒めます。

ルバーブ、トマト、スープストックとパンを加えて沸騰させます。野菜がとてもやわらかくなるまで、25分ほど弱火で煮込みます。

ブレンダーか、すり鉢と濾し器を使って、なめらかになるまで混ぜ合わせ、きれいな鍋に戻してふたたび火を通し、塩とこしょうで味をととのえます。

温めたスープ用の鉢に入れ、クルトンを添えて出します。

オードリー・エンドの自家菜園。

にせ海亀のスープ　MOCK TURTLE SOUP

ジュール・グフェ（アルフォンス・グフェによる翻訳）『王室料理法』（1867年）

【材料】

8〜10人分

仔牛の頭（骨は抜き、タンは残す）…1頭分

バター…340g

仔牛肉と牛肉（角切り）…2kg

玉ねぎ（みじん切り）…大1個

マッシュルーム（みじん切り）…115g

パセリ（みじん切り）…30g

セロリの茎（刻む）…1本

小麦粉…170g

マデイラワイン…550ml

ビーフまたは仔牛のスープストック…2と¼L

生バジルの枝…1本

レモンタイムの枝…1本

マジョラムの枝…1本

ローリエ2枚とタイムの枝1本
（または下ごしらえ済みのブーケガルニ1つ）

カイエンペッパー…小さじ½

仔牛またはチキンのスープストック…570ml

濃いビーフのスープストック、
　　　またはコンソメ…2と¼L

レモン果汁…大さじ2（レモン小1個分くらい）

塩と白こしょう…調味用

18世紀、海亀のスープは最高級の料理に分類されました。生きた海亀を西インド諸島から運んでこなければ作れず、海亀の甲羅に入れるか、海亀型をした贅沢な銀のスープ鉢に入れて出されることもよくありました。19世紀のはじめには、本物よりも安くて手の届きやすい代替品として、海亀のかわりに仔牛の頭を使ったにせ海亀スープが登場します。これは急速に広まって、ヴィクトリア時代の英国料理を体現するような存在となりました。レシピは時として恐るべき複雑さになり、たっぷりの浮き実を入れ、なかには脳みそを模した肉だんご（こま切れの肉か魚を味付けして丸めてゆでたもの）や揚げたタンなどもありました。フランス人はこの料理を「海亀のスープ英国風」と呼びました。濃厚なスープにも透明なスープにも作ることができます（P29参照）。

【作り方】

まず、骨抜き仔牛の頭の下ごしらえから始めましょう。沸騰している熱湯に入れて3分間下ゆで（ブランチ）し、引きあげます。不純物［※血や皮膚や汚れなど］をすべて取り除きます。

大きな深鍋にバターを溶かし、角切りの仔牛肉と牛肉を入れて、色が変わるまで炒めます。次に玉ねぎ、マッシュルーム、パセリ、セロリを入れて黄金色になるまで炒めます。小麦粉を加えて、完全に混ざるまでよく撹拌します。マデイラワインの⅔を入れて、量が半分になるまで煮詰めます。ビーフか仔牛のスープストックを注ぎ入れ、ハーブとカイエンペッパーを加えて、塩こしょうで味をととのえ、沸騰させます。仔牛の頭を入れます（材料にスープがかぶっていないようなら少し水を足しましょう）。火を弱めてコトコト煮ます。1時間半ほど煮込んだらタンを取り出して、残りはそのまま、さらに1時間半煮込みます。

タンのあら熱がとれたら、皮をむいて2.5cm幅の角切りにしておきます。計3時間の煮込みが終わった鍋から、仔牛の頭を取り出して水気を切り、2枚の天板ではさみ、上に重しをしてしっかりとプレスしながら冷蔵庫で冷やします。3時間以上冷やして、タンと同じく2.5cmの角切りにします。ここまではスープを出す前の日に進めておいてもかまいません。

仕上げをします。鍋の中のスープを目の細かい濾し器に通して、肉、野菜、ハーブの束は捨てます。仔牛かチキンのスープストックを入れて1時間、ごく弱火で静かに煮込みます。とろみの強い、ややゼリー状のスープになっているはずです。味見をし、塩こしょうで調整します。

サーブする準備ができたら、仔牛の頭の角切り肉をきれいな深鍋に入れて、
ビーフのスープストックまたはコンソメを注ぎます。沸騰させて、弱火で20分
間煮ます。ざるを通してスープストックを捨て、角切り肉を取り出してスープ用
の鉢に入れます。できあがったスープを鉢に注ぎ、残してあったマデイラワイン
の⅓とレモン果汁を入れて、タンの角切りを散らします。

さらに野心的な気分なら、脳みそだんごや仔牛のミートボール揚げを作っても
よいでしょう。固ゆで卵の黄身を、揚げたシペット（クルトン）とともに浮き実に
することもありました。

このスープは透明に仕上げることもできます。その場合は、小麦粉は入れずに、
スープを濾したあと冷まして、澄ませる手順を行います（P160参照）。それか
ら温め直して、頭の肉の上に注ぎます。

魚料理

FISH

ホワイトベイトのフライ
FRIED WHITEBAIT

著者不明『カッセルの料理事典』（1875年ごろ）

【材料】

6～8人分（前菜として）

揚げ油（ラードまたは牛のドリッピング［※牛脂、ヘットのこと］が望ましい）…500ml（使う調理用具によって増量が必要かもしれません）

ホワイトベイト［※シラス・ニシンなどの稚魚］またはスプラット［※ニシン類の小魚］…450g

小麦粉…55g

カイエンペッパー…調味用

塩…調味用

●サービング用

ブラウンブレッド［※全粒粉を含んだパン］（たっぷりとバターを塗っておく）…6～8枚

レモン（くし形切り）…2個

....

ディナーの時間

いつ正餐をとるかは階級に左右されました（労働者階級は昼餐をお昼に食べ、上流階級は晩餐を夜にとったのです）。この違いは、18世紀の終わりにかけてディナーの時間が変わっていったことに原因があります。テューダー朝時代［※ヘンリー7世からエリザベス1世の治世（1485～1603年）］にはディナーは午前11時でした。1700年までには午後2時に近づき、1750年までには上流階級では午後4時から5時の間に食べるようになっていました。富裕層のディナーが遅くなるにつれて、新しい食事が入り込んできます。呼び名はさまざまありましたが、最終的に「ランチョン」に落ち着きました。エイヴィスの時代には、裕福な人たちは晩餐を午後8時以降にとっていましたが、労働者階級の昼餐は午後12時30分のままでした（お金持ちはランチをとる時間帯です）。この混乱は現代にもまだ続いています。

....

ヴィクトリア時代のイングランドでは、ホワイトベイトが大流行していました。政治家その他の（男性限定）社交界のお偉方は、こぞってロンドンを抜け出し、テムズ川を下ってデットフォードやブラックウォールに向かいました。そして地元の食堂で熱々のホワイトベイトが揚がるのを待ち構え、ビネガーをふりかけて丸ごと食べたのです。このちっちゃな美味しい魚が、実際のところ何なのかについては、熱い議論がかわされてきました。20世紀の初めにようやく、その正体はいろいろな種類の稚魚で、大半はニシンだということが特定されました。1人のお客が1インペリアルポンド（500g弱）食べたとすると、平均180尾くらいのホワイトベイトに相当し、そこには20～30種類の魚が含まれていたことになります。現在の英国では、ホワイトベイトを取ることは持続可能性に欠ける漁業とみなされています。でも、代わりにスプラットで作ることもできますよ。

【作り方】

ラードまたは牛脂を、ディープフライヤーに入れ、190℃で予熱します（深鍋をコンロにかけても作れます）。ホワイトベイトに小麦粉をまんべんなくまぶします。熱くなった油に沈め、3～4分、途中で何度かフライヤーの網を振りながら、カリッときつね色になるまで揚げます。

ホワイトベイトをキッチンペーパーにのせて余分な油を切り、塩とカイエンペッパー少々を振って、全体にいきわたるよう軽くゆすります。

熱々のうちに出します。たっぷりバターを塗ったブラウンブレッドとくし形切りのレモンを添えましょう。

牡蠣のブーシェ OYSTER BOUCHÉES

ジュール・グフェ（アルフォンス・グフェによる翻訳）『王室料理法』（1867年）

【材料】

12個分

牡蠣（殻を外し、体液は捨てずに使う）…12個

パフ・ペイストリー生地［※または市販の冷凍
パイシート］…285g

卵（水少々と塩ひとつまみを入れて溶き、
つや出し卵液を作っておく）…1個

パセリ（みじん切り）…飾り用

●ソース用

バター（常温に戻しておく）…大さじ1＋
トッピング用に適量（なくても可）

小麦粉…大さじ1＋打ち粉用

チキンまたは仔牛の熱いスープストック…115ml

塩と白こしょう…調味用

●フィリング用

バター…大さじ2

マッシュルーム（さまざまな種類の細かい
みじん切り）…115g

白ワイン…55ml

生クリーム（高脂肪）…55ml

塩と白こしょう…調味用

牡蠣はヴィクトリア時代に、単品でも、添え物としても、たいへん人気がありました。鱈には牡蠣のソースがつきものでしたし、濃厚でスパイスのきいたオイスター・ケチャップも、さまざまなソースに風味を加えるために使われたものでした。英国有数の牡蠣の名産地として知られるコルチェスターは、オードリー・エンドと同じエセックス州にあり、同地の牡蠣産業の歴史はローマ時代にまでさかのぼります。

【作り方】

ソースを作ります。鍋にバターを溶かして小麦粉を加え、かき混ぜてかたいペースト状にします。スープストックを少しずつ加えながら、都度かき混ぜ、とろみのある絹のようになめらかなソースを作ります。牡蠣から水分が出るようなら、ざるでよく切ってソースに加えます。塩とこしょうで調味します（白こしょうを使えば斑点のない白いソースができます）。ラップか、少量の溶かしバターで表面を覆い、膜がはるのを防ぎます。

フィリングを作ります。片手鍋でバターを溶かし、泡が立ったらマッシュルームを入れます。マッシュルームの色が変わり始めたら、ワインを注ぎ入れます。煮詰めて量が半分になったら生クリームを加えます。ふたたび煮詰め、とろりとしたソースにします。塩とこしょうで味をととのえ、ソースを加えます。

打ち粉をした台の上でペイストリー生地をめん棒でのばし、3mmの厚さにします。6cmの菊の抜き型を使って24枚の円を抜きます。うち12枚の中央にひと回り小さい菊または丸の抜き型で穴を開けます。この外枠の幅は0.5〜1cmにします。最初の12枚の円（穴のないほう）の表面に刷毛でつや出し用の卵液を塗り、残りの12枚を上にのせてくっつけます。さらに表面に卵液を塗って、冷蔵庫で1時間冷やします。

オーブンを180℃に予熱して、ペイストリー生地を15〜20分、きつね色になるまで焼きます。網に並べて冷まし、冷めたらすぐに中央の穴を押し広げます。底が抜けないように注意しましょう。

ソースに牡蠣を入れて温め直します。5分弱だけ加熱したら、ペイストリーの穴に牡蠣を1つずつ入れ、ソースをかけます。パセリを散らして、滑らないようレースペーパーをのせた皿に並べて出しましょう。

ターボットのロブスター・ソース添え
TURBOT WITH LOBSTER SAUCE

チャールズ・エルメ・フランカテリ『現代の料理人』（1846年）

【材料】

6人分

ターボット［※イシビラメ］…1尾（1.5〜2kg）

レモン…2個＋飾り用スライス数枚

塩…ひとつかみ強

パセリ…数本（飾り用）

●ソース用

ロブスター（子持ちが望ましい）…1匹

レモン果汁…1個分

無塩バター…140g

有塩バター…大さじ2

小麦粉…30g

チキンまたは魚の熱いスープストック…370ml

生クリーム（高脂肪）…55ml

塩と白こしょう…調味用

....
メモ

このレシピでも、ほかのどんな料理でも、魚を使うときは持続可能な漁法（サステナブル）で得られたものかどうかを確認するようにしてください。海洋管理協議会（MSC）のサイトは良いガイドになります。今のところ養殖ターボットは「良い」評価ですが、野生のターボットは、どのように捕獲したかによって評価が異なります。
....

　ターボットは、過去から現在にいたるまで、おそらくは英国の魚料理の中でも最高級の食材でしょう。ゆでることも焼くこともありましたが、ターボット専用に設計されたトゥルボティエールと呼ばれる鍋で調理されていました。このレシピはトゥルボ・ア・ラングレーズ、すなわち「ターボットの英国風」とも呼ばれており、ごく弱火でゆでるという単純な調理法を示しています。元のレシピでは魚とともにいくつかのソースを用意して選べるようにすることを提案しています。YouTube のビデオでは、私たちはロブスターソースを選びました。

【作り方】

　魚の調理に専念するために、ソースは前もって作っておくほうが安心です。ロブスターを切り開き、トマリー（緑がかった色の肝臓［※味噌］）と、入っていればラッキーですが卵（生ではピンクがかった色で、加熱すると赤くなります）を取り出します。どちらも濾し器を通して、無塩バターとともにボウルに入れ、レモン果汁をかけてよく混ぜます。ソーセージ型にまるめてクッキングペーパーかラップで包み、出番がくるまで冷蔵庫に入れておきます。

　次にルーを作ります。有塩バターを片手鍋で溶かし、小麦粉を入れてかき混ぜてやわらかいペースト状にします。熱いスープストックを少しずつ入れ、その都度よくかき混ぜてベルベットのようになめらかなソースにします。これはヴルーテソースといいます。クリームを混ぜ入れ、高温を保ちつつ、沸騰させないようにします。

　冷やしたロブスター・バターを薄く切り、少しずつソースに加えて、よくかき混ぜながら火を通します。半分まで加えたところで一度止めて味見をし、好みに合う濃さになっていたらそこでやめます。ロブスター・バターを使い切らなかった場合は、冷蔵庫で1週間、冷凍すれば3か月もつので、別の料理に使いましょう。塩と白こしょうで味をととのえたら、使う時までよけておきます。ソースの表面にラップを密着させて、膜がはるのを防ぎます。

　次にターボットを調理します。まず魚をさばきます（または、魚屋さんにお願いしましょう）。頑丈なキッチンバサミを使って、えらを取り除き、尾びれは2.5cm ほど根元を残して切り落とし、頭の部分にあるひれを切り落とし、身体の周囲のひれも切りそろえます。内臓を抜いていない場合は、これもしっかりと取り除きます。レモン1個分の果汁を全体にすり込みます。

残ったレモンをスライスして、ターボット鍋の二重底の下に入れます。二重底の上にターボットを置き、鍋にセットします。かぶるくらいの冷水を注ぎ、ひとつかみ強の塩をかけます（「海の水と同じほどの塩気にする」という、ちょっと詩的な指示が書かれたレシピもあります）。鍋を中火にかけ、沸騰したらすぐに火を弱めて、ごく小さな火で静かに20分ほど煮込みます。魚を火からおろしても余熱で火が通ることに注意しましょう。

　ターボットが仕上がる直前に、ソースを温め直します。沸騰させないよう注意しましょう。温めた皿にターボットを滑らせてのせ、清潔なコットンまたはリネンのナプキンをふんわりとかぶせます。パセリの枝とレモンのスライスを飾り、ソースを添えてすぐに出します。

魚 の 値 段

1880年代には、ターボット1尾は最低でも2シリング6ペンスから、高いものだと15シリングもしました。これはミセス・クロウコムの給料およそ4日分にも相当します。「フラウンダー」と呼ばれる、もっと質の劣るヒラメやカレイの類なら、1尾2ペンスから6ペンスで買えました。いまではターボットは養殖されていますが、それでも高価なことには変わりありません。けれど、このレシピのソースはどんな白身魚にも合いますから、たとえターボット鍋が手近になくても、心配はご無用です！

鱈のヘッド・アンド・ショルダー
A COD'S HEAD AND SHOULDERS

イザベラ・ビートン『家政の書』（1861年）

【材料】

4人分

鱈（頭の部分に胴体を8cmほど残して切る）…
1尾分

海塩…170g

ローリエ4枚とタイムの枝2本（または下ごしらえ済みのブーケガルニ2つ）

白こしょう（ホール）…12粒

白ワイン…200ml

レモン…4個

クレソン…大1束

うずら卵（1分45秒の固ゆで）…16個

ホースラディッシュ（すりおろし）…大さじ1

◉ソース用

牡蠣…18個

生クリーム…140ml

カイエンペッパー…ひとつまみ

バター…85g

小麦粉…大さじ1

魚の熱いスープストック…225ml

ナツメグパウダー…ひとつまみ

白ワインビネガー…小さじ1

塩と白こしょう…調味用

　ゆでた鱈の頭と肩は、18世紀にも19世紀にも、正餐の料理としてたいへん人気がありました。食べられる身がたくさんついているのに、スープやストックにするしかなかったような部位を活用できたからです。それに、さまざまな舌触りや味を楽しむこともできました。肉厚の舌、繊細なほほ肉、そして身の締まった、いうなれば鱈のステーキ（肩の部分）。ヘッド・アンド・ショルダーは魚専用の鍋（フィッシュケトル）でゆでて作っていたと思われますが、このレシピの元の本では蒸してもよいと書いてあります。蒸すほうがどちらかといえば間違いのない方法で、というのも、ゆですぎると崩れてしまうからです。添えるのはこれもヴィクトリア時代の定番、牡蠣のソースですが、溶かしバターのソースに変えることもできます（P79参照）。

【作り方】

　魚の全体に塩をすり込み、プラスチックか陶器の器に入れて覆いをして、冷蔵庫に入れて2時間置きます。金属のボウルは魚が悪くなるので使わないでください。鱈を洗って、フィッシュケトル、または大きな深鍋の底にワイヤーの蒸し台か穴あきの蒸し皿をセットして入れます。かぶるくらいの水を入れ、ハーブ、粒こしょう、ワインを入れて、ゆっくりと加熱して弱火でコトコト煮ます。火を止めて蓋をし、そのまま15分置きます。

　そのあいだに、レモンをごく薄くスライスし、クレソンを洗ってかたい部分を捨て、うずらのゆで卵の殻をむいて縦2つに切ります。

　ソースを作ります。牡蠣を殻から外して、液体は捨てずに残します。濾し器を通して液体をとり、牡蠣の身とともに小さな片手鍋に入れて、ごく弱火で2〜3分煮ます。牡蠣を取り出して熱がそれ以上入るのを止め、鍋にクリームとカイエンペッパーを加えます。

　別の片手鍋にバターを溶かし、小麦粉を入れてかき混ぜて、スープストックを少しずつ加えながら混ぜ続け、とろみのあるなめらかなソースを作ります。クリーム液を加えて火を通し、味見して、塩とこしょうで調整します。盛り付ける直前に牡蠣の身をソースに入れ、ナツメグと白ワインビネガーを加えます。

　鱈を鍋から取り出し、薄く切っただ円形の皿に並べます。クレソン、ホースラディッシュを上にのせたうずらの卵、レモンスライスで飾ります。ソースを添えて出しましょう。

肉料理

MEAT

うずらのパイ包み QUAIL IN PASTRY

チャールズ・ハーマン・セン『新世紀の料理書』(1901年)

【材料】

6人分(ヴィクトリア朝風のコース料理の一部として)

または3人分(単品のメインディッシュとして)

トリュフ(丸ごと)…2つ

ブランデー…70ml

うずら(脚を除く部位の骨を抜いたもの、肉屋さんにお願いしましょう)…6羽

鶏むね肉(冷やしておく)…1枚

海塩の粗塩…小さじ½

卵白(冷やしておく)…1個分

生クリーム(高脂肪、冷やしておく)…115ml

フォアグラ…85g

パフ・ペイストリー生地…200g

小麦粉…打ち粉用

ベーコン(バラ、薄切り)またはラルド[※豚の背脂の塩漬け]…6枚または100g

ブドウの葉の塩水漬け…6枚

●サービング用

クレソン…大1束

パンのクルスタード(なくても可[※P46参照])

高価な食材

トリュフは当時、高価な食材でした(現在もそうですが)。富裕層向けに書かれたレシピで惜しげもなく使われているのはそのためです。ミセス・クロウコムの雇い主は男爵でした。私たちの考えでは、彼は少々没落ぎみだったために、格式が高い(しかし給料も高い)男性ではなく女性の料理人を雇ったのでしょう。

これはヴィクトリア時代後期の代表的な高級料理です。複数のテクニックを使っていて、とても時間はかかりますが、結果はすばらしいものです。このレシピはレストランの料理として作られました。料理界の中心が、個人宅の料理人からレストランへと移っていたのです。19世紀末は、フランス人シェフにしてレストランオーナーでもある(ジョルジュ・)オーギュスト・エスコフィエが脚光を浴びた時代で、レストランという場が急激に発展していました。おかげで裕福な人びとは、自宅だけでなくレストランでも人をもてなすことができるようになったのです。エイヴィスは1884年にオードリー・エンドをやめ、新婚の夫ベンジャミン・ストライドとともに、ロンドンの小さな下宿屋で働き始めますが、ここで彼女が宿泊者に出す食事を作っていたことはまず間違いありません。この時期に首都ロンドンで料理業者という地位についたのは絶好のタイミングでした。たとえば「ザ・サヴォイ」はロンドンでは最初の現代的な高級ホテルで、付属のレストランは英国の外食界に革新をもたらしたのですが、その開業も1889年でした。そして19世紀の終わりには、外食の新時代が本格的にやってくるのです。もしフォアグラを使いたくないなら、脂肪分の多いレバーのパテでも大丈夫です。

➤➤

【作り方】

　オーブンを200℃に予熱します。トリュフをスライスして6枚の円にし、小さなボウルでブランデーに漬けます。もしうずらが骨抜きでない場合は、あばら骨と背骨を取り除き、脚の骨は残します。四肢を開いて平らにし、冷蔵庫で冷やしておきます。

　チキンのムースを作ります。鶏むね肉を小さく切り、塩と卵白と一緒にフードプロセッサーで粉砕します。クリームを1滴ずつ垂らすようにゆっくりと混ぜ入れ、濃いペースト状にします。すべての材料をよく冷やしておきましょう。ムースが分離するのを防ぐためです。

　フォアグラを強く押し固めてソーセージ型に整形し、クッキングシートに包みます。最低1時間は冷蔵庫で冷やしてから、均等に6つに切り分けます。打ち粉をした台にペイストリー生地をのせてめん棒でのばし、うずらを包むのに十分な大きさの6枚の長方形に切り分けます。

　うずらの中にチキンムースを、それぞれ大さじ2～3ずつ詰め、最後にトリュフの薄切りとフォアグラを入れます（トリュフの風味が移ったブランデーは、本書のレシピのなかでブランデーの入るセイボリー料理なら何にでも使えます）。うずらを元通りに整形し直して、ベーコンまたはラルドで巻いて固定します。胸の部分をブドウの葉で包み、脚は足首で交差させます。

　うずらをパフ・ペイストリー生地に包みます。長方形の生地にうずらを斜めに置きます。対角線上の2つの角を肉の上に重ね、残りの2つの角も重ねてしっかりと閉じます。脚は包まず（まだ本体につながっているなら）突き出させておきましょう。油を塗った天板に、閉じ目が下になるよう、うずら包みを並べます。

　30～35分焼いて、ペイストリーがきつね色になったらできあがりです。クレソンを敷き詰めた上にのせるか、ヴィクトリア朝最盛期の雰囲気を求めるなら、焼いたパンのクルスタードの上にセットしましょう。シンプルな肉のグレイビーソースを添えるとよく合います。

パンのクルスタード
ヴィクトリア時代の料理でよく使われたものです。料理に高さを出し、ロースト肉が皿から滑り落ちるのを防ぐ台で、一番シンプルなのは、厚く切ったパンをくりぬいたものでした。ですが、手の込んだ彫刻をほどこしたパンを盃にしてクリームを詰め、階段状にクレイフィッシュ［※ザリガニ］を並べたりもしたのです。

●フィリング用

マッシュルーム（薄切り）…45g

トリュフ…薄切りなら大さじ1と½、丸ごとなら
2個（なくても可）

鳩のむね肉…8羽分

うずらの卵（1分45秒の固ゆでか、うずら卵の
ピクルス）…14個

塩、クローブパウダー、メースパウダー
…各ひとつまみ

パセリの葉（細かいみじん切り）…大さじ1

セージの葉（細かいみじん切り）…大さじ1

ブランデー…大さじ1

ポートワイン…大さじ1

卵…1個

牛乳…大さじ1

鳩の足（つま先からひとつ目の関節まで、爪は
取り除いて熱湯消毒し、皮をはがすことが可
能な大きさならはがしておく）…3〜4羽分（省
略可、あなたがミセス・クロウコム本人でない
のなら）

チキンのスープストック…170ml

板ゼラチン…3枚

クレソン…飾り用

ピクルス…サービング用

....

メモ

切ったとき、肉が少しピンク色すぎるように
感じるかもしれません。しかし、レシピの時
間通りにオーブンで焼き、可能ならプロー
ブ式温度計で内部の温度をチェックしてあ
れば、大丈夫です。ベーコンに含まれる
亜硝酸塩のせいでピンク色が出るのです。

....

同じ順番で重ねて、ブランデーとポートワインを振りかけます。最後に残った
フォースミートを入れ、その中央に指を押し込んで穴をつくり、スープストックを
流し込みます。冷蔵庫で冷やします。

　残してあったペイストリー生地の⅓量を取ってめん棒でのばします。卵と牛乳
と塩を混ぜて、つや出し用卵液をつくります。ペイストリー生地の上にはみ出し
ている部分に卵液を刷毛で塗り、のばした生地でしっかりと蓋をします。ふちに
指か、パイ・クリンパー［※ひだつけ用の器具］で波模様をつけたら、あまっ
た部分は切り取りましょう。でないと型から外せなくなります。

➡➡

猟鳥獣肉

鳩はヴィクトリア時代には広く食べられていました。ほかの猟鳥と違って、鳩は年間通して撃つことができました［※禁猟期間がないため］。この場合の鳩は、今日の都会でよく見かけるドバトではなく野生のモリバトで、脂身の少ない美味しいもも肉がとれます。当然ながら、無料で手に入りました。ほかの猟鳥で代用することもできますし、鶏や七面鳥を使えばもっと軽いパイになります。ヴィクトリア時代のディナーにおいて、猟鳥獣肉はとても大事な要素でした。狩猟と富裕階級とのかかわりには長い歴史があります。狩猟を催し、獲物を撃つ権利は金持ちにだけ認められ、中世の昔から法で定められてきたのです。猟鳥獣はふつう、頭や脚をつけたまま調理しました。最初期の料理書にも、ロースト料理のための翼の縛り方や、肉の切り分け方法を挿絵で解説しているものがあるのです。

パイの中央に穴をあけ、その周りをペイストリー生地の低い壁でぐるりと囲んで「煙突」を作ります。穴がずっとあいたままになるように、そして肉汁が沸き立ってもこぼれない高さの煙突になるようにします。本格的なヴィクトリア朝風にするなら、穴に3〜4本の鳩の脚を突き刺しましょう。穴も固定できるし、パイに何が入っているかを食べる人に伝えられます。

ペイストリー生地の残りと切れ端をまとめて、めん棒で薄くのばし、抜き型で飾りを抜きます。ヴィクトリア時代の人びとは花や葉っぱの形を好みました。卵液を使って、飾りをパイにくっつけます。

チキンのスープストックを温め、そのあいだに板ゼラチンをボウルに入れて5分ほど水に浸しておきます。ゼラチンがやわらかくなったら引き上げて、水気をしぼり、スープストックに入れて、かき混ぜて溶かします。スープストックの半分をパイの穴から注ぎ入れ、残りはとっておきます。卵液をパイ全体に塗って、1時間以上、またはひと晩、冷蔵庫で冷やします。

オーブンを150℃に予熱して、3時間焼きます。プローブ式温度計を持っていれば内部の温度をはかります（75℃以上になればできあがりです）。オーブンから取り出します。

熱いうちに出すこともできます。素早く型から出して皿にのせましょう。ですが、冷やした方がおすすめです。その場合は型に入ったまま冷まし、冷蔵庫にひと晩入れたあと、とってあったスープストックを温め直して、冷えたパイの煙突から注ぎ入れます。食卓に出す前に少なくとも2時間は冷蔵庫に入れて、ストックを固めます。冷やしたパイを型から出す方法としては、熱いオーブンに数分入れるか、料理用ガスバーナーで型の周囲をあぶります。するとバターが溶けて簡単に外れます。クレソンを飾り、ピクルスを添えて出しましょう。

チキンのマリオネード
MARIONADE OF CHICKEN

エイヴィス・クロウコム、未発表の手書きレシピ帳（日付不明）

【材料】

4人分

鶏丸ごと（骨付きのまま8つの部位に分けておく）…1羽

　または鶏の骨付きもも肉（上ももと下ももを切り離していないもの）…4本

レモンの外皮の黄色い部分（ゼスト）のすりおろしと果汁…1個分

ローリエ…2枚

オールスパイスパウダー…ひとつまみ

クローブ（ホール）…3粒

小麦粉…225g

スパークリングウォーター…225ml

油…フライ用

塩とこしょう…調味用

レモン（くし形切り）…サービング用

　エイヴィスの手書きノートのなかでは説明の少ない部類のレシピですが、それでもたいへん美味しく作れます。マリオネードとは、要するにチキンのマリネ（マリネード）に衣をつけて揚げたものです。卵を産まなくなった老齢の鶏の肉を、しっとりとやわらかくするすばらしい方法だったのでしょう。ヴィクトリア時代には、「チキン」は「ファウル」と区別されていました。チキンは若い鶏、ファウルは年老いた鶏を指していたのです［※現在はチキンは鶏肉、ファウルは家禽肉（かきんにく）の総称］。「ファウル」のレシピは、長い時間加熱したり、年をとった濃い色の肉に合うスパイスを使うものなどが多い一方、「チキン」のほうにはより繊細な調理法が使われました。若いチキンは消化のよい肉として、子どもや病人に最適と考えられていました。エイヴィスはどうやらこのレシピを、ほかの揚げた鶏肉の料理と同様、ファウルのロースト料理の余りを使うためのものと考えていたようです。チキンのグレービーソースと相性がよく、ヴィクトリア朝らしさという点においてふさわしい一品でしょう。

【作り方】

　鶏肉を大きなボウルに入れ、かぶるくらいの冷水を入れます。レモンの皮のすりおろしと果汁、ローリエとスパイスを入れ、3〜4時間浸けておきます。

　揚げ衣を作ります。小麦粉のうち170gと、スパークリングウォーターをボウルに入れ、泡立て器でかき混ぜてなめらかにします。残りの小麦粉を深めの皿か、食品用の袋に入れます。鶏肉を水から引きあげ、キッチンペーパーで軽く叩いて水気をとります。肉に乾いた小麦粉をまぶして、塩こしょうで調味します。

　揚げ油をフライヤーに入れて170℃に熱します（または、深い鍋とコンロでも作れます）。小麦粉をまぶした鶏肉を揚げ衣に浸し、カリっときつね色になるまで油で揚げます。あればプローブ式温度計で肉の内部温度をはかります（75℃以上になればできあがりです）。網かキッチンペーパーの上で軽く油を切り、レモンのくし形切りを添えて出します。

マトン・カットレットのピカント・ソース添え
MUTTON CUTLETS WITH SAUCE PIQUANTE

エイヴィス・クロウコム、未発表の手書きレシピ帳(日付不明);アン・イライザ・グリフィス『クレヴィドの家族の食事』(1864年)に基づく

【材料】

4～6人分

マトンのラック[※骨付きあばら肉のかたまり]…1つ

　またはカットレット[※切り離したあばら肉、マトンチョップ]…12本

玉ねぎ…1個

にんじん(皮をむいておく)…1本

ローリエ2枚とタイムの枝1本(または下ごしらえ済みのブーケガルニ1つ)

ラムの熱いスープストック…225ml

塩とこしょう…調味用

パセリの葉(みじん切り)…飾り用

マッシュポテト…サービング用(なくても可)

◉ソース用(なくても可)

マッシュルーム(丸ごと)…340g

くるみ…340g

塩…340g

マスタードシード…小さじ1

メースパウダー…小さじ¼

クローブ…4粒

オールスパイス(ホール)…8粒

黒こしょう粒…大さじ1

しょうが(皮をむいてすりおろす)…大さじ1

カイエンペッパー…小さじ½

エシャロット…1つ

にんにく…6かけ

ポートワイン…140ml

しょうゆ…85ml

赤ワイン…85ml

　マトンは19世紀に絶大な人気を誇りました。マトンとは2歳以上の羊の肉を指し[※日本の食肉分類では1歳以上]、かつては年をとるほど味がよくなると考えられていたのです。ヴィクトリア女王は10歳ほどに達したマトンを好んで味わいました。仔羊（ラム）も食べられてはいましたが、出回る時期が限られ、一番良いのは春でした(とはいえ、クリスマス商戦に合わせて特別に育てられる仔羊もいました)。マトンは濃厚な肉で、豊かな風味があり、スパイスとよく合います。エイヴィス・クロウコムはカットレットのレシピにどのソースを合わせるか指定していませんが、このピカント・ソースとの組み合わせは人気がありました。猟鳥獣肉にも合いますよ。ここで紹介するソースの作り方は長い時間がかかることを計算に入れてください(そして長く保存することで得られる効果についても)。基本のグレイビーソースや、レッドカラントかクランベリーのゼリー[※この場合のゼリーは果肉のかたまりが入っていない透明なジャムをさします]を添えてもまあまあ合います。

【作り方】

　ピカント・ソースを作るならここから始めます。ただし気をつけて！ 作るのには1週間、最高に美味しい状態になるまで3か月はかかります。マッシュルームとくるみを、金属ではない容器に入れて、塩をふりかけ、蓋をして冷蔵庫で1週間保存します。毎日かき混ぜて、マッシュルームをやさしくつぶしていきます。

　1週間の終わりに、塩を洗い落として、くるみとマッシュルームを別々の鍋に入れます。どちらにもかぶるくらいの冷水を入れます。沸騰させ、丹念にアクを取って、表面に何も浮いてこなくなり、液体が澄むようにします。濾し器を通して、煮汁をとっておきます。マッシュルームとくるみは捨てます。

　煮汁を合わせて1と¼リットル取り出して、きれいな鍋に入れ、すべてのスパイスとエシャロット、にんにくを加えます。20分間煮たら、ボウルに空けて冷まします。ポートワイン、しょうゆ、赤ワインを加え、殺菌した瓶(P231参照)に静かに注ぎ入れます。すぐに使うこともできますが、3か月熟成させると最高に美味しくなります。瓶を開けたら冷蔵庫に保管して1週間以内に使い切りましょう。

キッチンと正餐室が遠く離れていたから、ヴィクトリア時代の食事はぬるかった、といわれることがよくあります。これは真実ではありません。冷めた料理を出したコックはクビになりました。現代の私たちの家に比べれば、オードリー・エンドのような大邸宅のキッチンと正餐室は確かに遠く、絵画や剥製を見学しながらゆっくりと歩いて回ると、ずいぶん時間がかかるように感じます。けれど、フットマン［※給仕や客の案内を主に担当する男性使用人］は背の高さに応じて高い給料を与えられていたので、「身長6フィート」［※183cm］のフットマンが大股で急げば、あっという間にキッチンから正餐室に料理を届けることができました。保温用の皿やフード・カバーもたっぷり使われたので、最適な温度の料理が食べられたはずだと想像してもさしつかえはないでしょう。結局のところ、誰だって生ぬるい料理を食べたくはないですし、かといって熱すぎる料理で口をやけどしたくもないのです。

もしカットレットをソースなし、またはレッドカラントかクランベリーのゼリーを添えて出すなら、ここまでの説明は無視してカットレットの作り方に進んでください。

丸ごとの骨付きあばら肉を使う場合、切り離して肉の形を整えます。玉ねぎとにんじんを薄切りにして鍋に入れます。ハーブを野菜のあいだに散らし、切った肉に塩こしょうして野菜の上に入れたら、熱いスープストックを注ぎます。

沸騰させてから火を弱め、とろ火にします。丸く切ったクッキングシートを液面にのせてから鍋の蓋をし、90分コトコト煮ます。

煮込みを終えたら、穴じゃくしで鍋から肉を取り出し、スープストックを濾します。肉をバットに並べ、別のバットを上からのせて重しをし、平たくします。冷蔵庫で2〜3時間冷やします（ひと晩おいてもかまいません）。スープストックを煮詰め、かき混ぜるとスプーンの裏にくっついて覆われるくらいのとろみにします。ピカント・ソースを作ってあるなら、ここでスープストックに70ml加えて、とろりとして油のような照りのあるソースになるまでさらに煮詰めます。

肉から余分な脂身を取り、ヴィクトリア時代の人なら「品よく」（ナイス）と呼んだような形に整えます。肉を鍋に入れて、煮詰めたストックを肉の厚みの半分くらいの高さまで加え、3〜4回ひっくり返しながら火を通します。肉を皿にこんもりと盛って、パセリを飾り、ピカント・ソースの残りを別に添えます。マッシュ・ポテトでふちを飾ってもよいでしょう。

マトンのむね肉 BREAST OF MUTTON

エイヴィス・クロウコム、未発表の手書きレシピ帳（日付不明）

【材料】

4〜6人分

マトンまたはラムのブレスト肉…1個

にんじん…1本

玉ねぎ…1個

セロリの茎…2本

ローリエ2枚とタイムの枝1本（または下ごしらえ済みのブーケガルニ1つ）

イングリッシュマスタード…大さじ1（なくても可）

小麦粉…200g

卵…1個

牛乳…240ml

パン粉…240g

澄ましバター（揚げ油用、作り方は右記）…55ml

塩とこしょう…調味用

●ソース用

アロウルート…大さじ1＋水大さじ1

ケイパー（あらく刻む）…大さじ1

レモン汁…1個分

古くからあるマトンのケイパーソース添えのバリエーションで、やみつきになる大変美味しい料理です。ラムや牛肉でも作れます。ヴィクトリア時代のキッチンでは、こうした長時間ゆっくりと加熱するレシピは重宝しました。調理用レンジの上の奥に置いておけば、別の料理にかかれたからです。このレシピのように肉を冷やして整形してから再加熱すれば、ゆでる手順は前日までに済ませておくことができます。30人分の料理をたった4人で、1日に4回作らなければならなかったオードリー・エンドのキッチンは、極限まで効率を追求しなければならなかったのです。

【作り方】

マトンのブレスト肉と野菜とハーブを大きな鍋に入れ、かぶるくらいの水を注ぎます。沸騰させ、表面に浮いたアクをすくって、ぎりぎりまで火を弱めます。肉がやわらかくなるまで、約3時間煮込みます。肉が水面から出てしまわないよう必要に応じて水を足しましょう。

そっと肉を取り出し、ゆで汁は残しておきます。肉のあら熱がとれたら、骨を外します。マトンを天板にのせて、もう一枚の天板で挟み、重しをして、4時間以上冷蔵庫で冷やします（冷蔵庫にひと晩入れておけば簡単です）。冷えて平たくなってから、よけいな脂を切り取ります。

ソースを作ります。ゆで汁を570ml取り出して、脂を取り除きます。ファット・セパレータを使うか、冷蔵庫で冷やして固まった脂をスプーンですくい取りましょう。濾し器を通します。盛り付けの準備ができたら、このスープストックを温め直して、水で溶いたアロウルートを加えます。とろみが出るまでかき混ぜ、ケイパーとレモン果汁を加えて、塩とこしょうで味をととのえます。

マトンをひと口サイズに切り、使う場合はマスタードで和えます。塩とこしょうで味をととのえ、小麦粉をまぶします。卵と牛乳を混ぜ合わせ、粉をつけたマトンの全体に塗ります。さらにパン粉を全体によくまぶします。

澄ましバターを作ります。片手鍋をごく弱火にかけてバターを溶かし、火からおろして固まりができるまで置きます。溶けた液状のバターを片手鍋から出して、残った白っぽい固形分は捨てます。マトンを澄ましバターでカリッときつね色になるまで揚げます。ソースを別に添えて出しましょう。

ラーデッド・スイートブレッド
LARDED SWEETBREADS

チャールズ・エルメ・フランカテリ『現代の料理人』（1846年）

【材料】

6人分

スイートブレッド［※仔牛の胸腺、シビレ］…6個

ラルドまたはベーコン（脂身の多いもの、かたまり）…450g

レモンの皮（白い部分を除き黄色の部分のみを切り出す）…3個分

バター…55g

丸パン…6個

仔牛の熱いスープストック…570ml

マッシュルーム・ケチャップ［※マッシュルームと塩、スパイス、モルトビネガーなどを熟成させた英国の伝統的調味料］…小さじ2（なくても可）

レモン果汁…½個分

●豆のピュレ用

エシャロット（細かいみじん切り）…1本

バター…大さじ2

えんどう豆（冷凍が望ましい）…255g

ミントの枝…1本

野菜の熱いスープストック…140ml

塩とこしょう…調味用

フランカテリはヴィクトリア女王の料理人ではありましたが、ごく短期間だけのことで、最後には解雇されてしまいました。フランカテリの『現代の料理人』は、多くの版を重ねる人気となり、そのいずれにも彼が「陛下の」料理長だったという宣伝文句が書かれています。その本には確かにバッキンガム宮殿やウィンザー城、その他の居城でヴィクトリア女王の食卓に上った料理のレシピの数々が載っています。「ラーデッド・スイートブレッド」は、1840年のヴィクトリア女王とアルバート公の婚儀のあとに、女王の母親ケント公夫人が開いた祝宴に出されました。スイートブレッドとは、通常は仔牛、ときには仔羊の胸腺のことです。繊細な味わいとクリーミーさで、わざわざ手に入れるだけの価値はあります。

【作り方】

氷水をはったボウルにスイートブレッドを入れて2時間以上冷やし、血を抜いて脂分を固めます。鍋に水を入れ、火にかけて沸騰させ、スイートブレッドを3分ほど下ゆでします。引き上げてあら熱を取ります。余分な脂と筋を切り取って、冷蔵庫で冷やします。

ラルドまたはベーコンを、5cmの長さとラーディング・ニードルに通せる細さの糸状に切ります。冷凍庫に30分以上入れて冷やします。レモンの外皮を同じ長さに切ります。皮の白い部分をなるべく残さず丁寧に取り除きましょう。

ラーディング・ニードルを使い、ラルドとレモンの皮を交互に並べてスイートブレッドに刺します（P59の写真を参照）。ラルドは冷凍庫に入れておき、一度に少量ずつ出しながら作業を進めるのがベストです。ラーディング・ニードルがない場合は、ラルドとレモンの皮を刺す手順は省いて、蒸し煮にするとき煮汁に入れるだけでかまいません。スイートブレッドを冷蔵庫に戻します。

オーブンを160℃に予熱します。バターを溶かします。丸パンの皮を丁寧にはがして、それぞれのパンを、大まかにだ円形をした、5～10cmの高さのずんぐりした塔の形にします。塔の上部に小さな穴を1つ開けます。この穴はスイートブレッドを安定させ、肉汁を吸収して、動かないようにするためのものです。溶かしたバターをパンのすみずみまで刷毛で塗ったら、黄金色になるまで15分焼きます。これがスイートブレッドの台になります。

えんどう豆のピュレを作ります。エシャロットをバターで15分ほど、透明になるまで、焦がさないように炒めます。豆、ミント、スープストックを加え、弱火で6〜8分煮ます。ミントを取り出し、残りをブレンダーにかけてなめらかなピュレ状にします。味見をしてこしょうと塩で調整します。盛り付ける時までよけておきます。

オーブンの温度を200℃に上げます。スイートブレッドを耐熱のオーブン皿に入れて、その周りに熱い仔牛のスープストックを注ぎ、アルミホイルで蓋をして、オーブンで25分間蒸し焼きにします。温めた皿に移して、ソースを作って料理を完成させるあいだ保温しておきます。

蒸し焼きの煮汁を濾し器に通して鍋に入れ、マッシュルーム・ケチャップを使う場合はここで加えます。強火で素早く沸騰させて、半分の量になるまで煮詰めます。豆のピュレを温め直します。

盛り付けをします。皿の上に丸パンでできた台を置き、その上に1つずつスイートブレッドをのせます。台の周りに豆のピュレを流し込み、煮詰めたソースはソースボートに入れて別に添えて出します。

ラーディング・ニードル

ミセス・クロウコムのキッチンには、用途の限られる道具が豊富に取り揃えられていましたが、大半のものが今では忘れ去られてしまいました。ラーディング・ニードルは、端に切り込みが入った長い針で、脂身の多いベーコンやレモン、きゅうり、その他もろもろの細切りを、かたまり肉に刺して通すのに使います。ラーディングは、見栄えを良くするためだけにするのではありません。バーディング（かたまり肉をベーコンで包む単純な手法です）とは異なり、何の脂を使うにせよ、肉に刺し留めることで流れ落ちるのを防ぐのです。当時のロースト料理は直火の前で串を回転させながら焼くのが常だったので、脂が落ちないようにするのはとりわけ大事なことでした。もし、この料理を作るためにラーディング・ニードルを買うつもりなら、曲がったタイプは避けてください。デリケートなスイートブレッドを傷つけてしまいます。

デボンシャー・スクワブ・パイ
DEVONSHIRE SQUAB PIE

フレデリック・ビショップ『絵入りロンドン料理書』（1852年）

【材料】

4〜6人分

玉ねぎ…1個

りんご（生食用、コックス種が望ましい）…2個

植物油…大さじ1

マトンの骨なしネック肉の切り身…12枚

バター…パイ皿用

肉のスープストック…55ml

パフ・ペイストリー生地…310g

小麦粉…打ち粉用

塩とこしょう…調味用

◉つや出し卵液用

卵…1個

牛乳…大さじ1

塩…ひとつまみ

調理用（クッカーズ）と生食用（イーターズ）
英国は、調理用（加熱用）とデザート用（生食用）のりんごが厳密に区別されている珍しい国です。19世紀の半ばまで、ほとんどのりんごは加熱と生食の兼用でした。しかしヴィクトリア時代の人びとは果実と野菜の品種開発に熱心で、世紀末には3000種類ものりんごが手に入るようになり、調理用と生食用がはっきりと分けられるようになったのです。

「スクワブ」とは鳩のひなのことですが、「スクワブ・パイ」は、どういうわけだかマトンとりんごで作ります。このパイはふつう、エイヴィス・クロウコムの故郷でもあるデボン地方と結び付けられますが、ケント地方バージョンのレシピもいくつか存在します。ケントとデボンはりんごの果樹園でよく知られており、主としてりんご酒の原料を生産しています。デボンシャーで生産されるりんごの種類には「私のガードルをゆるめて（スラック・マー・ガードル）」や「美しきデボンの乙女（フェア・メイド・オブ・デボン）」「トレムレットの辛口（トレムレット・ビター）」といった素敵な名前もあります。このパイに使うりんごには、古い歴史を持つヘリテージ品種が最適ですが、コックス種でも大丈夫です。マトンが手に入らなければ、ホゲット［※生後1〜2年の若い羊］やラム［※その年生まれの仔羊］でもよいでしょう。

【作り方】

オーブンを200℃に予熱します。玉ねぎをできるだけ薄くスライスします。りんごの皮をむいて芯を取り除き、0.5〜1cmの厚さに切ります。フライパンに油を入れて熱し、マトンの切り身を焼き色がつくまで炒めます。

オーブン加熱が可能なパイ皿に、ふちまでバターを塗ります。玉ねぎ、りんご、マトンを層にして入れ、その都度、塩とこしょうをふります（一般に、マトンには多めのこしょうが必要です）。スープストックを注ぎ入れ、パイ皿をアルミホイルできっちり覆うか、蓋をします。オーブンに入れて90分間、やわらかくなるまで蒸し煮にします。オーブンから取り出して冷まします。ここまでは使う前日までに作って冷蔵庫に入れておいてもかまいません。その場合は冷蔵庫から取り出して常温に戻してからペイストリー生地をかけて焼いてください。また、冷やしたときはオーブンで焼く時間を10〜15分増やします。

打ち粉をした台の上でペイストリー生地をめん棒でのばします。パイ・ファネル［※パイの蒸気を抜き、型崩れを防ぐ器具］を使う場合はパイ皿の中央に置きます。ペイストリー生地を上からかぶせて、注意深くファネルにくっつけます。パイ・ファネルを使わない場合は、パイの蓋に空気穴を開けるか、ナイフで何本か切り込みを入れて、加熱したときに蒸気が出て行けるようにする必要があります。ペイストリー生地を、葉っぱやその他の形に切って飾ります。卵、牛乳、塩を混ぜ合わせてつや出し用卵液をつくり、刷毛でペイストリー生地に塗ります。

ふたたびオーブンにパイを入れて25〜30分焼き、パイがふくらんで黄金色になり、フィリングが熱々になればできあがりです。熱いうちに出しましょう。

七面鳥のガランティーヌ
GALANTINE OF TURKEY

リチャード・ドルビー『料理人辞典』(1830年) に大まかに基づく

【材料】

6〜8人分

七面鳥 (ガランティーヌ用に骨を抜いたもの、方法は右参照)…小1羽 (およそ4.5kg)

◉フォースミート (スタッフィング) 用

マッシュルーム (細かいみじん切り)…170g

バター…大さじ½

パセリ (みじん切り)…小1束

仔牛か豚のひき肉…200g

ベーコン (脂身の多いもの、刻む)…200g
　またはベーコン (バラ)100g+スエット100g

メース、クローブ、コリアンダー、オールスパイス、ナツメグ…各ひとつまみ強

りんご (刻む)…小1個

ピスタチオ…55g

アーモンドプードル…大さじ2

卵 (軽く溶いておく)…1個

牛タン (薄切り)…455g

トリュフ (薄切り)…2個 (なくても可)

ベーコン (バラ、薄切り)…6枚

塩とこしょう…調味用

◉スープストック用

仔牛の足 (縦割り、なくても可)

にんじん…2本

玉ねぎ (半分に切る)…2個

黒コショウ粒…小さじ1

メース (ホール)…3片

クローブ…6粒

ローリエ4枚とタイムの枝2本 (または下ごしらえ済みのブーケガルニ 2つ)

チキンのスープストックまたは水…2と¾L

ブランデー…240ml

　1880年代、七面鳥はクリスマスの定番となってからかなりの時間がたっていました。七面鳥がアメリカから英国に最初に渡ったのは16世紀のことで、大きくて見た目の印象も強いので、すみやかに宴会料理に取り入れられました。ヴィクトリア時代には、クリスマスのパーティー向けに人気が高まっていたため、毎年秋にはノーフォークからロンドンまで、七面鳥の群れを歩かせて運んでいたのです。鳥の足には道路から保護するためタールが塗られていました。そのあと12月にそなえて太らせました。とはいえ食卓にのぼる肉料理は七面鳥だけではなく、お金持ちはいつもロースト・ビーフを出しました。もっと小さな、あるいは貧しい家庭では、高価な七面鳥より、がちょうや鶏のほうが好まれる傾向がありました。このレシピは七面鳥を出すのにとても便利な方法で、骨がないため簡単に切ることができます。冷肉として出すことが多く、サイドボードに置く料理や、ピクニック料理に理想的です。基礎的で融通もきくレシピのオードリー・エンド版です。

【作り方】

　肉屋さんに、七面鳥を「ガランティーヌ用に骨を抜く」ようにお願いしましょう。これは背骨に沿って縦に切って骨をすべて抜き、皮は手つかずで残しておくというものです。肉を開いて平らにし、かたい筋や軟骨はすべてとりのぞきます。

　フライパンにバターを溶かし、マッシュルームを水気が出てくるまで炒めたら、冷ましておきます。ボウルでパセリと仔牛のひき肉と刻んだベーコン (またはベーコンとスエット) を混ぜ合わせます。スパイス、りんご、ナッツと卵を加え、たっぷりと塩こしょうをして、よく混ぜてソーセージ肉を作ります。

　七面鳥の肉を作業台にのせ、均等な厚さにのばします。小さなフィレ肉は切り取って、すき間を埋めるのに使いましょう。よく平らにするために、上からラップで覆い、めん棒を使ってしっかりとのばします。ラップをはがします。

　次に、のばした七面鳥肉の上に、タン、トリュフ、薄切りベーコンの順で重ねていきます。その上にフォースミート [※ソーセージ肉] を平らにひろげます。重ねた詰め物を七面鳥肉で注意深く包んで形を整えます。料理用の糸で縛る必要があるかもしれません。清潔な布に包んで肉をきつく巻き、料理用の糸か布テープを使ってしっかり縛ります。先にクッキングシートで七面鳥肉を巻いてから布で包んでもよいでしょう。あとで布をはがしやすくなります。

●ショーフロワ・ソース用

生クリーム（高脂肪）…770ml

スープストック（七面鳥を煮た液を濾したもの）
…1L

白ワイン…85ml

バター（やわらかくしておく）…大さじ2

小麦粉…30g

板ゼラチン…18枚

●仕上げ用

板ゼラチン…2枚

いろいろな種類の野菜やエディブルフラワー
（薄くスライスして型抜きする）

　または、マッシュルームのピクルス、トリュフ、
鶏のとさか（ハテレット串 [※P64参照] で刺す）

....

マヨネーズ

YouTubeビデオでは、ミセス・クロウコム
は七面鳥肉に、ゼラチンで粘りを出したマ
ヨネーズソースを塗っています。これは手
間を省ける技で、マヨネーズは前日に作っ
ておけるのです。マヨネーズを作るには、
まず卵黄1個分、マスタード小さじ1、塩
ひとつまみ強、くせのない植物油か風味
の薄いオリーブオイル200mlを用意します。
油以外の材料をすべて混ぜ合わせたとこ
ろに、ごくゆっくりと油を加えながら（分離し
ないように気をつけて）、とても固くなるまで
素早くかき混ぜます。冷水に浸けてやわら
かくした板ゼラチン3枚を、大さじ2〜3の
熱湯に溶かし、常温に冷ましておきます。
マヨネーズの仕上げにタラゴンビネガーを
少々加え、ゼラチン液を混ぜ入れます。

....

スープストックを作ります。とても大きなスープ鍋に、もし使うなら仔牛の足と（味
に深みが出ますよ）、野菜、スパイス、ハーブ、スープストックまたは水を入れ
ます。ブランデーを加えます。沸騰させて七面鳥肉を入れ、蓋をしたら火を弱
めてコトコト煮込みます。七面鳥肉が熱々になるまでコンロにのせて熱しておきま
す。肉が十分に加熱できたかどうか確かめるのには、プローブ式温度計を使
うのが一番です。3時間はかかるでしょう（食卓に出すときスタッフィングにピン
ク色の部分があっても心配はいりません。ベーコンのせいで色がつくのです）。

　七面鳥肉を鍋から出して天板にのせ、上からもう1枚の天板をのせてそっと
重みをかけます——肉が割れないよう、重くしすぎないようにしてください。冷
蔵庫でひと晩冷やします。ストックは濾してから冷まし、固まった脂肪をスプーン
でとりのぞきます。

　翌日、七面鳥肉から布をはがし、網にのせておきます。

　ソースを作ります。生クリームと、煮汁からはかりとったスープストックを合わ
せて沸騰させ、白ワインと塩ひとつまみを加えて火からおろします。

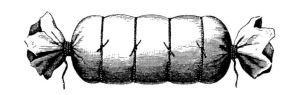

やわらかくしたバターと小麦粉を混ぜてペースト状にします（ブールマニエといいます）。これを少しずつつまんでクリーム液に落としながら、だまにならないよう泡立て器で混ぜ続けます。沸騰させてから弱火にし、3〜4分とろとろと加熱します。スプーンの背が覆われるくらいのとろみにしてください。

板ゼラチンを小さな器で水に浸して5分置いたら、引きあげて水気を絞ります。やわらかくなったゼラチンをソースに入れて、溶けるまで泡立て器で混ぜます。常温に冷まします。十分なねばり気があり、それでも注げるくらいの固さでなければなりません。

七面鳥の仕上げをします。網にのった肉にソースをかけ、必要に応じて、刷毛を使ってすみずみまでそっと塗り広げます。20〜30分冷蔵庫で冷やし、もう一度ソースをかけて全体に塗り広げます（注ぎかけられるやわらかさを保つために弱火で温める必要があるかもしれません）。薄いクリーム色の、とてもなめらかなソースで、まんべんなく肉を覆うことをめざしましょう。

大さじ2〜3の水を温めてゼラチンを加え、完全に溶けるまで混ぜ合わせます。常温まで冷まします。

七面鳥を飾りましょう。薄く切った野菜か、またはエディブルフラワーを、ゼラチン液にさっとつけて使うときれいなつやが出ます。もう1つの方法として、もしヴィクトリア時代のハテレット串を持ち合わせているなら、マッシュルームのピクルス、トリュフ、鶏のとさかを刺して肉の上に突き立てましょう――両方の方法を使ってもかまいませんよ。

ガランティーヌをサーブする一番よい方法は、そのままスライスすることですが、切れ端はサンドイッチに使えますし、カレーに作り変えることもできます（P170 参照）。

ハテレット串

ハテレット（またはアトレット）串は、盛り付けに使われた装飾的な銀の串で、柄の部分に、一族の紋章や猟の獲物、魚やその他のモチーフで精巧な意匠がほどこされていました。セイボリー料理には、クレイフィッシュ、トリュフ、鶏のとさかなどの珍味をつらねて、パイやロースト料理に突き刺しました。スイート料理にはマジパンやゼリーを刺した串が使われました。ハテレット串の名前の由来はフランス語で「小さな槍」からです。

牛フィレのパリ風、メートル・ドテル・バター添え
FILLET OF BEEF PARISIAN WITH MAÎTRE D'HÔTEL BUTTER

エイヴィス・クロウコム、未発表の手書きレシピ帳（日付不明）

【材料】

2人分

バター（やわらかくしておく）…115g

レモンの外皮のすりおろしと果汁…1個分

パセリの葉（みじん切り）…大さじ1

じゃがいも（皮をむいておく）…中3個

澄ましバター（揚げ焼き用、P57参照）…大さじ2

フィレステーキ肉…2枚

オリーブオイル…小さじ1〜2

塩とこしょう…調味用

正真正銘のイングランド料理でありながら、フランス語の名前とこじゃれた添え物によって、洗練された雰囲気をかもしだそうとする古典的な一例です。牛肉はまったくもってイングランド的な食材とみなされており、18世紀の終わりには、ローストビーフは「イギリスらしさ」と同義語のようになっていたのです。トマス・ローランドソンやジェームズ・ギルレイといった風刺画家は、まさにこのローストビーフとプラムプディングをシンボルに使って、がっしりした力強いイギリス人の農夫と、栄養不足で脚の曲がったフランス人というような、英仏海峡をはさんだ国民性の対比を描きました。この2つの料理がいかにも素朴であるということは、ある種の緊張感を生むことにもなります。一方には、素朴さをよいものだとする価値観があり、飾らない言葉遣いのイギリス人という考えは好まれてきました。その一方で、イギリスの中・上流階級の人びとにとって、ここまで庶民的な好みと一緒にされることはいささか決まりの悪いことでもあったのです。結局のところフランス人は、特に食文化に関しては流行の発信者であり、その傾向は20世紀にいたるまで長く続いたのでした。

【作り方】

メートル・ドテル・バターを作ります。バターを、レモンの皮と果汁、パセリとともに泡立て器で練り混ぜて、塩とこしょうで調味します。円筒型に整形して、クッキングシートかラップでくるんで冷蔵庫に入れます。

じゃがいもをやわらかくなるまでゆで、水気を切ります。あら熱をとり、1cm弱に厚みをそろえて輪切りにします。澄ましバターで、カリっときつね色になるまで揚げ焼きにします。割れないように注意しましょう。保温しておきます。

ステーキ肉を2枚のクッキングシートかラップではさみ、めん棒で軽くたたいて全体が同じ厚みになるようにします。オリーブオイルを刷毛で塗り、両面に塩とこしょうを振ります。あぶり焼き用のグリル（ブロイラー）［※上からの火で強く焼くことのできる器具。コンロに付属の魚焼きグリル、またはオーブンやオーブントースターで焼きましょう］で2〜3回裏返しながら焼きます。あなた好みの焼き加減にしましょう（人はみな違うものです）。

ステーキを皿にのせ、ジャガイモを周りに並べます。食卓に出す直前に、バターを輪切りにしてそれぞれのステーキの上に1つずつのせ、溶けてソースになるようにします。

....

フランス風の料理名

レシピの名前にはよくフランス語が使われました。料理用語としておしゃれで高級に見えたからです。たとえ正真正銘のイングランド料理だとしても、フランス語の名前がつけられたのです。上流階級では、大多数のメニューカードはフランス語で書かれました。なので自信がない中流階級の女主人たちのために、フランス語の料理名やフランス風のメニューカードのデザインを教えてくれる指南書まで売られていたのです。

....

3章

ミセス・クロウコムの領域

アンドリュー・ハン

　オードリー・エンドの使用人棟[サービス・ウィング]は 1880 年代に作られたものですが、19 世紀建造のほかのカントリー・ハウス全般、たとえばレスト・パーク［※ Wrest Park；1830 年代に建てられたド・グレイ伯爵の大邸宅］やウォッズドン・マナー［※ Waddesdon Manor；ロスチャイルド男爵の館で、1870 ～ 80 年代に新しく建てられた］などにある巨大なサービス棟と比べると小さめです。例に挙げた 2 邸は、モンスター級の大邸宅を一度に設計して建てたのに対し、オードリー・エンドは、時代がすすむにつれ建て増しされてきたのです。オードリー・エンドの使用人棟は主邸の北側にあり、メインエントランスから入っていく人の目からは、見事な「雲の形」に刈り込んだ生け垣で隠されています。

　もともとジャコビアン様式の大きなキッチンが同じ場所にあったのですが、1710 年ごろ、主人一家がお金に困って家の規模を縮小したとき解体されました。そしてキッチンは外庭の北側の別棟に移され、主邸と地下通路で結ばれます。この設計は実用的でないとわかり、サー・ジョン・グリフィン・グリフィンが 1762 年に館を相続したとき、元の位置に新しくキッチンを建てて、醸造室[ブルワリー]と酪農室[デイリー]を収めた独立の建物も作りました。その後、キッチンの東側に、小さな中庭を囲むように仕事部屋をいくつか追加し、1780 年ごろにはキッチンと、醸造室・酪農室のあいだに洗濯室[ランドリー]を建ててつなげました。こうして使用人棟ができあがりました。

　1881 年 9 月 4 日、キッチンで大きな火災が発生します。最初に火が確認されたのは北東の屋根で、ボイラーがある場所の近くでした。領地のスタッフがすばやく対処したおかげで火は消し止められたものの、キッチンと食品貯蔵

→→

（左ページ）
オードリー・エンドのキッチン。奥は洗い場。

防火用バケツがつるされた「バケット・ホール」と呼ばれる部屋。オードリー・エンドのグレート・ホール［※正面入り口から入ってすぐの大きな部屋］の隣にある。

室、上の階にあるキッチン・メイドの寝室の被害は甚大でした。キッチンの修復は 1882 年の夏までに完了していなかったようです。そのためエイヴィス・クロウコムと彼女の部下たちは、数か月の間、ブラッシング・ルーム（現在は訪問者用トイレになっています）を仮設のキッチンとしてどうにかしのがなければならなかったのです。かなり苦労したはずです。

　キッチンの区画と主邸を通路でへだてる構造は、火事の危険が常に存在することを考えれば理にかなったものでした。この通路の主邸側の端には、使用人呼び出しベルのあるベル・ロビー、使用人ホール、家政婦長の部屋、執事の作業室（バトラーズ・パントリー）、スティルルーム、地下の酒類保管室（セラー）に降りる階段があります。キッチンは、通路の反対の端、重い木の扉を開けた先にあります。この木の扉の横には配膳口がついており、執事やフットマンたちが料理の皿を受け取って、男爵一家の食卓へと運んでいくとき使っていたようです。キッチンは使用人棟の心臓部でした。1881 年、このキッチンで働くスタッフは 4 名でしたが、カントリー・ハウスでは繁忙期には追加の手伝い要員を地元から呼ぶこともよくありました。

キッチン

　1880 年代、このキッチンはエイヴィスと部下たちの活動域でした。チームの構成員は、キッチン・メイドのメアリー・アン・ブルマーとシルヴィア・ワイズ、そしてスカラリー・メイドのアニー・チェイスです。ほかの使用人たちは、料理人の許可を得たときにしかキッチンに立ち入ることは許されず、とりわけ主邸内担当の使用人が境界線を踏み越えることはまれだったと思われます。

　キッチンの天井は熱気を逃がすために高く作られ、大きな窓でたっぷりと外の光を取り込むことができます。床には石が敷いてあります。窓とは反対側の壁には、アーチ形の窪みにはめこまれた調理用のレンジがいくつか並んでいます。中央には、石炭の直火で肉を焼くロースト用の炉があります。その右には、主として使われていた大きな鋳鉄製のレンジがあり、おそらく 1882 年に火事のあと導入されたものでしょう。このメインの調理用レンジは 3 つのオーブンをそなえていました。木炭を燃料とするストーブがあって、野菜をゆでたり、ソースを作ったり、肉や魚をあぶり焼きするのに使いました。ホブ［※鍋を置いて調理する天板の加熱部］があり、これはホットプレートにもなります（皿をのせて保温するのに使われました）。中央のロースト用の炉に戻って、その左側には、ペイストリー用のオーブンがあります。これはパイやペイストリー、パンを焼くのに使われました。さらにはその左にもう 1 つ、メインの調理用レンジよりひと回り小さな、古い時代の調理用レンジもあります。

（右ページ、左上から時計回りに）
1882年ごろ導入されたメインの調理用レンジ。
乾燥洗濯室。
キッチンに隣接するペイストリー室。キッチンの熱とせわしなさから逃れられる清潔な空間。

調理台はキッチンの中央に置かれ、作業の大半がここでおこなわれました。とはいえ、調理をする場所はキッチンの中だけではありません。調理用レンジの右のドアを出ると、小さなペイストリー室があり、パイやその他の焼き菓子を作り、保存するのに使われていました。メインのキッチンが熱気と汚れにまみれていたのに対し、こちらは清潔で、パイやお菓子を作るのに向いています。それに、キッチンの大きすぎる引き出しのなかや、忙しすぎる調理のさなかには行方不明になりがちな小さな調理用具を保管するのにも便利だったでしょう。

　エイヴィスは自分用の部屋を持っていました。キッチンの北西の角を占める小部屋です。おそらく男性のシェフが雇われていた時代に、地位の高さを示す手段として、また仕事や睡眠という実務的な必要性から、個室が設けられたと推測されます。エイヴィスはここでデスクの前に座って、レシピ帳を読み、メニューの準備をし、手紙を読み書きし、帳簿をつけることができました。キッチンの雑音や熱気から逃れられる、心地よい避難所にもなったはずです。

　料理人の部屋より奥には洗い場がありました。北側の壁にそって、木製の、内側に鉛を張ったシンクが2つ並んで、作業台とつながっていました。ここでは野菜を洗ったり、魚の内臓を抜いたり、肉や猟鳥獣の下処理をしたりといった作業がおこなわれました。大小の皿や調理器具も、ここでスカラリー・メイドのアニーが洗いました。東の扉を開けると小さな洗い場がもう1つあり、そこには銅製のボイラーが置かれています。大きな骨付き肉でもゆでられるし、大勢の使用人に食べさせるまかないや、大々的なパーティーで大量に必要になるストックやスープを作ることもできました。

　大きいほうの洗い場の反対のドアを開けると、食品貯蔵室が2部屋あります。1つは生鮮品貯蔵室と呼ばれる、生の肉や魚、果物、野菜を保存する部屋で、縦長のよろい窓で換気をよくしてありました。もう1つは乾物貯蔵室で、加熱済みの食品、ピクルス、瓶詰などを置いてあり、低温を保つ必要がありました。

家事用の庭

　建物の外には家事用の庭があり、そこには2つの猟鳥獣肉貯蔵室がありました。これはいずれも当時のまま現在まで残っています。秋から冬にかけての季節には、食卓に出される予定の鹿、野うさぎ、穴うさぎ、野鳥などでいっぱいになったことでしょう。ブレイブルック男爵は、雉とやまうずらを領地で飼い、定期的に狩猟パーティーを催していました。実をいうと、厩舎の区画にはもっと大きな猟鳥獣肉貯蔵室があり、買い取り業者に売る肉を保管するのに使われていました。1882〜3年の冬に、そうした業者のエドワード・ハワードは、ブレイブルック男爵から合計530ポンド相当の猟鳥獣肉を購入しています（現代の貨幣価値で6万ポンド以上にあたります［※2021年5月現在で900万円程度］）。

　ここで使用人棟から主邸の中に戻りましょう。東の端に、もう1つ重要な部屋、執事の作業室があります。この部屋では家内で使う銀器の保管と手入れがお

こなわれ、執事のウィリアム・リンカンが飲み物を用意して正餐室に運びました。執事はワインとビールの保管庫を管理することに責任を持っていました。ウィリアム・リンカンより以前の執事が1860年代につけていたセラーの帳簿を見ると、毎月70〜100本のシェリーが消費され、一部は料理にも使われていました。ほかにもポートワイン、マデイラワイン、クラレット、シャンパンなども同じように消費されています。執事の作業室と対をなす西側の角には、家政婦長の部屋がありました。スティルルームが連結されていて、そこではケーキやジャム、自家製の飲み物を作っていました。

（右）
最礼装の仕着せを身に着けた御者と2頭の馬。厩舎の前にて、19世紀半ば。

（左）
サミュエル・バーカーと彼の黒ラブラドール犬。1880年代にオードリー・エンドの猟場番人（ゲームキーパー）の1人であった彼は、密猟者に容赦ないことで有名だった。

（下）
オードリー・エンドの庭師たち。厩舎の前にて、1905年ごろ。庭師頭のジェームズ・ヴァートは、中央で椅子に座り、山高帽をかぶっている。

使用人

　大部分の使用人は、使用人ホールで食事をとりました。現在ではレストランとして開放されています（この部屋は、サー・グリフィン・グリフィンが1763年に現在のキッチンの建物を建てる前にはキッチンとして使われていました）。上級使用人たちは家政婦長の部屋か、または執事の作業室で食事をしました。

ミセス・クロウコムも、業務がないときには加わったことでしょう。オードリー・エンドで食事をした人数を毎日記録した帳簿によると、1877 年以降、使用人ホールでは平均して 20 人、家政婦長の部屋では 7 人が食事をしていました。正餐室で食事をとる人は、一家にお客が加わっていないときにはたったの 2 ～ 4 人でしたが、その人たちに 27 人の使用人が仕えていたことになります。屋外使用人の一部は、自分たちの職場の近くで食事をしていました。たとえば庭師の見習いや職人たちの食事は、自家菜園で宿舎の女性管理人が作っていたと考えられます。宿舎は、自家菜園を囲む壁に寄り掛かるような形で、温室と背中合わせに建てられた長い建物に組み込まれていました。この建物には、庭師頭の事務室、用具入れ、きのこ温室、鉢植えの種苗室、そして独身の庭園スタッフたちが住み込む宿舎が入っていました。

酪農室、洗濯室、その他の部屋

　使用人棟のなかで主邸からもっとも離れた端に、酪農室、醸造室、もとは製パン室で 1880 年代に銃器室に改装された部屋の入った建物がありました。デイリーメイドのファニー・カウリーはこの場所で、そこそこ快適、とはいえ孤独な仕事生活を送りました。彼女は酪農室で、生乳を大皿に入れて分離させ、クリームを取り出していました。その隣の酪農用の洗い場では、撹乳機のハンドルを回してバターを作りました。ファニーは暖炉もある専用の居間を持っていました。寝室は酪農室の上の階にあったと考えられます。

　19 世紀の初頭から、ネヴィル一族はオールダニー牛の純血種を飼育していました。これはクリーミーな牛乳がとれ、すばらしいバターが作れる品種でした。

ブレイブルック男爵の領地管理人のウィリアム・ホスリーがつけていた酪農の記録台帳によると、1881 年 9 月から 1882 年 8 月までのあいだに、酪農室では 3700 クオート（4200 リットル以上）のクリームと、4000 ポンド（1800kg 以上）のバターが作られていました。男爵とホスリーの 2 人は生乳生産量の科学的分析に強い関心を持っており、それぞれの牛が出す乳の量と質について、それが一年のうちで時期により、また与えられる餌により、どう変化するかについて詳しいデータを集めていました。1882 年には、彼らの酪農記録台帳が英国酪農家協会（現在の王立英国酪農家協会）による特別賞を受賞しています。

　使用人棟めぐりの最後は洗濯室です。ここでランドリー・

オードリー・エンドの酪農室。

メイドのサラ・バランスとエレン・フィンデルは 1 回のサイクルを終えるのに 1 週間かかる洗濯の重労働をこなしていました。毎週末、汚れた洗濯物が主邸から運び込まれるか、男爵一家がロンドンに泊まっているときは鉄道で届けられました。汚れ物をまず整理し、洗濯ソーダを溶かした熱湯または冷たい水にひと晩つけ置きしておきます。月曜日になると洗濯の始まりです。洗濯物をこすり洗

いして、すすいで絞り、汚れを取ります。きめの粗い白のリネン類は洗濯釜で煮洗いしましたが、これは消毒するためで、しみを取るのが目的ではありませんでした。洗い終わったらすぐに絞り機を通して余分な水分を抜いてから、物干し用の芝生で干しました。この場所は雲形の生け垣で主邸からは見えないよう隠されています。乾いた洗濯物は乾燥洗濯室に取り込まれて、仕上げ方の違いによって分けられました。シーツやタオル、テーブルクロスやナプキン、エプロンや靴下は、湿らせてたたみ、しわ伸ばし機と呼ばれる器具で簡易なプレス作業をします。繊細な衣類には、ストーブにあてて熱したフラットアイロン［※鏝式のアイロン］をかけました。シャツの襟や胸の部分には糊付けする必要がありました。できたものはすべて乾燥棚につるしておきます。通常は金曜日までに洗濯を終わらせ、土曜日は空けておいて、洗濯室の掃除と、きれいになった衣類の配達、新しい汚れ物を回収・整理するのに使いました。そしてまた次のサイクルが始まるのです。

　1880年代以降、第2次世界大戦まで、この使用人棟はほとんど手を加えることなく使われ続けていました。戦後にオードリー・エンドは国の管理下に入り、使用人棟はスタッフの宿舎兼作業場となります。階下の暮らしに関心が高まり、使用人棟の重要性が認識されるようになったのはごく最近になってからのことです。1990年代にキッチンと乾燥洗濯室、酪農室が一般公開され、その後、2008年に使用人棟全体がオープンしました。入念な調査と保全作業によって、1880年代そのままの姿がよみがえったのです。

オードリー・エンドの厩舎棟。この建物は1610年ごろから馬小屋として使われている。

野菜料理

VEGETABLES

アーティチョークと芽キャベツ
ARTICHOKES AND SPROUTS

アレクシス・ソワイエ『現代の主婦』（1849年）

【材料】

4～6人分

きくいも（エルサレム・アーティチョーク、
サンチョーク）…12個（だいたい同じ大きさ）

塩…大さじ1と½

バター…大さじ2

玉ねぎ（厚めにスライスする）…1個

芽キャベツ…12個（だいたい同じ大きさ）

マッシュポテトまたはゆでた米…サービング用

メートル・ドテル・バター（P66参照）
…サービング用

....
アレクシス・ソワイエ

アレクシス・ソワイエは、ヴィクトリア時代で
第一級の知名度を誇る料理人です。彼
はロンドンのリフォーム・クラブ［※会員制
紳士クラブの1つで、1836年に改革支持
派により創立された］のシェフとしてすばら
しい名声を得たのですが、と同時に、当
時もっとも急を要した社会問題にも取り組
んでいました。1840年代の初頭には、
じゃがいも飢饉の影響で飢えに苦しむアイ
ルランドの人びとを救うためのスープを開発
し、1850年代にはクリミア戦争にも赴きま
した。そこでは最先端の軍隊用調理器具
を開発し、病院のキッチンでの衛生強化
を主張して、大勢の命を救い、軍隊の
食事を劇的に向上させることに寄与したの
です。ソワイエの設計した調理用ストーブ
はその後100年以上も使われ続けました。
....

ヴィクトリア時代の野菜料理について驚異的な点といえば、明らかに好ましく
ない効果を及ぼしそうな食材でも、臆せず使ったということです。英国人をつか
まえて、エルサレム・アーティチョークか芽キャベツについて聞いてごらんなさい。
きっとみんなもれなく眉をひそめて、お腹にガスがたまると言うでしょう。胃腸に
ガスが詰まると、とりわけコルセットをしていれば苦しかったはずです。それでも、き
くいもも芽キャベツも19世紀には、特に旬をむかえるクリスマス時期に広く食べ
られていました。このレシピは、ヴィクトリア時代のセレブリティ・シェフにして万
能の正義の味方でもあったアレクシス・ソワイエのもので、ガスの危険にもひる
むことなく、なんと両方とも使っています。このレシピの載っていたソワイエの料
理書は、とても面白くて奇妙な読み物なのですが――書いたのはフランス人の
シェフなのに――2人の架空のイギリス人女性が交わした書簡の形式になって
いるのです。

【作り方】

小型のフルーツナイフできくいもの皮をむき、少しずつ洋梨形に整えます。底
の部分を切り落として平らにし、自立するようにします。鍋に1と¾リットルの水
と塩、バター、玉ねぎを入れます。沸騰させたらきくいもを入れて、完全にや
わらかくなるまでゆでます（15～20分）。水気を切り、玉ねぎは捨てます。

芽キャベツの外側の葉を切り落とし、茎の底に十字の切れ目を浅く入れま
す。鍋に塩を入れた水を沸かし、芽キャベツを5分ゆでます。火からおろして
水気を切ります。

皿に盛りましょう。マッシュポテトまたは米でふちを作り、きくいもの先端を上に
して配置します。きくいもと芽キャベツを交互に並べてチェス盤に似せます。メー
トル・ドテル・バターを別に添えて出します。

トマータ・ソース　TOMATA SAUCE

エイヴィス・クロウコム、未発表の手書きレシピ帳（日付不明）；リチャード・ドルビー『料理人辞典』（1830年）に基づく

【材料】

ソース485ml分

トマト（完熟）…680g（20〜25個）

オリーブオイル…大さじ1

砂糖（必要に応じて）…少々

【トマトの果肉455gあたりに必要な材料】

チリビネガー…1と¼L

クローブパウダー…ひとつまみ強

にんにく（みじん切り）…大さじ1

エシャロット（みじん切り）…大さじ1

レモン果汁…3個分

塩とこしょう…調味用

....

メモ

もしチリビネガーがない場合は、手作りできます。蒸留酢1と¼リットルに赤とうがらし20個をあらく刻んで入れ、弱火で温めます——とうがらしの数はあなたの辛さ耐性に合わせて加減しましょう。冷まして24時間置き、濾し器を通します。

....

トマトは南アメリカのアンデス原産で、16世紀にヨーロッパに持ち込まれたのですが、食用として普及するのには時間がかかりました。毒があると思われていたからです。けれど17世紀の終わりにはトマトのレシピが現れはじめ、イタリアを起点にゆっくりと広まっていきました。18世紀末までにはすっかり受け入れられていましたが、生よりは加熱して食べるほうが一般的でした。トマトの価値はその酸味と風味にあって、それは現代の私たちならうま味と呼ぶものです。このレシピのようなトマトソースは、普通は肉や魚に合わせましたが、トマトソースとパスタの組み合わせもすでにありました。このレシピは実のところ、当時はトマト・ケチャップという名前で広く知られていたのですが、現在その名で売られているものとはまったく似ていません。トマトにはなかなか可愛らしい「愛のりんご」という異名があります。このソースはアーモンドとじゃがいものプディング（P80参照）にもすばらしくよく合います。

【作り方】

オーブンを180℃に予熱します。トマトを半分に切ってオリーブオイルを振りかけ、やわらかくなるまで焼きます。トマトの味が薄いようなら、焼く前にほんの少し砂糖を散らしましょう。

トマトをブレンダーに入れてピュレ状にします。ピュレの重さをはかり、455gあたりの材料の比率を計算して、正確な量のチリビネガー、クローブパウダー、にんにく、エシャロットを加えます。塩こしょうで味をととのえます。ピュレを厚底の鍋に入れて、沸騰させます。弱火で、濃いクリームくらいのとろみになるまで煮詰めます。

レモン果汁も正しい比率で加えて、味見し、必要なら調味料を足します。このソースは冷蔵庫で数日間保管できます。温め直して使いましょう。

ハマナの溶かしバターソース添え
SEA KALE WITH MELTED BUTTER SAUCE

アレクシス・ソワイエ『現代の主婦』(1849年)、バターソースはイザベラ・ビートン『家政の書』(1861年)に基づく

ヴィクトリア時代の人は、現代の私たちよりもずっと多くの種類の果物や野菜を食べていました。オードリー・エンドのような大邸宅には自家菜園と果樹園があり、熟練の庭師チームがそろっていました。旬を外れると育たないものや(季節より早くしたければ促成栽培、遅くしたければ抑制して育てました)希少なものなど、変わった作物を披露するのはお金持ちの証だったのです。英国の海沿いでは野生のハマナが豊富にとれますが、自家菜園で栽培することは今ではほとんどありません。エイヴィスの時代には、ハマナはルバーブと同じように大きな促成栽培用の鉢で育てたので、茎は長く、細く、そしてとてもやわらかくなりました。このレシピは、セロリや拍子木切りしたパースニップ[※にんじんに似た形の白く甘みのある根菜]、その他の繊細な風味を持つ野菜に幅広く応用できます。

【作り方】

ソースを作ります。片手鍋を火にかけてバターと小麦粉を入れ、加熱してバターを溶かし、ルーを作ります。分量の熱湯を少しずつ加えて、その都度かき混ぜ、なめらかなソースを作ります。沸騰させてかき混ぜ、とろみがついたら塩、多めのこしょう、さらにナツメグとビネガーを加えます。火からおろして大さじ2杯のバターを加えて仕上げます。ハマナを調理するあいだよけておきます。

ハマナを洗って茎を同じ長さに切りそろえ、束にして食品用の糸で縛ります。鍋で湯を沸騰させてハマナを入れ、3〜4分ゆでて、水気を切ります。

温めておいた大皿にハマナをのせ、糸はほどくか、切って丁寧に外します。できることなら、茎は三角形に積み上げたいところです。熱いうちに出します。ソースは別に添えるか上からかけるか、あなたのお好みで。

【材料】

4人分

ハマナ(長さ21cm程度)…24本

◉ソース用

バター…55g+大さじ2(仕上げ用)

小麦粉…大さじ1

熱湯…285ml

塩…小さじ1弱

ナツメグパウダー…ひとつまみ弱

モルトビネガー…大さじ1

こしょう…調味用

バターソース

古いレシピ本では「溶かしバターとともに供します」というフレーズがよく出てきます。しかし、これは溶かしバターソースのことで、ただバターを溶かしただけのものではありません。あらゆる野菜に定番のソースで、魚に合わせるのも人気でした。

アーモンドとじゃがいものプディング
ALMOND AND POTATO PUDDING

エイヴィス・クロウコム、未発表の手書きレシピ帳（日付不明）；アン・イライザ・グリフィス『クレヴィドの家族の食事』（1864年）に基づく

【材料】

6〜8人分（850mlの型1つ分）

マッシュポテト（皮なし）…170g

アーモンドプードル…115g

牛乳…285ml

レモンの外皮のすりおろしと果汁…1個分

バター…115g＋型用

ナツメグパウダー…ひとつまみ

卵（卵黄と卵白を分けておく）…5個

酒石酸水素カリウム［※クリームタータ、クリーム・オブ・ターター、ケレモル］…小さじ¼（なくても可）

　またはレモン果汁…少々（なくても可）

塩…ひとつまみ強

アーモンド（刻む）…飾り用

レモン（薄切り）…サービング用（なくても可）

アーモンドとじゃがいものプディングは、エイヴィスの時代には、いくつかの本に違うものが掲載されていました。けれど、このレシピは、エイヴィスのノートのなかでは、何かから一語一句書き写したことが判明している数少ないもののうちの1つなのです。エイヴィスが参照したのは1864年に出版されたアン・イライザ・グリフィスの『クレヴィドの家族の食事』という本で「つつましく、予算が限られ、しかしほどほどの豪華さも求める家政婦長」というターゲットをはっきりと提示していました。エイヴィスは1875年5月20日にこのレシピを写しています。その時期には、エイヴィスはおそらくノーフォークのラングリー・ホールで、准男爵の料理人兼家政婦長として働いていたと思われます。それはまさに、グリフィスの本がターゲットとしたような、豪華さと（限られた）予算の両立が求められる家だったのです。

【作り方】

冷たいマッシュポテトが手元にない場合は、まずじゃがいもをむいて角切りにし、ゆでてつぶして冷ますところから始めましょう。

鍋に、アーモンドプードルと牛乳、レモンの皮のすりおろしと果汁、バターを入れます。バターが溶けて牛乳が人肌くらいになるまで温め、よく混ぜ合わせます。火からおろしてマッシュポテトを混ぜ入れます。ナツメグとひとつまみ強の塩、卵黄を加えます。よく混ぜ合わせ、よけておきます。オーブンを180℃に予熱します。

卵白をかたいツノが立つまで泡立てます（酒石酸またはレモン果汁少々を加えると泡立てやすくなります）。卵白をマッシュポテトの生地に入れ、そっと切るように混ぜ込みます。

850mlの型または900g（2ポンド用）のローフ型に生地を流し込みます。型を軽く数回たたいて落ち着かせます。

オーブンに入れて1時間焼き、きつね色になり、生地が固まったらできあがりです。網の上にひっくり返して型から出し、上に刻んだアーモンドを飾り、レモンの薄切りを周りに並べて（なくても可）、熱いうちに出します。または、型のまま1時間置いて冷ましてから型を外し、薄切りにして、小麦粉を少し振りかけ、少量のバターで焼いてもかまいません。

スイーツ

SWEETS

プディング・ア・ラ・ヴィクトリア
PUDDING À LA VICTORIA

エイヴィス・クロウコム、未発表の手書きレシピ帳（日付不明）

【材料】

4〜6人分（570mlの円形で側面がまっすぐな「シャーロット型」1つ分）

スポンジケーキの残り…250g

バター（やわらかくしておく）…大さじ2＋型用

全卵1個＋卵黄1個分

牛乳…170ml

ナツメグパウダー…ひとつまみ

細目グラニュー糖…大さじ1

さくらんぼのシロップ漬け（下のメモ参照）…30g

砂糖漬けシトロンピール［※シトロンは地中海産のミカン科の果実。P99参照］またはレモンピール…30g

完熟のプラム（できればヴィクトリア種）…150g（3個くらい）

アーモンドスライス…15g

レモンの外皮のすりおろしと果汁…1個分

....

メモ

フルーツは、可能な限り最高品質のものを使うことが重要です。地元のマーケットで入手するか、身近な友人が庭で育てていれば助かりますね。同様に、さくらんぼにはしっかりした風味が必要なので、ドレンチェリーや味の抜けたシロップ漬けを使ってはいけません。ブランデー漬けのモレロ・チェリーやそれに類するものを探しましょう。

....

ヴィクトリア女王にゆかりがあるかのような名前のレシピは多いのですが、このプディングの場合は実は、ベースに使うプラムの名が由来です。「ヴィクトリア」種はすばらしい調理用プラムで、このレシピに最適なのです。1840年代に開発された英国有数の人気品種で、加熱しても（料理用には完熟の少し前に収穫して使います）、生で食べてもとても美味しいのです。この名前がふさわしい理由は、ヴィクトリア女王自身が大のフルーツ好きで、果物の育成に多大な熱意と知識を持ち、庭園見学を楽しむ人だったからです。王女時代にも、即位後も、巡幸先のカントリー・ハウスでは、たびたび自家菜園や果樹園を視察しています。また、王宮で宴があるときは、必ず事前に時間を作って王室庭師たちと相談しました。プラムをグリーンゲージ種に変えても美味しくできます。

【作り方】

スポンジケーキを同じ大きさに薄く切り、それぞれにやわらかくしたバターを薄く塗ります。

ボウルに卵と卵黄を混ぜ合わせ、牛乳、ナツメグパウダー、砂糖を入れて泡立て器でよくかき混ぜます。

さくらんぼを乱切り、シトロンピールをみじん切りにして、プラムは種を除いて薄切りにします。

型にバターを塗って、底に丸く切ったクッキングシートを敷きます。バターを塗った面を上に、切ったケーキを敷き詰めます。さくらんぼ、ピール、アーモンド、プラム、レモンの皮のすりおろしと果汁を散らします。同じようにスポンジとフルーツ類を重ねます。何層か繰り返し、型の¾の高さまできたら、最後はスポンジのバターを塗った面を下にのせて終わります。しっかりと押し固めます。

卵液を少しずつ注ぎ、材料の間に入り込むようにします。冷蔵庫に2〜3時間入れてしみ込ませます。

オーブンの温度を160℃に設定し、深い天板に半分くらいまで水を入れてセットし、予熱します。これが湯せん鍋になります［※ヴィクトリア時代のバン゠マリーはP91の挿絵を参照］。プディングにアルミホイルで蓋をし、バン゠マリーに入れます。45分間蒸し焼きにして、固まったらオーブンから出します。型に入れたまま15分間冷ましてから、ひっくり返して型を外し、食卓に出します（しばらく置かないと崩れてしまいます）。冷たくして出すこともできます。

ガトー・ド・ポム GÂTEAU DE POMMES

エイヴィス・クロウコム、未発表の手書きレシピ帳（日付不明）；イライザ・アクトン『家族のための最新料理法』（1845年）に基づく

【材料】

8〜10人分（1と¼Lの型1つ分）

水…285ml

砂糖…455g

りんご（皮をむいて芯を抜き、乱切り）…900g
（中サイズおよそ8個）

レモンの外皮のすりおろしと果汁…2個分

バター…小さじ1〜2（型用）

●サービング用

アーモンドスライス…大さじ2〜3

カスタード（P113参照）

....

メモ

このレシピに最適なりんごは、古くからある生食・加熱兼用の品種で、ジェームズ・グリーヴ、ピピン、コックスなどです。元のレシピはノンサッチを指定していて、これはオードリー・エンドの自家菜園で今も育てられています（下の写真）。ブラムリー種を使ってはいけません。いつまでも固まらず、かき混ぜ続けるはめになります。もし水っぽくて固まらないようなら、15分火にかけて煮詰め直し、それからもう一度型に入れてください。

....

エイヴィスの手書きのノートのなかで、出典がはっきりしているレシピの1つです。イライザ・アクトンのベストセラー『家族のための最新料理法』から写していますが、この本は同時代の料理書としては珍しいことに、ほかの本からの剽窃がほぼありません。アクトンは、材料のリストを初めて分けて書いたレシピ作家で、それぞれのレシピの下に材料リストをまとめています。この形式が決め手となって、エイヴィスがアクトンの本からこのレシピとほかに3つを写したことを識別できたのです。イライザ・アクトンのフランス語の文法はちょっと怪しく［※「りんごのケーキ」であれば正しくは「ガトー・オ・ポム」］、このレシピ名は中身に対してエレガントにすぎるかもしれません。中身は昔ながらの素朴な「アップルチーズ」と同じなのですから。このアップルチーズは、18世紀にさまざまなバリエーションが登場していました。「ガトー」とはいっても、クリームやパイ生地を用いる現代のケーキとはだいぶ違います。ミセス・クロウコムは2種類のバージョンをレシピ帳に書き込んでいます。マルメロ［※西洋かりん、クインスともいいます］やダムソン［※西洋すももの一種］、ペクチンを多く含むその他の果物でも作れます。

【作り方】

シロップを作ります。分量の水と砂糖をジャム用の鍋で沸騰させます。乱切りのりんごとレモン果汁を加え、りんごが煮崩れるまで弱火でコトコト煮込みます。火を強めて沸騰させ、かき混ぜ続けながら、ねばり気が出て水分が飛び、きつね色に色づくまで加熱します。20分くらいかかるでしょう。とてもかたいジャムくらいの粘度にしてください。レモンの外皮のすりおろしを加えて冷まします。

陶器の型かプディング鉢にバターを塗ります。手の込んだ模様が入った型も使えます。りんごの混合液が固まれば、とても複雑な模様でもしっかりと跡がつくからです。りんご液が完全に冷めたら、型に入れて表面をならし、冷蔵庫でひと晩冷やします。この状態で1週間はもちますが、その場合は大きなボウルを逆さにして覆いにしましょう。

準備ができたら、真ん中にナイフを差し込み、ひねるようにして逆さに型から取り出します。簡単に外れるはずです。アーモンドスライスを刺して飾り、カスタードソースを底の周りに注いで食卓に出します。ゼリーと同じように食べられます。

トライフル TRIFLE

シオドア・ギャレット編『実用料理法事典』(1891年ごろ)

【材料】

6〜8人分

●カスタード用

生クリーム(高脂肪)…170ml

牛乳…170ml

バニラビーンズ(ホール、さやを裂く)…2本

卵黄…4個分

細目グラニュー糖…55g

板ゼラチン6枚、または粉ゼラチン大さじ2
(冷水につけておく)

アーモンドプードル…100g

●トライフル用

スポンジケーキの残り(本書のレシピの
スポンジケーキのどれでも使えますが、
サヴォイ・ケーキは特に美味しくできます。
P187参照)…100g

ブランデー…55ml

ストロベリー、ラズベリー、ピーチなどの
ジャム…100ml

砂糖漬けドライジンジャー(角切り)…
85g

ラタフィア・ビスケットまたはマカルーン
(ミセス・クロウコムに言わせるとマックロ
ニス、P126参照)…100g

シェリーかポートワイン、またはその他の
酒精強化ワイン…115ml

生クリーム(乳脂肪分35%前後の泡立
て用)…570ml

粉糖…大さじ1

トライフルとは、なんということもないもの、という意味ですが、それがどうして英国で最も愛されるスイーツの仲間入りをするまでになったのかには諸説あります。昔のトライフルはフール(果物のピュレを甘くしたクリームと混ぜたもの)に近かったのですが、その後250年ほどのあいだに、ケーキ、フルーツ、カスタードとクリームを重ねたものに発展していき、これらの要素が現代の一般的なトライフルの基礎となっています。19世紀末はいわばトライフルの黄金期で、エイヴィス・クロウコムもまず間違いなく何種類かのバリエーションをレパートリーにしていたはずです。ただ、あまりに日常的な料理にはよくあることですが、レシピ帳には書いてありません。きっと完全に自分のものにしていて、文字のレシピは必要なかったのでしょう。分量はいくらでも融通がきき、どの材料も差し替えが可能です。当時の精神にのっとって、このざっくりとしたレシピからいろいろと試行錯誤することで、ぜひ、あなただけのバージョンを作ってください。ヴィクトリア時代のレシピのご多分にもれず、成功の秘訣はアルコールをケチらないことです。

【作り方】

まず最初にカスタードを作ります。生クリームと牛乳、バニラを片手鍋に入れて、沸騰させない程度に5分ほど温めて、バニラの香りを移します。バニラのさやを取り除きます(このさやを洗って乾かし、砂糖の入った容器に入れておけば、バニラシュガーができます)。卵黄と砂糖を泡立て器でかき混ぜ、温めた牛乳液を注ぎながらさらに混ぜます。これを鍋に戻して、ごく弱火でとろみがつくまで加熱します。分離を防ぐため、沸騰させないようにしてください。やわらかくしたゼラチンとアーモンドプードルを加え、常温に冷まします。

ケーキを均等な大きさにスライスします。飾り用のフルーツはすべて、必要に応じて角切りにします(次のページを参照)。すべての材料を手の届くところに並べておきましょう——これから指がベタベタになる予定ですから!

それではトライフルの仕上げにかかりましょう。ガラスのボウルで作ってください。まずケーキのスライスを敷いて、ブランデーを注ぎます。ジャムを塗ります。ジンジャーの砂糖漬けを入れ、ビスケットを平らに並べます。シェリーかポートワインを注ぎ入れたら、冷蔵庫で10分置きます。

➡

●デコレーション用

アーモンドスライス…大さじ½

砂糖漬けアンゼリカ…15g（長い茎を3〜4本）

さくらんぼ、またはその他のフルーツ（生または砂糖漬け）

エディブルフラワー（生または砂糖漬け）

....

塩味のトライフル

アメリカのテレビドラマ『フレンズ』に、偶然の結果として塩味のトライフルが登場したことがあります。これは実はほんとうに存在していたのです。とある料理書ではロブスターと仔牛のトライフルを掲載しています。そのレシピではケーキの代わりにパンを使っていて、現在普及している、層をなした美味しいスイーツとは違って、揚げたパンの盃に味付けした混合液を満たしたようなものでした。

....

メモ

そう、このレシピには多量のお酒が含まれます。トライフルはお子さま向けのスイーツではなかったのです。当時の子どもは十代の後半になるまで、親と食事をともにできるのは家族だけの小規模な場面に限られるのがふつうでした。ヴィクトリア時代の甘いお菓子には、当然のようにアルコール、特にブランデーが入っていました。トライフルを食べるときは、スプーンでそれぞれの鉢にすくい分けます。取り分けを担当する人は、十分な深さまで掘り起こして、すべての層が入るようにしてください（ベジタリアン仕様にする場合は、カスタードのとろみをつけるのに、ゼラチンではなくコーンスターチを使いましょう）。

....

トライフルを冷蔵庫から出して、カスタードを流し込み、表面を平らにならします。ふたたび冷蔵庫に入れて固まるまで冷やします（10 〜 20 分か、または最長で 30 分冷やしてから食卓に出します）。生クリームに粉糖を入れて泡立て、絞れるかたさになったら、大きめの星口金をつけた絞り袋に詰めます。クリームをたっぷりと絞って山の形に盛りましょう。

アーモンドやアンゼリカ、砂糖漬けのフルーツやエディブルフラワーを芸術的に飾ってください。ヴィクトリア時代の人が好んだデザインは、色とりどりのシンメトリーです。

チョコレート・プディング
CHOCOLATE PUDDING

エイヴィス・クロウコム、未発表の手書きレシピ帳（日付不明）

【材料】

4〜6人分（570mlの鉢または模様のない型1つ分）

チョコレート（カカオ分70%前後）…225g

牛乳…285ml

バター…140g＋型用

パン粉（細かいもの。生パン粉が望ましい）…140g

卵（卵黄と卵白を分けておく）…4個

細目グラニュー糖…115g＋型用

生クリーム…285ml（サービング用）

....

チョコレート

チョコレートが英国に入ってきたのは17世紀半ばのことです。当初は飲み物で、現代ならカカオマス（カカオ成分100%の固形物）と呼ぶような状態で購入されていました。とうがらしやスパイスで辛味を、オレンジフラワー・ウォーターやジャスミンで香りをつけることもよく行われました。ミルクと合わせたり、時にはアーモンドの粉でとろみをつけて飲むこともありました。チョコレート料理のレシピは18世紀ごろから現れ、ソルベ、ブランマンジェ、繊細な焼き菓子や、溶かしたチョコレートのアントルメなどがありました。飲み物としてのココアパウダーは1830年代に登場し、大きな人気を博します。けれど、現代の私たちが知るミルク入りのチョコレートがスイスで開発されたのはもう少しあとのことでした。そこからチョコレートは世界中に広まっていったのです。

....

手書きのノートの最後の方に出てくるレシピで、筆跡はエイヴィスのものではありません。エドワード時代［※ヴィクトリア女王の次の代の君主、エドワード7世の治世（1901〜1910年）］かもしれませんが、1920年代のレシピである可能性の方が高いでしょう。エイヴィスが年をとってから書き加えられたか、次の世代にノートが受け継がれたのかもしれません。似たレシピは同時期の他の本にも見られますが、それはつまり、食用の固形チョコレートが、料理の材料として使われるほど普及していたということです。さらには、このレシピのような中級ランクのプディングにベースとして使えるほど値段が下がっていたこともわかります。すばらしく美味しくできますし、もっと現代風のアレンジを加えることも簡単にできます。たとえばシナモンやしょうがなどの香料や、とうがらしのような辛いスパイスを入れてもよいでしょう——いずれもチョコレートを飲み物として味わうのがまだ主流だった17〜18世紀によく使われていたものです。

【作り方】

チョコレートを牛乳、バターとともに湯せん鍋で溶かします（または、お湯を沸かした鍋の上にボウルをのせます。ボウルの底はお湯につかないようにしてください）。混ぜ合わせ、パン粉を加えて火からおろします。

卵黄と細目グラニュー糖を泡立て器で混ぜて、白っぽくなり、かさが増えてきたらチョコレート液に入れ、切るように混ぜ込みます。卵白をきれいなボウルに入れ、かたいツノが立つまで泡立てます。卵白をチョコレート液に加えてそっと切るように混ぜます。

プディング鉢または模様のない型にバターを塗って、少量の細目グラニュー糖を入れ、型を回してまぶし、余分をはたき落とします。チョコレート液を流し込んで表面をならします。口の大きさに合わせて切ったクッキングシートで蓋をし、その上からホイルかプディング布で包みます。表面にひだ（プリーツ）を1本たたむことを忘れずに［※P117の写真を参照］。プディングがふくらんできたときのためです。

60分蒸したら、ひっくり返して型から出し、クリームを添えて出しましょう。

元のレシピには、冷やして薄く切って食べても美味しいと書いてありますが、実にその通りです。小さな型で1人分ずつ作ることもできますが、その場合は蒸し時間を20〜30分に減らしてください。

カーゾン卿のスフレ
SOUFFLÉ LORD CURZON

エイヴィス・クロウコム、未発表の手書きレシピ帳（日付不明）

【材料】

8人分

卵（卵黄と卵白を分けておく）…6個

細目グラニュー糖…200g＋型用

オレンジの外皮のすりおろし…1個分

レモンの外皮のすりおろし…1個分

酒石酸水素カリウム[※クリームタータ、ケレモル]…小さじ¼（なくても可）

コーンスターチ（ふるっておく）…45g

バター…型用

エイヴィスのレシピ帳にいくつかある、個人の名前がついたレシピのうちの1つです。ノートのなかの位置から判断して、エイヴィスが1870年代に書いたとみられます。実はその時期に「カーゾン卿」という敬称で呼ばれる人は存在しなかったのですが、レシピ名の由来である可能性が高いのは、アルフレッド・ナサニエル・ホールデン・カーゾン、第8代スカーズデイル准男爵ならびに第4代男爵です。家族の姓はカーゾンですが、貴族の称号はスカーズデイル卿だったのです［※准男爵と男爵の爵位を同時に持っていて、いずれもスカーズデイル］。この人の所領はダービーシャーにあり、ケドルストンの牧師をつとめていました。エイヴィスの雇い主はスカーズデイル卿と知り合いだったのかもしれません。そして食事に招かれたり、逆にもてなしたり、あるいはエイヴィスが相手方の料理人かメイドからレシピを教わったりした可能性もあります。スフレは18世紀から記録にあり、作るのが難しいので悪名をはせた料理でした。

【作り方】

オーブンを180℃に予熱します。

ボウルに卵黄と砂糖（大さじ1だけ残しておきます）、レモンとオレンジの皮のすりおろしを入れて、白っぽくふんわりするまで泡立てます。別のボウルに、卵白、残しておいた砂糖大さじ1、使う場合は酒石酸を入れて、やわらかいツノが立つまで泡立てます。

メレンゲと卵黄を合わせ、やさしく切るように混ぜて（かき混ぜすぎたり、泡立てたりしてはいけません）、ふるったコーンスターチも入れます。70g用のラメキン［※ココット、ラムカン］型8つにバターを塗って、スプーンで適量の砂糖を入れ、型を回してまぶし、余分をはたき落とします。スフレ生地をスプーンで型に入れます。

20分焼いて、スフレがふくらんで固まったらできあがりです。すぐに出しましょう。

スイス・プディング　SWISS PUDDING

エイヴィス・クロウコム、未発表の手書きレシピ帳（日付不明）

【材料】

6〜8人分（1Lのオーブン調理可能な片手鍋または深いタルト皿1つ分）

◉カラメル用

砂糖…55g

水…大さじ1

◉プディング用

全卵2個＋卵黄6個分

細目グラニュー糖…55g

牛乳…570ml

砂糖漬けピール（刻む）…大さじ1

シェリー（甘口）…大さじ2

水…大さじ2

レモンの外皮のすりおろしと果汁…1個分

今ならクレーム・キャラメルと呼ばれるはずのレシピです。なぜエイヴィスのレシピ帳で「スイス・プディング」という名前になっているのかはわかりません。クレーム・オ・キャラメルという名前のレシピは当時もすでに出回っていました（現代のフランス語ならふつうはクレム・ランヴェルセ・オ・キャラメルといいます。ランヴェルセはひっくり返したという意味です）。とはいえ、ヴィクトリア時代の英国では、同じレシピが別の名前で存在するのはよくあることだったのです。このレシピのように大きなクリーム菓子は、焦がさずに中まで火を通すのが難しいのですが、オーブンで湯せん焼きするのが成功の秘訣です。オードリー・エンドの場合、バン＝マリーは調理レンジの上にセットされていました。実のところ、今も変わらずそこに置いてあるのです。

【作り方】

オーブンを180℃に予熱します。このとき深いロースト用天板の半分の高さまで水を注いでオーブンに入れておきます。これがバン＝マリーになります。

カラメルを作ります。オーブン調理が可能な片手鍋または深いタルト型［※容量1リットル以上の、コンロの直火にかけられるもの］に砂糖を入れ、分量の水を入れて湿らせます。火にかけて沸騰させ、カラメルができるまで混ぜずに加熱します。黄金色に色づいたらすぐに、注意深く鍋または型を動かして回し、内側の側面までカラメルで覆われたら、すぐに火からおろします。

次にプディングを作ります。全卵と卵黄をボウルに入れて泡立て器でかき混ぜます。卵液を底の厚い片手鍋に移して、砂糖と牛乳を入れて弱火で温め、絶えずかき混ぜてとろみのあるカスタードを作ります。分離を防ぐため、沸騰させないようにしてください。火からおろして、砂糖漬けピールを混ぜ入れます。

プディング液を、カラメルをつけた型または鍋にスプーンで移します。アルミホイルで上面を覆い、中央に蒸気を逃がすための小さな穴を1つ開けます。湯せん焼き用のロースト用天板に片手鍋またはタルト型を置いて、60分焼きます。しっかりと固まり、少し揺れるくらいになったらできあがりです。冷まします。

シェリー、大さじ2の水、レモンの皮のすりおろしと果汁を片手鍋に入れて、強火でさっと沸騰させてシロップを作ります。プディングの上に大きな皿をのせて注意深くひっくり返します（ボウルを置いた上で返しましょう。流れ落ちたカラメルはボウルで受けて、シェリーのシロップに加えます）。食卓に出す直前に、プディングの上からソースをかけるか、別に添えて出すかは、お好みで。

ラ・クレーム・オ・ネスルロード
LA CRÈME AU NESSELRODE

エイヴィス・クロウコム、未発表の手書きレシピ帳（日付不明）；イライザ・アクトン『家族のための最新料理法』（1845年）に基づく

ネスルロード・クリームは、初めは「ネスルロード・プディング」という名前でした。外交官のカール・フォン・ネッセルローデという人物にちなんだ名前で、彼のために、フランス料理界の立役者であるアントナン・カレームが作ったことで知られています。カレームは1816年、摂政王太子［※のちのジョージ4世］のもとで短期間働きましたが、逃げるように辞職し、安堵のため息とともにフランスに帰りました［※辞職の理由は、英国の雨のせいとも、周囲との衝突とも、ホームシックのせいともいわれています］。

【材料】

6～8人分（850mlの型1つ分）

植物性ショートニング…型用

水…100ml

細目グラニュー糖…200g

栗（加熱調理済み［※皮もむいてあるもの］）…200g

マデイラワイン…大さじ3＋大さじ1（ホイップクリーム用、なくても可）

生クリーム（高脂肪）…570ml

バニラビーンズ（ホール、さやを裂く）…1本

レモンの外皮（白い部分を除き、黄色い部分を切り取る）…1個分

板ゼラチン（冷水につけておく）…9枚

ドライチェリー（刻む）…55g

砂糖漬けピール（刻む）…55g

【作り方】

まずは型に油を塗ります。エイヴィスは大きな銅または陶器の型を使いましたが、1人用の型で複数作ることもできます。金属の型を使うなら、油は塗らなくてかまいません。

分量の水と細目グラニュー糖の半量を片手鍋に入れて沸騰させます。⅓の分量が減るまで煮詰めます。栗と、使う場合はマデイラワインを加えて、5分間弱火で煮ます。火からおろして少し冷まします。栗の水気をきり、シロップはとっておきます。栗をブレンダーにかけてピュレ状にします。必要ならシロップを少量加えてなめらかなペーストにして、完全に冷まします。

鍋に生クリームの半量を入れます。残ったグラニュー糖から大さじ山盛り1だけ取り分けて、あとは全部鍋に投入します。さらにバニラビーンズとレモンの皮を入れます。小さな泡が立つ程度まで弱火で温めます。やわらかくしたゼラチンを加えて混ぜ合わせます。5分ほど弱火で煮て香りを移し、濾し器を通して注ぎ口つきの容器に移します。残りの生クリームに、使う場合は大さじ1のマデイラワインと残しておいた大さじ1のグラニュー糖を加えて、やわらかいツノが立つまで泡立てます。

栗のピュレを冷やしておいたボウルに入れ、ゼラチン入りのクリーム液を注いでよく混ぜ合わせます。泡立てたクリームを加えて切るように混ぜ、最後にドライチェリーとピールを加えます。

プディング液を型に流し込み、最低でも6時間は冷蔵庫に入れて固めます。ひっくり返して型から出します。もし金属の型を使っている場合は、底をお湯にさっとつけるか、または料理用ガスバーナーで型の外から温めると取り出しやすくなります。

ガートルード・ア・ラ・クレーム
A GERTRUDE À LA CRÈME

エイヴィス・クロウコム、未発表の手書きレシピ帳(日付不明);イライザ・アクトン『家族のための最新料理法』(1845年)に基づく

【材料】

6〜8人分(15cmのケーキ型1つ分)

スポンジケーキ(少しかたくなった直径15cmくらいのもの。P175参照)…1つ

ラズベリー、チェリー、アプリコット、プラム、ストロベリーのジャム(その他なんでもお好みで)…各大さじ1と½

卵白…4個分

細目グラニュー糖…170g

酒石酸水素カリウム[※クリームタータ、ケレモル]…小さじ¼

食用色素(緑、赤)

マジパン(アーモンドペースト、白)…100g

粉糖…大さじ1+打ち粉用

生クリーム(乳脂肪分35%前後の泡立て用)…350ml

◉シュガーシロップ用

水…大さじ1と½

砂糖…大さじ1と½

◉デコレーション用

エディブルフラワー(なくても可)

これもまた、ヴィクトリア時代のもっとも信頼できる料理人ことイライザ・アクトンの書いたレシピです。少しかたくなったケーキを丸ごと使い切りたいときにお役立ちです。かたくなったケーキをどうにかしなくてはいけない、というのは現代の家庭ではそうそうない状況ですが、オードリー・エンドのような大邸宅では珍しくありませんでした。オーブンは求める温度にするのに時間がかかる上に気まぐれで、さらには予定外のお客がやってきてはお茶とケーキを所望するので、いくつか余分のケーキを(それと、残り物のケーキを使うレシピも)確保しておくのは賢い保険だったのです。食べ物を無駄にすることは厳しくとがめられる行為だったので、ブレイブルック男爵家の食事は、たとえ一見して豪華なようでも実は念入りに計画されたものであり、ゴミはほんの少ししか出ませんでした。ガートルードという名前は、おそらくフランス語の「ギルロンド(guirlande)」を誤って記したものです(この誤字はアクトンの本の段階で存在し、エイヴィスもそのまま写しています)。本来なら英語でいう「花輪(garland)」が正しく、このお菓子が似せようとしたものにちなんだ名前なのでしょう。

【作り方】

丸いケーキを、水平に6枚の薄い円盤状に切ります(難しければもっと少なくても大丈夫)。それぞれの円盤の中央部分を、直径5cmの丸い抜き型で丸くくりぬきます(深さの足りる抜き型をお持ちなら、ケーキを切る前に穴を抜いておいてもいいですよ)。これで円盤を重ね直すと、真ん中に深い穴が開いたケーキになるはずです。とりのぞいた部分はそのまま食べても、トライフルに使ってもよいでしょう(P87参照)。

ケーキのスライスにそれぞれ違うジャムを薄く塗って、丁寧に重ね直します。一番上の面に塗るジャムは他より少なめにしておきましょう。オーブンを140℃に予熱します。

卵白に砂糖と酒石酸を入れて、かたいメレンゲを作ります(メレンゲとロイヤル・アイシング[※卵白と粉糖と水を練ったアイシング]の中間ぐらいのかたさにしてください)。このとき、お好みで食用色素のパウダーをほんの少し加えます。オリジナルのレシピは緑か薔薇色がふさわしいとしていますが、真っ白のままでもかまいません。パレットナイフを使って、ケーキ全体の表面を塗ります。穴の内側も忘れずに塗りましょう。

メレンゲが固まり、しかし焦げ目はつかないというくらいまで、50〜60分焼きます。オーブンから取り出して冷まします。

　シュガーシロップを作ります。分量の水と砂糖を片手鍋に入れて沸騰させ、砂糖を溶かします。火からおろして冷まします。

　マジパンの⅔を緑、残りを赤の食用色素で色付けします。粉糖をふった作業台に緑のマジパンをのせ、めん棒で3〜4mmの厚さにのばして、葉っぱの形に切り抜き、浅く跡をつけて葉脈の模様を作ります。シュガーシロップ少々でマジパンの葉をケーキに貼り付けます。赤のマジパンで、赤い実や追加の葉を作ります。このケーキのデコレーションは、葉っぱで編んだ花輪に似せて作りましょう。つまり、ケーキの周りに小枝をぐるりと巻いたように見えれば完成です。

　出す直前に、粉糖と生クリームを合わせてかたいツノが立つまで泡立て、星型の口金をつけた絞り袋に入れます。クリームを「花輪」の真ん中の穴に絞り出し、その上に、あればエディブルフラワーを飾って出します。

型で固めたりんごとクリーム
APPLES AND CREAM IN A MOULD

エイヴィス・クロウコム、未発表の手書きレシピ帳（日付不明）

【材料】

8～10人分(1と¼Lの型1つ分)

板ゼラチン…10枚

生クリーム(高脂肪)…485ml

レモンの外皮のすりおろし…1個分

細目グラニュー糖…大さじ2

アマレット・リキュール…55ml

りんごのピュレまたはアップルソース(お好みで甘みを加えるか、手作りする場合は下のメモ参照)…500g

植物性ショートニング…型用(なくても可)

氷…2L分(冷却用、なくても可)

食用バラの花びら…サービング用(なくても可)

....

メモ

エイヴィスの元のレシピではりんごを「シャーロットのように」する、と書いてあります。このりんごのピュレは、ご自分でも簡単に作れます。まず生食用または生食・調理兼用のりんご大4～5個の皮をむいて芯をのぞき、角切りにして鍋に入れ、大さじ4～5の水とバターひとかけを加えて煮ます。電子レンジを使ってもかまいません。煮えたら、つぶすかブレンダーにかけ、味見して必要なら砂糖を加えます(お好みとりんごの品種によって量を加減します)。

....

型で固めた料理は、ヴィクトリア時代の食卓でたいへんな人気を誇りました。ミセス・クロウコムも、型に入れて作るレシピをいくつも書き留めています。当時は驚くほど多くの型が売られていて、大きさ、形、素材もさまざまなものが、凍らせたり、冷やしたり、焼いたり、ゆでたりする調理に使われていました。21世紀の今、型に入れる料理はめっきり減って、ゼリーか、たまにブランマンジェが作られる程度です。ですからオードリー・エンドのキッチンには、どうしてこんなに多くの種類の型が並んでいるのか、それらを使ってどれほど優雅な料理が作れたのかということを、真に理解するのは難しいでしょう。このレシピは比較的シンプルで、どんな型でも作れます(銅、陶器、または現代のプラスチックやガラスでも)。ただし、どれでも必ず使う前に油を塗ることを忘れないでください。さらに美しくしたいなら、層を作るときに毎回少しずつ型を傾けて流し込み、アシンメトリーに仕上げましょう(左の写真を参照)。

【作り方】

2つのボウルにゼラチンを等量ずつ分け、冷水に浸けてやわらかくします。生クリーム、レモンの皮のすりおろし、砂糖、アマレット・リキュールを片手鍋に入れて混ぜ合わせ、ごく弱火で加熱します。ゼラチンの半量を加えてよく混ぜて溶かします。火からおろして常温まで冷まします。

別の片手鍋でりんごのピュレを温め、残りのゼラチンを加えます。こちらも混ぜて溶かし、火からおろして常温に冷まします。

型を準備します。もしまったく模様のない型なら(たとえばシャーロット型やローフ型など)、内側にラップを貼りましょう。しかし細かい模様がある場合は、一番よいのは少量の植物性ショートニングを塗る方法です。

ヴィクトリア朝風の方法でクリームの層を作るなら、氷を入れたボウルに型をセットします(氷がゴロゴロ動くのを防ぐために、氷の上にふきんを敷いてから型をのせましょう)。しょっちゅう冷蔵庫を開ける必要もなく、お望みならクリームの層に角度をつけるのも簡単なので、よい方法です。とはいえ、氷がないようなら、型を冷蔵庫に入れるだけでかまいません。

➡➡

型の底に2.5cmの高さにクリーム液を注ぎます。少し固まるまで20〜30分ほど置きます。次にりんごのピュレの層を、同じくらいの厚さに作ります。20〜30分固めます。型がいっぱいになり、材料がなくなるまで繰り返しますが、一番上の層は角度をつけず水平にしましょう。最低1時間、できれば4〜6時間は氷か冷蔵庫で冷やしてから型から出しましょう。

型から外します。固まったクリームのふちぎりぎりの箇所に、3mmほどの深さまでそっとナイフを入れ、ふちにそってぐるりと回します。お皿を型の上にのせて素早くひっくり返し、強く振ってクリームを皿に滑り落としましょう。30分ほど置いてから食卓に出すと、ゼラチンが少しやわらかくなります。お好みで食用バラの花びらを散らして出しましょう。

....

氷 の 調 達

オードリー・エンド（右）をはじめとして、多くのカントリー・ハウスは氷室をそなえていました（大きく深い縦穴の上部にレンガの構造物を建てて、気密性を保つようにしたものです）。氷は何年も貯蔵できて、ごくゆっくりと溶けていき、底から排水されて地面にしみ込んでいくのです。氷室の氷は、ほとんど毎年のように凍結する湖や池から運んでくるのが一般的でした（これは近年の気候変動が起きる前の話なのです）。そのほかに、アメリカやカナダから氷を船で運び、貯蔵して販売する業者もいました。ブレイブルック男爵一家は、ロンドンの住居に滞在しているときには「カルロ・ガッティ」のような氷商から氷を買い入れました。この業者は現在のキングズ・クロスの近くに巨大な氷の貯蔵庫を所有していました（当時の倉庫は現在ではロンドン運河博物館になっていて、訪問することができますよ）。

....

シトロンのプディング CITRON PUDDING

作者不明、オードリー・エンドで発見された未発表の手書きレシピより（1830年ごろ）

【材料】

8〜10人分

バター…皿用

パフ・ペイストリー生地…455g

小麦粉…打ち粉用

砂糖漬けシトロンピール…30g

砂糖漬けレモンピール…大さじ2

砂糖漬けオレンジピール…大さじ2

卵黄6個分＋卵白2個分

細目グラニュー糖…115g

澄ましバター（P57参照、温めておく）…225g

生クリーム（泡立てておく）…サービング用

エイヴィス・クロウコムがいた時代に書かれたと判明しているもの以外で、オードリー・エンドの館に属するレシピはこれ1つです。おそらくミセス・クロウコムが来るより前の1853〜6年のものと推定され、物品購入の帳簿に挟み込まれているのが発見されたのです。オードリー・エンドではありとあらゆる柑橘類が栽培されていました。柑橘専用の温室（オランジェリーといいます）はありませんでしたが、たくさんの温室があったので、ともかく庭師たちは柑橘類を育てることができたはずです。シトロンとは、すべての柑橘類のもとになった5種の1つで、おそらくほかの柑橘より早く最初にヨーロッパに到達したと考えられています（あとの4つはポメロ［※ブンタン］、マンダリンオレンジ、パペダ、カムクワット［※キンカン］です）。シトロンは生では食べられない大きくごつごつとした黄色の果実で、果肉よりも皮の部分が多いので、かならずピールが使われます。シトロンは、現在でもさまざまな種類の柑橘をとりまぜた砂糖漬けミックスピールの主原料になっています。このレシピには肉厚のピールを調達し、切って使うと美味しくできます。

【作り方】

28cmのパイ皿かタルト型にバターを塗ります。打ち粉をした台に、パフ・ペイストリー生地をめん棒で3mmの厚さにのばし、パイ皿に敷いて端を切り落とします。オーブンを175℃に予熱します。

砂糖漬けのピール類を薄く切ってジュリエンヌ状にします［※細長く切ること］。大きなボウルに卵黄と卵白、砂糖を合わせてハンドミキサーで泡立てます。温めた澄ましバターを少しずつ加えながら、完全に乳化してなめらかになるまでミキサーの中速で混ぜます。

ピールの細切りをペイストリー生地の上に広げ、次に卵液を入れ、オーブンで45分焼きます。ゆするとまだ揺れるくらいにカスタードが固まって、表面が薄く茶色に色づいたら焼き上がりです。上部がふくらみ始めたらカスタードが焼けすぎのサインですから、オーブンの温度を下げましょう。必要に応じて、オーブンから出して型のまま冷ますか、型を冷水に数分間つけて、加熱が進むのを止めます。

ホイップクリームと一緒に出します。このプディングは作ったその日に出すのがベストです。時間を置くとペイストリー生地が湿ってしまうからです。

カスタード・プディング（ベリー・グッド）
CUSTARD PUDDING (VERY GOOD)

エイヴィス・クロウコム、未発表の手書きレシピ帳（日付不明）

【材料】

8〜10人分（1と¼Lの型1つ分）

卵黄…5個分

砂糖…100g

生クリーム（乳脂肪分18％前後の低脂肪）…850ml

オレンジフラワー・ウォーター小さじ1、またはオレンジフラワー・エキストラクト数滴

ブランデー…大さじ2

板ゼラチン（冷水につけておく）…6枚

植物性ショートニング…型用（陶器かガラスの器を使う場合）

ワインソース（P105参照）…サービング用（なくても可）

ジャム（濾し器を通す）またはゼリー、フルーツソースなど…サービング用（なくても可）

エイヴィスのノートのなかでは珍しい、タイトルの横に補足のあるレシピで「とても良い」と書き添えられています。というわけで、オードリー・エンドの解説員チームでは「カスタード・プディング・ベリー・グッド」と呼ばれていました。基本的には固めたカスタードで、ゲル化剤（オリジナルのレシピではアイシングラス）を加えることで、型の模様がきれいについて、簡単に取り出せるようにしてあります。元のレシピには「砂糖の量はお好みで」とあり、添えるものによって調整する必要があります。甘みたっぷりのソースをかけるなら、プディング本体の砂糖は控えた方がよいですが、とはいえ好みは人それぞれです。カスタードを固める作業が苦手な方は、冷たい牛乳に大さじ1のコーンスターチかカスタードパウダー［※英国で普及しているインスタントの粉末。主な成分はコーンスターチと香料で卵は入っていません］を加えましょう。カスタード液の粘度を高め、安定させてくれます。

【作り方】

鍋に卵黄と砂糖を入れて、泡立て器で混ぜ合わせます。生クリームを加えて弱火にかけ、とろみがつくまでかき混ぜ続けます。分離を防ぐため、沸騰させないようにしてください。火からおろし、オレンジフラワー・ウォーターとブランデーを加えます。やわらかくしたゼラチンを加えて、混ぜて溶かします。目の細かい濾し器に通して、常温まで冷まします。

陶器かガラスの型を使う場合は、すみずみまで油を塗ってください。カスタード液を注ぎ入れ、冷蔵庫でひと晩、最低でも6時間は冷やします。ひっくり返して型から出し、ワインソースを添えて出します。お好みで、濾したジャムかフルーツソースを添えて出すのもよいでしょう。

いちじくのプディング FIG PUDDING

エイヴィス・クロウコム、未発表の手書きレシピ帳（日付不明）

【材料】

4～6人分（570mlのプディング鉢またはその他の型1つ分）

生いちじく（刻む）…85g
　またはドライいちじく（刻む）155g＋牛乳
大さじ1

パン粉…85g

細目グラニュー糖…85g

シナモンパウダーとナツメグパウダー…
各ひとつまみ

ブランデー…大さじ3

重曹…小さじ¼

スエット…85g

植物性ショートニング…型用

ワインソース（P105参照）、または生クリーム、
またはカスタード（P113参照）…サービング用
（なくても可）

エイヴィスのレシピ帳にはスエットを使った蒸しプディングがたくさん載っています。このレシピもそうで、ヴィクトリア時代中期らしい一品です。オードリー・エンドでは、自家菜園で多くの種類の果物を育てていたので、生のいちじくも入手しやすかったはずですが、このプディングはドライいちじくでも美味しく作れます。ノートには、彼女がどちらを使っていたかは書いてありません。ほかのプディングのレシピと同じく、とても幅広く応用がきき、フルーツを別のものに変えても、ドライでも生でも、同じ方法で作れるのです。「いちじく（フィグ）のプディング」を、「フィギープディング」と混同してはいけません。後者は「クリスマスおめでとう（We Wish You a Merry Christmas）」の歌詞にも出てくるプディングで、プラム・プディング（P109参照）の言い換えにすぎないのです。

【作り方】

スエットをのぞくすべての材料を大きなボウルで混ぜ合わせます。次にスエットを混ぜ入れますが、こねないようにします。このプディングは軽く仕上げたいですから。

プディング鉢に油を塗ります。底が平らな型なら、油を塗ったクッキングシートを、形に合わせて切って敷くと、あとで取り出しやすくなります。材料を型に入れ、こちらも口の形に合わせて切ったクッキングシートに油を塗って蓋にします。プディング布［※ P116参照。清潔な大判のふきんで代用できます］かアルミホイルを上からかぶせます。表面にプリーツを1本たたむことを忘れずに。プディングがふくらんできたときのためです。

蒸し器か、または湯を張った鍋に入れます（プディング鉢の¾の高さまで湯につかるようにしてください）。弱火で3時間蒸します。

蒸し器から出して、10分冷まし、そっとひっくり返して型から外します。ワインソースか、生クリームか、カスタードを添えて出します。

スイス・バスケット SWISS BASKETS

エイヴィス・クロウコム、未発表の手書きレシピ帳（日付不明）

【材料】

6人分

◉カースル・プディング用

バター…200g＋型用

細目グラニュー糖…200g＋型用

小麦粉…200g＋型用

レモンの外皮のすりおろし…2個分

卵…4個

◉スイス・バスケットへの変身用

レッドカラントのゼリー（濾し器を通して固形物を取り除く）…大さじ2

ピスタチオ（細かく刻むか、または砕く）…115g

生クリーム（乳脂肪分35％前後の泡立て用）…115ml

ドレンチェリー…6個

砂糖漬けアンゼリカ…15g（長い茎を6本）

この愉快な小さいプディングは、ヴィクトリア時代人の計画性と、19世紀末の少々キッチュな盛り付けの流行を反映しています。エイヴィスは、ほかのページにレシピを書き留めているカースル・プディングを使って、まったく新しいお菓子へと生まれ変わらせました。当時、スポンジケーキをベースに使うレシピは多かったのですが、それは、いつも必要な量の2倍のケーキを焼いて、別の日に使えるよう備える料理人に向けて書かれたものでした。残り物を、消費しなければならない、ちょっと劣ったものとみなすのは20世紀になってからの考え方です。ヴィクトリア時代の人にとって「冷たい肉」つまりディナーの残り物は、食事の計画に欠かせない部品であり、人生を楽にしてくれるありがたい存在でした。カースル・プディングは、お好みで中に何も入れずに、レモンカードやシロップ、ワインソース（P105参照）、クロテッド・クリームなどを添えて出してもよいでしょう。

【作り方】

まずカースル・プディングを作ります。オーブンを180℃に予熱します。6個のダリオール型［※やや縦に長いバケツ型の、日本のプリンカップに似た型］、または深いカップケーキ型にバターを塗って、細目グラニュー糖と小麦粉を薄くふりかけ、型を回してまぶしたら、余分をはたき落とします。バターと細目グラニュー糖を練って、白っぽくふんわりとしたクリーム状にします。途中で少しずつレモンの皮のすりおろしを加えます。次に卵を1つずつ加え、都度よく混ぜます。小麦粉を入れて切るように混ぜ込みます。

生地をそれぞれの型の⅔くらいずつに分け入れます。天板に並べて、型の半分くらいの高さまでお湯を注ぎます。型の大きさに合わせて丸く切り抜いたクッキングシートをそれぞれの上にのせます（蒸気を取り込みながら、ケーキがアルミホイルにくっつくのを防ぎ、上面を平らに保つためです）。さらに型をアルミホイルでくるんだら、50分焼きます。串をさして何もついてこなければ焼き上がりです。型のまま10〜15分冷ましてから、ひっくり返して型から出します。

カースル・プディングの上面を切り取って平らにします。底が上にくるよう返して、りんごの芯抜き器で中央部を抜き取り、縦穴を作ります。もしカップケーキ型を使ったなら、バランスを見て穴の大きさを広げる必要があるかもしれません（抜いた部分は食べてもよいし、トライフルにも使えます。P87 参照）。元の向きに戻します。

レッドカラント・ゼリーを鍋か電子レンジで少し温めて液状にし、ケーキの側面と上面に刷毛で塗ります。ピスタチオナッツを皿に広げ、ケーキを転がしてまんべんなく表面にまぶします。生クリームをかたいツノが立つまで泡立てて、丸か星形の口金の絞り袋に入れて、ケーキの中央の穴に絞って入れます。穴をいっぱいにし、クリームが少しだけ顔を出しているくらいにしましょう。

クリームの上に1つずつさくらんぼをのせます。アンゼリカを軽く蒸してやわらかくし、ケーキの上につけてバスケットの取っ手に見立てましょう。

....
残 り 物

階上の人びとが残した食べ物には、いろいろな再利用法がありました。肉はリッソール［※肉や魚介を刻んで丸めて揚げた料理］やフリッター、たいへんヴィクトリア朝らしい「ハッシュ［※こま切れにした肉の煮込み］」、カレー、あるいは「トード・イン・ザ・ホール［※味付けのひき肉やソーセージを皿に入れ、小麦粉と卵の生地を流し込んでオーブンで焼いた料理］」に作り変えました。野菜はカレーや付け合わせの飾りになりました。使いまわせないような食べ残しは、たいてい使用人の食卓にのぼりました。ミセス・クロウコムのような上級使用人は、一部の料理を下級使用人とは別室でとっていましたが、残ったなかで一番よい部分を食べる特権を認められていました。それでも残るものは地域の貧民に与えられ、生ごみは豚の餌になりました。

....

ワインソース WINE SAUCE

エイヴィス・クロウコム、未発表の手書きレシピ帳（日付不明）；イライザ・アクトン『家族のための最新料理法』（1845年）に基づく

【材料】

ソース285ml分

◉バリエーションその1

水…200ml

細目グラニュー糖…100g

アプリコットジャム（濾し器を通して固形物を取り除く）…100g

レモン果汁…1個分

シェリー（甘口）またはポートワイン…55ml

◉バリエーションその2

バター…55g

小麦粉…小さじ1

水…200ml

細目グラニュー糖…100g

オレンジの外皮（白い部分を除き、オレンジ色の部分を切り取る）…1個分

オレンジの果汁…小さじ2

マデイラワインか甘口シェリー、またはその他の酒精強化ワイン…100ml

ワインソースはヴィクトリア時代の甘いお菓子、とりわけプディングには定番の添え物でした。ここで紹介する2種類の1つ目はミセス・クロウコムのレシピ帳の終盤に書かれたものですが、前の方に載っているカレッジ・プディング、スポンジケーキのプディング、カスタード・プディングやカースル・プディング（P247、P163、P100、P103参照）と合わせることをすすめています。ワインソースには多くのバリエーションがあり、2つ目はより古い、イライザ・アクトンの『家族のための最新料理法』のもので、エイヴィスはこの本からいくつものレシピを写しています。小麦粉でソースにとろみを出すのは前の世代の調理法の特徴で、1890年代までには、もう少し軽いソースが主流になっていました。とはいえ、どちらのソースもなかなかです。もし節約をお望みなら、2種類とも酒精強化ワインをジンジャーワインに変更してもかまいません。

【作り方】

〈バリエーションその1〉

　片手鍋に分量の水と砂糖を入れて温め、シロップを作ります。ジャム、レモン果汁、シェリーまたはポートワインを加えて沸騰させます。¾の量に煮詰めたらできあがりです。

〈バリエーションその2〉

　バターと小麦粉をつぶして混ぜ合わせ、冷蔵庫で冷やします。片手鍋に分量の水、砂糖、オレンジの皮を入れて沸騰させ、10～15分煮てシロップを作ります。バターと小麦粉を混ぜて冷やしたものと、オレンジ果汁、ワインを鍋に加えてふたたび沸騰させ、とろみがつき、かたまりがなくなるまでかき混ぜます。ポートワインも使えますが、その場合、元のレシピではオレンジではなくレモンの皮と果汁を使い、ナツメグひとつまみを加えるよう指示しています。

マーブル・エッグ MARBLED EGGS

ルイ＝ウスタシュ・ウデ『フランスの料理人』（1813年）にオードリー・エンド風のひねりを加えて

【材料】

卵10個分（サイズによる）

生クリーム（高脂肪）…1L

砂糖…大さじ3

板ゼラチン（冷水につけておく）…12枚

バニラエキストラクト…小さじ½

チョコレート（カカオ100%、またはできるだけカカオ分の高いものを刻む）…大さじ3

卵…10個

氷（クラッシュアイス）…冷却用

小麦粉と水（卵の穴をふさぐペースト用）…少々

◉サービング用

エッグスタンド…卵の個数分

　または、砂糖漬けピールを入れた透明な白ワインゼリーをリング型に固めて鳥の巣に見立てた台

　または、リング型で焼いたスポンジケーキにロイヤル・アイシングを絞った台

　このレシピの、クリームの層を重ねるというアイディアは、19世紀のシェフ、ルイ＝ウスタシェ・ウデによるものです。ウデはフランスのヴェルサイユ宮殿のキッチンから職歴をスタートし、最終的にはイギリスへ移りました。名だたる個人の邸宅をいくつか渡り歩いたのち、1827年にはロンドンで、最高級の会員制紳士クラブ「クロックフォーズ」の料理を手がけるまでになります。当時としても巨額の年俸1200ポンドからスタートしたのですが、その10年後に彼は、どうやら自分は4000ポンド支払われてしかるべきだと考えたために職を辞したようです——この金額は、ヴィクトリア女王の料理長の給料の13倍以上にもあたります。高名なウデの著書『フランスの料理人』には、すばらしいレシピが満載ですが、ゼリーや固めたクリームの類も数多く、スイート・アントルメ用として人気がありました。卵の殻にゼリーを入れて固めるというアイディアは、少しあとの時代のものです。このバージョンは、オードリー・エンドのチームがよく作っている改変版です。

【作り方】

　片手鍋に生クリームを入れて火にかけ、沸騰する直前まで加熱します。砂糖を加え、温めて溶かします。やわらかくしたゼラチンを入れて完全に溶けるまで混ぜます。クリーム液の半量を、注ぎ口のついた容器に移し、バニラエキストラクトを加えます。残りのクリーム液の入った片手鍋をコンロにのせ、チョコレートを加えて、ごく弱火で加熱しながら泡立て器で混ぜて溶かします。チョコレートクリーム液を別の注ぎ口つきの容器に移します。両方とも常温まで冷まします。

　卵の中身を抜きます。まず、ピンで卵の上と下に穴を開け、下の穴を3mm、上の穴を7mmほどまで広げます。針か串を差し込んで卵の中身を崩します。ボウルの上で卵を支え、上の穴をしっかりと口で覆います。卵に息を吹き込み、中身をボウルに出します。溶き卵になって出てきますから、スクランブルエッグやオムレツやケーキを作るのにぴったりです（殻のかけらがまぎれ込んでいたら、濾してから使いましょう）。すべての卵を同じように吹いて中身を出します。

　クラッシュアイスをボウルに入れて、清潔なふきんで上を覆います。卵の殻の下側の穴を、小麦粉と水を混ぜたペーストでふさぎます。氷の上に卵を立てます。小さな漏斗か、絞り袋用の口金を使って、バニラクリーム液を大さじ数杯注ぎ入れます。10〜15分ほど置いて、入れた液を氷で冷やし固め、次にチョコレートクリーム液を大さじ数杯入れます。繰り返して層を重ねていきます。いっぱいになったら、氷の上か冷蔵庫で、2〜3時間冷やします。

　液体がしっかりと固まったら、卵の殻をむきます。固まったクリームと殻のあいだにティースプーンを滑り込ませて取るのが簡単です。冷水をはった小さなボウルとふきんを用意しておくと、作業のあいまにすぐに指を拭けますし、色が混ざるのを防げて便利ですよ。

　一番簡単なのはエッグスタンドにのせて出すことですが、細い砂糖漬けピールを入れた透明な白ワインのゼリーをリング型で固め、鳥の巣に見立てるのもよいでしょう。または、オードリー・エンド風の華麗さを求めるなら、リング型にしたスポンジケーキにロイヤル・アイシングを絞って飾り、卵を置けば、ミセス・クロウコムが作っていたのとおそろいにできますよ。

ゼリーとゼラチン

ゼラチンはアメリカで発明され、19世紀半ばには箱入りで買えるようになりました。ゼラチンは動物のひづめや皮膚などの組織から作られるゲル化剤です。箱入りのゼラチンは19世紀末になるまで広く普及はしなかったので、ミセス・クロウコムはゼラチンを手作りしていたはずです（牛の脚を煮込んでゼラチンを抽出するのです）。煮出した液には風味をつけて（白ワインと砂糖が一般的でした）固めました。このレシピのようにクリームを使う場合は、アイシングラスを使いました。これはチョウザメの浮袋から作られるゲル化剤です。

クリスマス・プディング
CHRISTMAS PUDDING

イライザ・アクトン『家族のための最新料理法』(1845年)

【材料】

8〜10人分(1と¼Lの型1つ分)

レーズン…170g

カランツ［※小粒の干しぶどう。カレンツ、カレンズ等の商品名も。P174参照］…170g

砂糖漬けピール…大さじ1

りんご(生食用、皮をむいて刻む)…115g(大1個)

小麦粉…85g＋モスリン用(なくても可)

パン粉…85g

スエット…170g

砂糖(白糖またはブラウンシュガー)…140g

ナツメグパウダーとメースパウダーを混ぜるか、またはミックススパイス、またはパンプキンスパイス…小さじ½

卵(軽く溶いておく)…3個

ブランデー…115ml＋サービング用55ml

バター…型用

塩

メモ

ミセス・クロウコムはクリスマス・プディングなどの重い生地を混ぜるとき、手を使っていたでしょう。指のほうが木のスプーンよりずっと仕事がしやすいですし、スプーンを握り続けるとまめができてしまいます。当時のキッチンは、ところによっては道具よりも手の方が清潔でした。扱いの悪い木の道具は、欠けができて細菌が繁殖しやすいからです。

クリスマス・プディングの起源は中世の「プラム・ポテージ」にさかのぼります——濃厚でスパイスのきいた、ドライフルーツと牛肉と肉汁を混ぜた料理でした。ここでいう「プラム」とは、種類は何であれドライフルーツの言い換えにすぎません(さらに混乱を招くことをいうと、「シュガープラム」は砂糖衣をかけたアーモンド［※ドラジェ］のことです)。プラム・ポテージはとても高価で、生の材料をあまり必要としないため、特に冬季の祝宴料理に使われるようになりました。18世紀までにはプディングと呼ばれており、スエットとパン粉を加えて、布か、時には型に入れてゆでて作られるようになりました。ロースト・ビーフとプラム・プディングはイギリスの愛国的料理となったのです(この2つは同時に出され、一緒に食べるものでした)。このプディングは数日か、必要なら数か月でも、前もって作っておくことができます。現代のプディングでは何か月間か熟成させることも多いのですが、古いレシピではその必要はありません。

【作り方】

サービング用のブランデーをのぞいたすべての材料をよく混ぜ合わせて、塩をひとつまみ加えます。時間をかけすぎてはいけません。スエットが温まって溶けださないよう手早く混ぜて、粒状のまま保ちましょう。型にバターを塗って、プディング生地を入れます。模様のある型を使う場合、すみずみの溝までバターを塗りましょう。プディングがくっついてしまいます。

型の上面に合わせてクッキングシートを切り、片面にバターを塗ってからプディングの上にのせます。湿らせて小麦粉を振ったバターモスリン［※ P116 参照］またはプディング布で型の上を覆い、料理用の糸でふちの周りをしっかり固定して縛ります。もし布がない場合は、アルミホイルでもかまいません。布でもホイルでも、中央部にプリーツを 1 本たたんでください。そうすると熱の通ったプディングがふくらんでもせき止められずにすみます。

大きな鍋にお湯を沸かし、プディングをそっと入れます。水位が型の口から 2.5cm 下までくるようにしてください。ふたたび沸騰させてから火を弱めます。ぐらぐらと沸かしながら、大きな泡が破裂してプディングにかぶることがないくらいの火加減を保ちましょう。

4 時間ゆでます。お湯の量に注意し、必要に応じて熱湯を足しましょう。あまり減りすぎるとプディングにきちんと火が通りません。

4 時間過ぎたら、プディングをお湯から引き揚げます。ヴィクトリア時代の人たちは型から外してすぐに出しましたが、この段階で一度冷まして、涼しく湿気の少ない場所で保管し、必要な時に出すこともできます（少なくとも 1 年はもちます）。型のまま保存するか、中身を出してクッキングシートに包むか、密閉容器に入れましょう。使うときがきたら、型に入れなおして、新しく切ったクッキングシートにバターを塗ってのせ、モスリンかアルミホイルをかぶせて紐で縛り、1 時間ゆでます。

プディングが熱くなったら、ひいらぎの枝を上に刺して、サーブする直前に残りのブランデーを小さな片手鍋で温めます。ブランデーをプディングの上から注いで注意深く火をつけます。炎をあげるプディングを捧げ持って正餐室に足を踏み入れ、盛大な歓声を浴びましょう。

....

スイーツ、プディング、そしてデザート
現在の英国で「プディング」という言葉は、1920〜30年代には「スイート」、そして19世紀には「スイート・アントルメ」と呼ばれたものをさします。つまり食事の締めくくりに出される甘いメニューの総称です（混乱するかもしれませんが、それをデザートと呼ぶこともあるのです！）。けれど「プディング」は特定の料理の名前でもあって、ミセス・クロウコムもそうとらえていたはずです。「プディング」には塩味も甘いのもあり、ゆでたものも、焼いたり、蒸したり、凍らせたりしたものもあります。ふつうはプディング鉢か、手の込んだ模様の型に入れて作り、――ますます混乱してきますが――古い時代のプディングは、布か、動物の胃袋（ふつうは豚か羊のもの）に包んで作っていたのです（つまりソーセージもプディングの仲間なら、ハギスだって断然プディングです）。おわかりいただけました！？

....

どんな果物とも合うメレンゲ
A MERINGUE OF ANY KIND OF FRUIT

エイヴィス・クロウコム、未発表の手書きレシピ帳（日付不明）

【材料】

8人分

洋梨（コンファレンス、ウィリアムズ、ワーデンなどの調理に適した種類の完熟）…8個

バニラビーンズ（ホール）…1本

レモン果汁…½個分

◉カスタード用

コーンスターチ…70g

牛乳…310ml

生クリーム（高脂肪）…310ml

卵黄…6個分

細目グラニュー糖…130g

◉メレンゲ用

卵白…4個分

細目グラニュー糖…200g

◉デコレーション用

生のフルーツ（レッドカラント、ラズベリー、薄切りのいちご）、エディブルフラワーまたはミントの枝（なくても可）

　このレシピはエイヴィスのノートのなかでは最後の方に書かれていて、結婚後、夫のベンジャミン・ストライドと一緒に宿屋を営み始めた時期にあたります。初期のものに比べると、作るのにさほど時間を使わないレシピですが、それでも彼女の個性を残したすばらしいものです。イートン・メスやパブロヴァのような、古典的なスイーツを思わせるところがありながら、もっとエレガントな仕上げ方をしています。加熱しても崩れない果物なら、なんでも使うことができます。ここでは洋梨ですが、いちご、プラム、桃でも、いずれも美味しくできるでしょう。焼いたままの器でサーブするので、魅力的なお皿を選びましょう。ただしオーブン利用が可能なものに限ります。

【作り方】

　まずカスタードを作ります。コーンスターチに分量内の牛乳を少し混ぜ、ゆるいペースト状にします。底の厚い片手鍋に牛乳とコーンスターチのペーストと生クリーム、卵黄、大さじ½を取り置いた細目グラニュー糖、残りの牛乳を合わせます。ゆっくりと熱しながら、とろみがつくまでかき混ぜ続けます。沸騰させないようにしてください。卵が固まって、カスタードが分離してしまいます。とろみがついたら火からおろし、残してあった細目グラニュー糖大さじ½を表面にふりかけて、膜が張るのを防ぎます。オーブンを200℃に予熱します。

　洋梨の皮をむいて4つ切りにし、芯を取り除きます。鍋に入れてかぶるくらいの水を入れます。バニラビーンズとレモン果汁を入れ、蓋をして（蓋がない場合はクッキングシートを丸く切って水面にのせます）、洋梨にざっと火が通るまで加熱します。煮すぎないよう注意してください。穴じゃくしで洋梨を取り出して水気を切ります。

　卵白をやわらかいツノが立つまで泡立ててから細目グラニュー糖を加え、ボリュームが2倍になり、ツヤが出るまでさらに泡立てます。星形の口金をつけた絞り袋にスプーンでメレンゲを移します。

　カスタードの⅓をオーブン調理のできる好みの皿に入れ、その上に洋梨の半量を並べて、カスタードのさらに⅓を入れます。残りの洋梨を並べて——これでおしまいです——残りのカスタードを入れましょう。上にメレンゲを絞ります。オーブンに入れて8分、表面がパリッとしてきつね色になるまで焼きます。お好みで生のフルーツと、花かミントを飾りましょう。

パンケーキ PANCAKES

マリア・ランデル『家庭料理の新しいシステム』（1806年）

【材料】

8枚分

全卵1個＋卵黄3個分

生クリーム（高脂肪）…200ml

白ワインまたはオレンジフラワー・ウォーター大さじ1（またはオレンジフラワー・エキストラクト数滴）

小麦粉…115g

バター（溶かしておく）大さじ1＋常温大さじ1

◉サービング用

アプリコットジャム…85g

粉糖…大さじ1と¾

....
パンケーキ返しとフィリング

パンケーキをうまくひっくり返すにはちょっと練習が必要です。フライパンを前方へ動かしながら跳ね上げてパンケーキを飛ばし、落ちてくるのに合わせてフライパンを動かして受け止めるのがコツです。しっかりと取っ手を握りましょう。とはいえ、究極をいえばヘラを使ってするより簡単です。それに、成功すればとても格好いいですよ。英国の伝統的なパンケーキのフィリングは、レモンと砂糖です。シンプルに積み重ねて、濾し器に通したレモン果汁をピッチャーに入れ、シュガーシェーカー［※振り出し式の卓上砂糖入れ］と一緒に添えて出しましょう。
....

パンケーキは太古の昔から存在する料理で、世界じゅうに似たものがあります。西ヨーロッパのパンケーキはもっとも簡素なタイプで、小麦粉と水または牛乳、卵を混ぜて作りますが、そのなかにもさらにバリエーションがあります。このレシピの作者マリア・ランデルは、卵がない場合は「きれいな雪」を代わりに使うようアドバイスしています（本物の雪です。たぶん生地に空気を含ませるためなのでしょう。ただし私たちはこの方法は試していません）。ランデルは19世紀にトップクラスの人気があった書き手で、彼女の本は公式・非公式さまざまな版が、無断借用版を含めて、本人の死後まで刷られ続けました。本には「ニュー・イングランド・パンケーキ」というレシピも載っていますが、それも（ここで紹介するレシピ同様）非常に薄いもので、アメリカやカナダ風にぶあつくてふわふわした、今日の朝食によく出るタイプのパンケーキとはまったく違います。

【作り方】

卵と卵黄、生クリーム、白ワインまたはオレンジフラワー・ウォーターを泡立て器で混ぜ合わせます。小麦粉を少しずつ混ぜ入れ、最後に溶かしたバターを入れて、だまができないようによく混ぜます（ブレンダーを使ってもかまいません）。ここで生地を30分以上休ませますが、冷蔵庫に数時間入れておくこともできます。

フライパンに残りのバターを入れて中火で熱し、耐熱性のブラシかヘラで広げます。おたま1杯の生地をフライパンに落とし、回して広げ、平らなパンケーキを作ります。1〜2分焼いて表面まで火が通ったら、ヘラを使って裏返します。あるいは、腕に自信があるなら跳ね上げてひっくり返しましょう。裏側を1〜2分焼いたら、温めた皿に滑らせて移します。これを繰り返して8枚かそれ以上のパンケーキを焼き終わるまで、できたものは保温しておきましょう（最終的な枚数はフライパンの大きさによります）。

それぞれのパンケーキにアプリコットジャムを塗ってくるりと巻きます。ピラミッド型に積み上げて、粉糖をふったら、温めた皿にのせて出しましょう。

ブラウンブレッドのプディング
BROWN BREAD PUDDING

エイヴィス・クロウコム、未発表の手書きレシピ帳（日付不明）

【材料】

6〜8人分（850mlの型1つ分、または140mlの小さな型で1人分ずつ作ることもできます）

バター（常温に戻す）…115g＋型用

小麦粉…少々（型用）

細目グラニュー糖…大さじ3

ブラックトリークル［※またはモラセス］…大さじ1

アプリコットジャム…85g

卵（卵黄と卵白を分けておく）…3個

酒石酸水素カリウム［※クリームタータ、ケレモル］…小さじ¼、またはレモン果汁少々（なくても可）

ブラウンブレッドのパン粉…225g

ミックスピール（刻む）…100g

シェリー…100ml

....

プディング布

ヴィクトリア時代、プディングはたいてい布で包むか、鉢か型に入れた上から布に包んで作っていました。プディング布の使い方は——まずバターモスリン［※バターやクリームチーズを作るために作られた目の細かい平織の濾し布］か、生成りのコットンか、さらに上等なものならリネンの布を水で濡らして絞り、小麦粉を振りかけて余分を振り落します。重なる部分が2.5cm幅のプリーツを中央に作り、片側に折って倒します。プディング鉢の上にこの布をかぶせ、表面を平らにならし、ふちの周りに料理用の糸をきつく巻いて固定します。プリーツは加熱されると広がるようになっているのです。

....

ヴィクトリア時代の食卓には、金持ちだろうと貧しかろうと、あらゆる場面にパンがありました。それはつまり、かたくなったパンも大量に存在したということです。それでも食べ物を捨てることは嫌悪されていたので、パン粉、薄切り、かたまりと、どんな形のパンでも活用したレシピが幅広く生まれることになりました。このプディングが使っているのはブラウンブレッド［※全粒粉を使ったパン］で、かつては貧民と結びつけられてきましたが、19世紀末には、メーカーが健康によいといって売り込んだので、少しだけ人気が上がりました。このレシピにはヴィクトリア時代にお決まりの材料、砂糖漬けのフルーツとアルコールを加えているので、簡素でも下層階級向けでもなくなっています。ヴィクトリア女王のシェフだったこともあるチャールズ・エルメ・フランカテリは、ブランデーに漬けてやわらかくしたさくらんぼを使ったブレッド・プディングを考案し、女王の夫君アルバート公の故郷ザクセン・コーブルク・ゴータにちなんだ名前をつけたレシピを出版しています。

【作り方】

大きな型1つか、1人分ずつの小さな型またはマフィン型にバターを塗り、少量の小麦粉をふりかけます。

バターをやわらかくふんわりするまで練ります。大さじ2の砂糖とブラックトリークルとジャムを加え、5分ほど、軽く泡立つまでかき混ぜます。卵黄を加えてさらに混ぜます。

別のボウルで、卵白を泡立てます（酒石酸かレモン果汁を加えると泡立ちやすくなります）。残りの砂糖大さじ1を加えてやわらかいツノが立つまでさらに泡立てます。

卵黄にパン粉、ミックスピール、シェリーを入れて切るように混ぜます。次に卵白を、そっと切るように混ぜ込みます。プディング生地を型に入れ（小さい型なら分け入れ）、型の大きさに合わせて丸く切ったクッキングシートにバターを塗って表面にのせたら、中央にプリーツを1本たたんだアルミホイルかプディング布で上から覆います。沸騰した鍋の蒸気で、小さな型なら30分、大きなプディング鉢なら60分蒸します。火からおろしたら5分置いてから出します。

ワインソース（P105参照）を添えて出します。

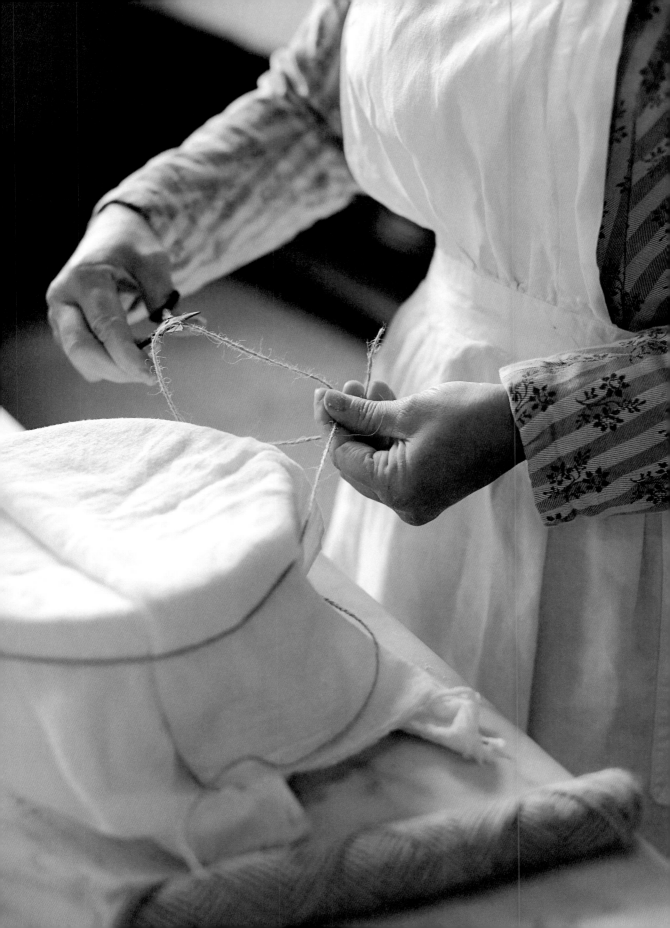

りんごのハリネズミ APPLE HEDGEHOG

イライザ・アクトンやリチャード・ドルビーなど、複数の資料を参考に

【材料】

8〜10人分

細目グラニュー糖…170g

水…570ml+55ml（別々に用意しておく）

りんご（生食用）…8個

あんず…4個

アプリコットジャム…大さじ1

りんごのピュレ（濃厚なもの、またはアップルソース、P97のメモ参照）…55g

◉メレンゲ用

卵白…3個分

酒石酸水素カリウム[※クリームタータ、ケレモル]…小さじ¼、またはレモン果汁少々（なくても可）

細目グラニュー糖…200g+型用

アーモンドスライス…55g

カランツ2粒+ドレンチェリー1つ（ハリネズミに顔をつけたい場合）

この奇抜な料理の起源はローマ時代［※英国がローマ帝国の属州だった西暦43〜410年］にさかのぼります。中世［※5〜15世紀］の料理人は、何かに似ているけれど材料は別のもの、という料理を生み出すことに喜びを感じていました。なかでも有名なのは伝説的な「コッケントリス」という料理で、半分は豚、半分は七面鳥かガチョウを縫い合わせ、ローストして飾り付けしたものです。ハリネズミはその異形な見た目から、よくインスピレーションの源にはなりましたが、実際に調理して食べることは、飢饉でもなければめったにありませんでした。アーモンド・ペーストを使って作ったハリネズミのレシピは18世紀には出回っており、19世紀にはこのレシピのようなタイプが登場しました。ドーム型にアーモンドを刺しただけのレシピは数多く、ハリネズミの顔をつけるのは昔風ですが、オードリー・エンドを訪れる見学者にはたいへん好評です。

【作り方】

シロップを作ります。砂糖と570mlの水を鍋で沸騰させ、少しとろみがつくまで煮ます。りんごの皮をむいて、切らずに芯を抜き、シロップに入れます。丸く切ったクッキングシートを水面にのせ、全体に火が通る程度まで弱火で煮ます。煮すぎないように注意してください。りんごを取り出して水気を切ります。

あんずの種を取り除き、刻みます（皮をむく必要はありません）。別の片手鍋にあんずとアプリコットジャムと水55mlを入れて火にかけ、あんずの形が崩れてとろみがつくまで煮込みます。焦げないように絶えずかき回すようにしてください。

りんごの穴にあんず液を詰めます。1と¼リットル容量のボウルにラップを敷いてりんごを並べ、りんごのピュレで固定します。覆いをして冷蔵庫で冷やします。

オーブンを200℃に予熱します。卵白を泡立てます（酒石酸かレモン果汁を加えると楽にできます）。少しずつ砂糖を加えながら、かたいツノが立ち、つやが出るまで泡立てましょう。りんごを冷蔵庫から取り出し、大きな皿［※オーブン調理可能なもの］の上に、注意深くひっくり返してボウルから出します。丸口金をつけた絞り袋にメレンゲを詰め、りんごの上に絞ります。アーモンドスライスでハリネズミの針を作りましょう。ハリネズミに顔をつけるかどうかはあなた次第です。

オーブンに入れ、アーモンドがきつね色になるまで8〜10分間焼きます。

レモン・チーズケーキ
LEMON CHEESE CAKES

エイヴィス・クロウコム、未発表の手書きレシピ帳（日付不明）

【材料】

6人分

卵黄3個分＋卵白2個分

細目グラニュー糖…225g

バター（やわらかくしておく）…55g

レモンの外皮のすりおろしと果汁…小2個分

はちみつ（透明なもの）…小さじ1

ラタフィアまたはアマレッティ［※いずれもアーモンドと卵白を使った軽いビスケット］…12枚、または好きなだけ

このレシピは、現代の定義でいえば断じてチーズケーキではないものの、とてもシンプルで、スイーツあるいはデザートとして出すことができます。実質的にはレモンカードを濃厚にして、アーモンド風味のビスケットを砕いて混ぜたもので、このレシピのようにグラスに入れて出したり、から焼きしたペイストリー台にフィリングとして詰めたりもできます（ペイストリーを使う場合、ラフ・パフ生地［※小麦粉にバターを混ぜて作る簡易なペイストリー生地］でもオールバター・パフ生地［※油脂分はバターのみで、生地にバターを折り込んで作る伝統的なパイ生地］でも合います）。レモンをオレンジに変えても同じレシピで作れます。「チーズ」という名前の理由は、単にどろりとした質感の混合物だからで、ガトー・ド・ポム（P84 参照）が別名アップル・チーズというのと同じです。

【作り方】

卵黄と卵白、砂糖をボウルに入れ、白っぽく、かさが増すまでしっかりと泡立てます。バター、レモンの皮のすりおろしと果汁を加えます。すべての材料を耐熱性のボウルに入れて、ごく弱火でふつふつとお湯を沸き立たせた鍋（バン＝マリー）の上にのせます。ボウルの底はお湯につかないようにし、かき混ぜながら加熱します。とろみがついたら、はちみつを加えます。

ビスケットを粉々に砕いて、これも加えます（好みに合わせて量を加減しましょう）。熱いうちに出してもよいですが、グラスか小さなボウルに入れて冷やすとさらに美味しくなります。

銅のボウル

ミセス・クロウコムは卵の泡立てには銅のボウルを使ったでしょう。銅は卵白のたんぱく質に反応して、酸性の補助剤を加えるのと同じように、泡を安定させる効果があるのです。メレンゲを作るときには、少量の酒石酸水素カリウム［※クリームタータ、ケレモル］かレモン果汁を加えるとうまくいきますよ。

おしゃれなアップル・ダンプリング
FASHIONABLE APPLE DUMPLINGS

イライザ・アクトン『家族のための最新料理法』（1845年）

【材料】

6個分（6枚のニットのダンプリング布かプディング布、またはディッシュクロス[※皿洗い用のニットの布]を使います）

小麦粉…225g

スエット…85g

塩…小さじ½

りんご（生食用、ほかのレシピと同様、古い品種のほうがうまくいきます。コックスとピピンが良いでしょう）…6個（だいたい同じ大きさ）

オレンジまたはレモンのマーマレード（ミセス・クロウコムの手づくりレシピはP231参照）…大さじ6

バター…85g（ダンプリング布用）

ワインソース（P105参照）…サービング用（なくても可）

ダンプリングは、パンケーキ（P114参照）と同じく、世界じゅうの食文化にそれぞれ独特のものが存在します。英国では、おそらく余ったパン生地をまるめたものがルーツでしょう。当時のダンプリングは肉や野菜と一緒にゆでていました。ところがこれが、みるみる進化してバリエーションが増え、甘いものも塩味のものも作られるようになり、19世紀の料理人たちはダンプリングをゆでるも蒸すも、あるいは揚げるも思うままでした。時には簡素な添え物として（特にシチューには定番でした）、また時にはもっと手の込んだ一品料理として出すこともありました。英国のように寒冷で雨の多い土地柄でダンプリングはとりわけ人気があり、エイヴィス・クロウコムが1870年代に働いていたノーフォークでも名物料理になりつつありました。「ノーフォーク・ダンプリング」は、ノーフォーク出身者を表す決まり文句になっていて、小馬鹿にした意味あいで使われることも多いですが、丈夫さと単純な性格を表してもいるのです。

【作り方】

スエット・クラスト生地を作ります。小麦粉、スエット、塩とほんの少しの水を混ぜます。スエットが溶けないように手早く作業しましょう（フードプロセッサーかブレンダーを使ってもかまいません）。かたく、べとつかない生地ができるまで水を足していきます。生地を休ませる必要はありませんが、何回かに分けてダンプリングを作る場合は、まる1日は冷蔵庫に保存しておけます。生地を6等分してまるめ、りんごを包める大きさにめん棒で丸く平らにのばします。

りんごの皮をむき、切らずに芯を抜きます。底の部分を平らになるよう切り取ります。りんごの芯を取り除いた穴に大さじ1のマーマレードを入れます。それぞれのりんごを、円盤状のスエット生地で包みます。生地にすき間ができないよう、また均等な厚さになるようにしましょう。はみ出した生地を切り取ります。

バターを溶かして、ダンプリングの個数分の清潔なニットの布に、それぞれ刷毛で塗ります。ニットのくぼみの部分にもしっかりバターをしみ込ませましょう。ダンプリングを布ですっかり包み、上の部分を料理用の糸で固く縛ります。ほかのダンプリングも同じようにします。

大きな鍋にお湯を沸騰させ、布で包んだダンプリングを沈めます。鍋の大きさや、手持ちの布の枚数により、2回に分けて調理することになるかもしれません。お湯はぐらぐらと沸騰した状態を保ちましょう。でないと生地が水っぽくなってしまいます。45分ゆでたら、糸より上の部分の布にフォークを突き刺して、お湯か

ダンプリング布

ふつうのプディング用の布でもダンプリングは作れますが、可愛さでは劣ります。棒編みやかぎ針編みで手作りに挑戦するなら、一般的なメリヤス編みで大丈夫です。ですが、お好きなパターン編みで遊ぶのもよいでしょう。綿100％の糸を使ってください（「ディッシュクロス・ヤーン」の編み糸が望ましく、太さはアランウェイト［※並太］です）。化学繊維は避けること。伸びるのでダンプリングが台無しになってしまいます。

ら取り出します。やけどに注意しながら布からダンプリングを取り出し、レース飾りのついた敷き布にのせて出します。布を敷くのは水分を吸い取り、りんごを安定して立てるためです。

このレシピではゆでていますが、焼いて作ることもできます。ゆでてから焼いてもよく、そうするとダンプリングの表面はカリッと美しく、中はふわふわに仕上がります。そのままでもよいですが、ワインソースを添えるとさらに美味しくいただけます。

デザートとセイボリー

ラメキン RAMEKINS

エイヴィス・クロウコム、未発表の手書きレシピ帳（日付不明）

【材料】

4人分

バター、またはくせのない油…型用

熟成チェダーチーズ（すりおろし）…55g

パン粉…55g

卵（軽く溶いておく）…3個

カイエンペッパー…ひとつまみ強

生クリーム…115ml

イングリッシュマスタード…小さじ2

....

デザートとセイボリー

セイボリー［※塩味や辛味のきいた料理］は、ヴィクトリア時代後期に、デザートコースの代わり、または追加として登場しました。デザートの料理は小ぶりに作り、さっぱりした味で口の中をリセットし、消化を助けることを意図していたのです。セイボリーは――唐辛子や、魚の燻製、チーズ、臓物、塩からい味付けの臓物など、強い風味が基本ですから――ぴりっとした要素を加えており、ちょっと男性的なものとみなされました。食事が終わって男女が分かれて一服するとき、紳士たちが正餐室に残ってお酒をたしなむ時間にふさわしかったのです（このとき室内便器で用を足す人もいました）。

....

チーズ料理の古典で、もっと庶民的なレアビットと呼ばれる料理［※味付けしたチーズトースト］に似ています。しかし、ラメキンは350年以上も人気を保っていたのに、今では忘れ去られています。ラメキンの起源は17世紀にフランス人シェフのフランソワ＝ピエール・ラ・ヴァレンヌが発表したレシピで、当時は「ラメクイン」といい、チーズのほかに肉やその他の珍味が使われていました。19世紀初頭には、ラメキンのレシピはあらゆる本の、さっと食べられるセイボリーか軽食の項目に分類されていました。そして19世紀末には、ラメキン専用の小さな陶器の皿が売られるまでに至ります。ラメキンという名前は料理とその皿のどちらにも使われました。今でも、皿の方だけは生き残っています。エイヴィスの手書きのレシピは紙の容器で作るよう指定していますが、本物のラメキン皿を使って作ったほうが――当然ながら――うまくできます。

【作り方】

オーブンを200℃に予熱します。深いオーブン用天板またはロースト用天板に、半分まで水を注いでオーブンに入れます。これが湯せん鍋になります。

1人分の型かラメキン皿を4つ用意し、バターか油を塗ります。大きなボウルにすべての材料を混ぜ合わせます。このチーズ液を、それぞれの型の¾の高さまで入れて、バン＝マリーに並べます。

20分焼いて、チーズ液が固まって、まだ揺れるというくらいになればできあがりです。すぐに出しましょう。ラメキン皿のままか、またはひっくり返して皿を外すかは、お好きな方でどうぞ。

マックロニス（マカルーン）
MACKRONIS（MACAROONS）

エイヴィス・クロウコム、未発表の手書きレシピ帳（日付不明）

【材料】

35枚分

アーモンドプードル…85g

バター（やわらかくしておく）…大さじ2

細目グラニュー糖…140g

卵白…大1個分

マッシュポテト（皮なし、冷やす）…55g

アーモンド（ホール）…35粒

....

マカルーンとマカロン

マカルーンとマカロンは別のものです。マカルーンはこのページのレシピで作れるもので――エイヴィスいわくマックロニスです。マカロンは、今となっては、パステルカラーのビスケット2枚で、チョコレートガナッシュやフルーツペーストをはさんだものを意味するようになっています。サンドイッチ・メレンゲは19世紀初頭からレシピが存在しているものの、現代のメレンゲベースのマカロンと違います。この繊細な小さい砂糖菓子としてのマカロンは、1980年代中盤にパリの菓子業界から姿を現したのです。以来、マカロンは素朴なイトコたるマカルーンを完全に日陰に追いやってしまいました。

....

このレシピ名にも、エイヴィスの怪しい綴りが表れています。当時の「マカルーン」は、卵白、砂糖、アーモンドの粉末に、レモンの皮からチョコレートまでさまざまなフレーバーを加えたものでした。ウエハー・ペーパー［※食用可能な薄い紙で、英国ではエディブル・ライスペーパーなどの名前で売られています］にのせて焼き、上にはアーモンドスリバード［※縦割りアーモンド］か、皮なしのアーモンドを飾りました。作り方は簡単で、買っても安いものだったので、デザート用にたいへん人気がありました。その起源は少なくとも17世紀までさかのぼり、どのように考案されたかには諸説あるものの、1880年代までにはヨーロッパじゅうに広まっていました。マッシュポテトを使うのは一般的ではありませんが、これもなかなかいいですよ。

【作り方】

アーモンドプードルとバター、砂糖をスタンドミキサー（または手）でよく混ぜます。冷やしたマッシュポテトを混ぜ入れます。大きな口金をつけた絞り袋に生地を移します。

大きな天板1枚か2枚にクッキングシートかシリコンマットを敷き、絞り袋で生地を35個の小さなかたまり状に絞り出します。焼くとふくらむので十分に間をあけましょう。それぞれの上にアーモンドをのせて、冷蔵庫で30分以上冷やします。

オーブンを180℃に予熱します。マックロニスを冷蔵庫から出してすぐにオーブンに入れ、きつね色になるまで18〜20分間焼きます。冷ましてから出します。

ウィンザー・サンドイッチ
WINDSOR SANDWICHES

エイヴィス・クロウコム、未発表の手書きレシピ帳（日付不明）

【材料】

6〜8人分（18〜24個くらいできます）

加熱済みのタン…100g

パルメザンチーズ（すりおろし）…100g＋揚げ
衣用

バター…大さじ2

カイエンペッパー…小さじ¼、またはお好みで

食パン（良質なもの、耳を切り落とす）…12枚

小麦粉…大さじ2

澄ましバター（P57参照）…55g（揚げ油用）

....

ロイヤル・レシピ

ヴィクトリア時代の人びとは、ロイヤル・ファ
ミリーや王宮の名前をレシピにつけるのが
大好きでした。どうやらこの「タン＆チー
ズ」のサンドイッチは、ウィンザー城と明確
なつながりは何もないようです。「ウィン
ザー・サンドイッチ」という名前の料理はほ
かにも存在しますが、中身は別物です。

....

　もし七面鳥のガランティーヌ（P62参照）を作ったときは、このレシピはタン
の切りくずを使い切るのに最適ですよ。

【作り方】

　タン、パルメザンチーズ、バター、カイエンペッパーをブレンダーにかけて、
かたいペースト状にします。ブレンダーがなければ、すり鉢とすりこぎで材料をす
りつぶしましょう。ペーストを半量ずつに分けます。

　生地の半量を2枚のクッキングシートのあいだにはさみ、めん棒で36×
12cmの長方形にのばします。この長方形を3等分に切り、3枚のパンにの
せます。ペーストの残り半分も同じようにのばして切って、パン3枚にのせます。
残り6枚のパンをペーストの上にのせて、しっかりと押し付けます。

　サンドイッチをひと口サイズに切ります。長方形に切るだけでもかまいませんし、
葉っぱ型のような抜き型を使うのもよいでしょう。浅い皿に小麦粉を入れ、サン
ドイッチにまぶします。澄ましバターの半量をノンスティック加工の鍋に溶かして
サンドイッチを入れ、表裏ともきつね色になるまで揚げ焼きにします。キッチンペー
パーに取って油を切ります。

　サンドイッチ全体にたっぷりとパルメザンチーズをまぶし、軽く押さえてくっつけ
ます。残り半量の澄ましバターを溶かして、サンドイッチをもう一度揚げ焼きにし、
パルメザンチーズが黄金色になればできあがりです。熱々で出しましょう。

チーズ・セフトン CHEESE SEFTONS

エイヴィス・クロウコム、未発表の手書きレシピ帳（日付不明）

【材料】

リング4つとスティック20〜22本分

◉基本のパフ・ペイストリー生地用

小麦粉…225g＋打ち粉用

バター（冷やしておく）…100g＋クッキング
シート用

◉チーズペースト用

チェシャー・チーズ（すりおろし）…115g

小麦粉…55g

バター…55g

カイエンペッパー…ひとつまみ

....

チェシャー・チーズ

チェシャーは牛の乳でつくる英国のチーズ
です。色は白く、ほろほろと崩れ、強い
風味があり、料理に最適です。このレシ
ピは、風味の強いハードチーズなら、お
およそどんな種類でも作れます——良質な
チェダーはくどすぎるかもしれませんが、好
みは人それぞれです。山羊や羊のチーズ
もよく合います。

....

歴史上のレシピを解釈することには困難がつきまといます。とりわけ出版する
気で書かれたものではないレシピは難しいものです。このレシピはよい例で、エ
イヴィスは、ただ材料のリストをざっと書き留め、若干の覚書を添えているだけ
です。もし彼女のメモのとおりの材料を混ぜ、適当に加熱したら、お皿いっぱ
いのただの溶けたチーズができあがるだけです（とても美味しい溶けたチーズ
ではありますが）。「セフトン」という名のレシピは他のレシピ本にも見られます。
発案者のルイ＝ウスタシュ・ウデが出した1829年版の『フランスの料理人』
——この料理の名前は、彼の雇い主だったセフトン伯爵に由来します——の
レシピでは、材料にパフ・ペイストリー生地の残り物を使っています。オードリー・
エンドの解説員チームもウデの方式を採用しましたが、もし別のやり方を試し
たいなら、エイヴィスのレシピ帳のP257にある注釈を参照してください。

【作り方】

まず、基本のパフ・ペイストリー生地を作ります。小麦粉に冷水を混ぜ、ざっ
くりとした、かための生地にまとまるまで、必要に応じて水を足します。打ち粉を
した台にのせ、めん棒で長方形にのばして、長い辺を三等分した区切り位置
に、指で浅く目印をつけます。冷やしたバターの薄切りを（全体の⅓〜半分く
らいの量を）指ではさんで平らにのばし、三等分の中央部分に並べます。バター
できっちり生地を覆う必要はありませんが、あまり大きな隙間は作らないようにしま
しょう。上下の部分は1cmずつ空けてください。

「本を閉じるように」生地の端をたたみます。まず片側、そしてもう片側を折っ
て重ねましょう。重ねた上からめん棒でしっかりのばし、縦長になった生地を
90度倒して、横長に置きます。めん棒でのばして長方形に整えたら、同じ手
順を繰り返します。もし暑い日なら、作業の合間に冷蔵庫で15〜20分ほど
生地を冷やす必要があるかもしれません。バターの層を2〜3回作ります。
最後はバターをのせずに1回たたみ込んでのばします。冷蔵庫で1時間以
上寝かせます。

既製品のパフ・ペイストリー生地を買ってきてもかまいません。その場合は、
ここまでの手順は省略します。

➡➡

チーズ、小麦粉、バター、カイエンペッパーを混ぜてペースト状にし、ひとまとまりにします。20分間冷蔵庫で冷やします。打ち粉をした台にペイストリー生地を広げて長方形にのばし、長い辺を三等分した区切りの位置に、指で浅く目印をつけます。

チーズのペーストの半量を薄く切り、三等分に区切ったペイストリー生地の中央部分に並べます。このときも上と下を1cm空けておきましょう。「本を閉じるように」左右の端を中央に向かって重ねてたたみ込みます。めん棒で軽くのばして90度回転させて横長に置き、さらにのばして長方形に整え、同じ手順を繰り返します。最後にもう1度、チーズペーストをのせずにたたんでのばしてから、1時間以上冷蔵庫で冷やします。オーブンを200℃に予熱します。

ペイストリー生地を広げて1.5cmの厚さにのばします。長さ15×幅1.5cmのスティック状に、きっちりと均等に切ります。ただし、丸い抜き型でリングを4つとれるだけの生地は残しておきましょう。直径5cmの丸型で円の外側を抜き、4cmの丸型で内側の穴を抜いて、リングを4つ作ります。

天板にクッキングシートを敷いて薄くバターを塗り、リングとスティックを並べて10分焼きます。薄く黄金に色づき、ふくらんで、火が通ってパリッとしたら焼き上がりです。

リングにスティックを通して（ナプキンをリングに通すような具合です）、束にして皿にのせて出します。焼きたての熱々で出すのが一番ですが、再加熱もできます。全体が熱くなるようにしてください。

カイエンペッパー

ミセス・クロウコムはカイエンペッパーを大量に使います。メース、ナツメグ、黒と白のこしょう、ジンジャー、シナモン、クローブとともに、幅広く使われていました。ただしかつての英国人は、味の好みとしても、文化的な傾向としても、スパイスの強い料理を恐れていました。19世紀初頭には、スパイスのききすぎた料理を食べると性的に抑えがきかなくなると思われていたのです。幼い子どもたちにも、スパイスを与えないことが道徳的であるとされていました。

ベニエ・ア・ラ・ロワイヤル
BEIGNETS À LA ROYALE

エイヴィス・クロウコム、未発表の手書きレシピ帳（日付不明）

【材料】
6個分

◉ベニエ用

パルメザンチーズ（すりおろし）…115g

全卵1個＋卵黄3個分

牛乳…285ml

イングリッシュマスタード…小さじ½～1

生クリーム…大さじ1

塩…小さじ¼

カイエンペッパー…ひとつまみ

バター…型用

◉揚げ衣用

小麦粉…30g

卵（軽く溶いておく）…1個

パン粉（細かいもの）…30g

◉加熱調理用

くせのない油または澄ましバター（P57参照）
…大さじ2～3（フライパン用）

パセリの葉（みじん切り）…飾り用

ベニエとはフランス語で「ドーナツ」のことですが、その言葉から現代人が想像するような、小麦粉生地の、油で揚げた甘いお菓子とはかけ離れたレシピです。これもまた、多くの試行錯誤を重ねて完成しました。オリジナルの文章を見ると、エイヴィスはこのレシピ帳を自分のためだけの備忘録として書いていて、ほかの誰かがそれを使って料理するなどとは念頭にもないことを思い知らされます。このベニエは基本的に塩味のカスタードで、軽く火を通したあと少量の油でからりとソテーしたものです。慎重に作業をすすめ、できたら即座にサーブします。ヴィクトリア朝のシェフをめざす人には真の試練となるでしょう。

【作り方】

オーブンを200℃に予熱します。深いオーブン用の天板かロースト用天板に、半分の高さまで水を注いで、オーブンに入れます。これが湯せん焼き用のバン＝マリーになります。

ベニエ用のすべての材料をブレンダーにかけて、濃いクリームくらいのとろみにします。ダリオール型（小さく深いマフィン型でもかまいません）6つにバターを塗り、それぞれの底に丸く切ったクッキングシートを敷きます。ベニエ液を型に注ぎ分けます。

バン＝マリーにした天板に型を並べ、大きなアルミホイル1枚か数枚使ってまとめて蓋をします。オーブンで20分加熱します。中まで火が通り、それでもまだ生地が揺れるくらいが蒸しあがりです。型のまま冷ましたあと、ひっくり返して中身を出します。

ベニエに衣をつけて仕上げます。小麦粉、溶き卵、パン粉を別のボウルに出します。フライパンを中火にかけて、油か澄ましバターを入れます。ベニエの表面に小麦粉、卵、パン粉の順にそっとまぶします（とても崩れやすいので気を付けてください）。

油かバターでベニエを2～3分焼きます。からっときつね色になるまで、そっと1～2回裏返して焼きましょう。キッチンペーパーで油を切り、パセリを添えて熱いうちに出します。

きゅうりのクリームアイス
CUCUMBER CREAM ICE

アグネス・マーシャル『アイスの本』（1885年）

【材料】

6〜8人分（850mlの型1つ分）

きゅうり…大1本

細目グラニュー糖…230g

水…285ml

ジンジャーワイン大さじ3、またはジンジャーブランデー大さじ2

レモン果汁…2個分

食用色素（緑）

生クリーム（乳脂肪分35〜45%）…570ml

ブラックカラント［※黒すぐり、カシス］の実と葉、シダの枝…飾り用（なくても可）

....

アイスを作る

凍らせたデザートを作るのに、ミセス・クロウコムならソルベティエール［※アイスクリーム原液を入れて固める容器］とバケツか、あるいはハンドルをまわして凍らせるアイスペールを使ったでしょう。どちらの方式も、しろめ製の凍結容器の周りに、塩と氷を詰めるというやり方に基づいていました。氷に塩をかけると凝固点降下が起こり、温度が下がります。これにより、現代の一般的な冷凍庫よりも低い−20℃以下まで簡単に下げることができるのです。同じやり方は今でも再現可能です。プラスチックのボウルにクラッシュアイスとたっぷりの塩を入れ、金属製の蓋がついたコーヒー豆の缶などを、凍結容器の代わりにして中央に置くのです。別の方法として、アイスの原液をそのまま冷凍庫に入れ、10〜15分おきによくかき混ぜるというものがあります。容器内部の側面についたかたまりを削って中に戻し入れながら念入りにかき混ぜましょう。最高のアイスクリームとは氷の結晶が極小なものです。これは猛烈に撹拌することでしか達成できないのです。

....

　ヴィクトリア時代のデザートには、アイスが欠かせませんでした。当時のアイスは主として3種類。クリーム・アイス（アイスクリーム）、ウォーター・アイス（現代のソルベ）、そしてソルベ（ウォーター・アイスに大量のリキュールや蒸留酒を加えたもの）です。複雑な模様の型で固めてサーブすることも多く、ウォーター・アイスはとりわけ手の込んだデザインになりました。目にも鮮やかな仕上がりにするために、多くの着色料が使われました。結局のところ、デザートが出るのはメインの料理が終わったあとで、消化を助けるのが目的であり、お腹を満たすためのものではないのです。このレシピの作者はアグネス・マーシャルというヴィクトリア朝のエネルギッシュな企業家で、何冊か料理書を書きましたが、なかでも出来がよいのは2冊のアイスの本です。彼女は料理学校も経営し、講演旅行で各地をまわり、特許取得済みのさまざまなアイスクリーム調理器具を売っていました。

【作り方】

　きゅうりの皮をむき、縦半分に切って、ティースプーンで種をかき出します（種は捨てます）。あらく刻んで鍋に入れ、砂糖の半分と分量の水を加えます。沸騰させてから弱火にし、蓋をしてやわらかくなるまでコトコト煮込みます（15分程度）。

　煮込んだきゅうりをブレンダーにかけてピュレ状にします。ジンジャーワインまたはブランデーとレモン果汁、少量の緑の食用色素を入れます——感じのよい緑色にしましょう。恐怖のネオングリーンにはならないように。冷蔵庫で冷やします。

　大きなボウルに生クリームと残りの砂糖を入れて泡立て、やわらかいツノが立つくらいにします。冷やしたきゅうり液をクリームに入れて、切るように混ぜます。アイス液をアイスクリームメーカーに入れて、固まるまで撹拌します。型に入れて固めたい場合は、シンプルな型にスプーンでアイスを入れて凍らせ、準備ができたらひっくり返して取り出しましょう。ヴィクトリア時代の人なら、糸あめ［※シュクル・フィレともいいます］、複雑なデザインの型で固めた小さなウォーター・アイス、シロップに浸けて冷やしたフルーツ、あるいはホウライシダの枝で飾ったことでしょう。右の写真では、生の黒すぐりの実と葉っぱを飾ってみました。遠慮なく真似していいですよ。

アーモンド・ファゴット
ALMOND FAGGOTS

エイヴィス・クロウコム、未発表の手書きレシピ帳（日付不明）

【材料】

20〜22個分

卵白…2個分

酒石酸水素カリウム[※クリームタータ、ケレモル]…小さじ¼、またはレモン果汁少々（なくても可）

細目グラニュー糖…115g

アーモンドスライス…225g

エディブル・ライスペーパー[※P126参照]…大1〜2枚

ファゴットという言葉は、昔はただ単に木の束を指していました［※20世紀初頭から、男性同性愛者蔑視の意味を帯びてしまっています］。この小さく繊細なメレンゲがファゴットと呼ばれる理由は、中から突き出すアーモンドが木の束に似ているからです。19世紀の半ばまで、個人邸やパン屋さんでは「ファゴット・オーブン」がまだ日常的に使われていました。これはレンガ積みの蜂の巣型オーブン［※円筒型で、屋根の部分がドーム状に丸くなったかまど］のことで、まず薪の束を詰め込んで燃やします。そして火が消えたらオーブンの中身をかき出しますが、レンガがまだ熱を保っているので——理論上は——パンやケーキを焼くのに十分でした。当時の料理人が温度を確かめる方法はいくつかあり、1つかみの小麦粉を投げ込んで焦げる速度を見たり、熱によって色が変わるレンガを壁に組み込んだりしていました。エイヴィス・クロウコムも、たぶんビーハイブ・オーブンは使い慣れていたでしょう。けれど、貴族の館で働くようになったあとに使っていたのは、石炭を燃料とする鋳鉄製の調理用レンジだったはずです。今でもオードリー・エンドで見ることができるタイプのものです。

【作り方】

オーブンを110℃に予熱します。大きなボウルに卵白と、使う場合は酒石酸かレモン果汁を入れて泡立てます［※あればハンドミキサーを使いましょう］。泡が立ち始めたら、3回に分けて細目グラニュー糖を加え、そのあいだも中速で泡立て続けて、かたいツノが立つくらいにします。密度とツヤがある生地にしてください。

アーモンドスライスをそっと加え、切るように混ぜます。

ライスペーパーを天板に敷きます。スプーン2本を使って、ライスペーパーの上にメレンゲをピラミッド型に置いていきます。

80〜100分焼きます。好みのかたさになるよう焼き時間を調整してください。

オレンジ・ウエハース
ORANGE WAFERS

エイヴィス・クロウコム、未発表の手書きレシピ帳（日付不明）

【材料】
24個分

オレンジ（完熟の生食用）…6個

細目グラニュー糖…540g

くせのない油…天板用（なくても可）

伝統的なウエハースは、小麦粉の生地をウエハース用の鉄板に流して焼いて作りますが、このレシピは違います。そうではなく、現代なら「フルーツ・レザー」と呼ばれるものなのです。ミセス・クロウコムのノートには果物を保存するレシピが数多く載っていて、これもその1つですが、旬の作物を最大限に生かすことがいかに大切だったかを示しています。彼女は1871年にプロクター＝ビーチャムという一家のもとで料理人兼家政婦長として働いていました。家政婦長の仕事には保存食づくりが含まれるため、このレシピはほぼ間違いなくその時期のものでしょう。ノートのなかで、少数の保存食のレシピをまとめた箇所に含まれています。当時、オレンジは2つの種類に分類されていました。まず「セヴィル」、これは苦味があるもので、マーマレードに使われました。もう1つは「チャイナ」、甘みのある生食用の種類で、今日の私たちが生で美味しく食べているのはこちらです。

【作り方】

オレンジを洗って半分に切ります。大きな鍋に、かぶるくらいの水とともに入れます。大きさを合わせて丸く切ったクッキングシートをのせ、その上から蓋をして、沸騰させます。弱火にして75分、またはオレンジがとてもやわらかくなるまでコトコト煮ます。煮た液体を200ml取り、オレンジの水気を切ります。取った液体とオレンジをブレンダーにかけて完全にピュレ状にします。さらに濾し器を通すと、最高のなめらかさにできますよ。オーブンを設定可能な一番低い温度に予熱します。

オレンジのピュレを鍋に入れて温めなおします。細目グラニュー糖を加え、よく混ぜ合わせて完全に溶かします。シリコン製のベーキングマットか薄く油をひいたクッキングシートにピュレを塗り広げます。厚みは5mm未満にしましょう。薄くするほど仕上がりもよくなります。ただ温かいだけというくらいのオーブンにひと晩入れておき、完全に水分を抜きます。ミセス・クロウコムの指示によれば「何日か」乾燥させたそうです。実際には、焼き菓子用のオーブンを使ったかもしれません。

お皿に盛ります。ウエハースを20×10cmの長方形に切ります。軽く巻いて、ピラミッド型に積み上げます。でなければ丸型に抜いて、あまった部分は他の料理の飾りに使ってもよいでしょう。

4章

ヴィクトリア時代の食とキッチン

………………………………………………

アニー・グレイ

キッチンの生活

　ヴィクトリア時代、技術にも社会にも、多大な変化が起こりました。1837年に、ヴィクトリアが女王に即位したとき、英国は農業国であり、人口の大半は農村部に住み、農場かそれに関係する職についていました。しかし1851年の国勢調査を見ると、50%以上の人口が町か都市に住んでおり、英国人が、世界で最初に都市化した人びととであったことがわかります。1901年にヴィクトリア女王は亡くなりますが、その時までに、電気、自動車、電話などが、多くの人の暮らしにじわじわと侵入しつつありました。そうした技術を日常的に使っているのはお金持ちだけでしたが、電気で光る劇場や演芸場（ミュージック・ホール）の看板なら誰しも見たことがあったでしょうし、庶民であっても瞬時に届くニュース報道の恩恵を受けていたはずです。

　オードリー・エンドは、変化の最前線にいたわけではありませんでした。ほかのカントリー・ハウスでは、すでに電気の照明や、調理にはガスを導入したところもありましたが、ミセス・クロウコムのキッチンは、1881年の火事のあと建て直されたにもかかわらず、1840年代の設備からほとんど変わっていなかったのです。ガスを入れる計画はあり、1870年代初頭には、溝を掘り、パイプも注文しているのですが、施工直前に棚上げになりました。明かりはオイルランプ、熱源は石炭で、1840年代にはセントラル・ヒーティングが導入されていたものの、使えたのは一階の部屋のみで、地下にある巨大な石炭のボイラーで暖めるものでした。

　英国のカントリー・ハウスのキッチンにおける技術革新はひどくゆっくりしたものだったので、もしヴィクトリア時代の人がそれより300年前のキッチンを使わなければならなくなったとしても、それほどやりにくいとは感じなかったはずです。女性が職業料理人として働くようになったのは17世紀ごろですが、その時期までに、

➡➡

（左ページ）
オードリー・エンドの正餐室。デザートが進行中の様子を再現している。

ロースト用の炉に火の入ったキッチン。火の上にある機械の仕掛けは「スモーク・ジャック」の一部（P49参照）。

ロースト料理用の炉と焼き串、木炭で加熱する煮炊き用ストーブ、そしてレンガでできたオーブンという、キッチンの基本的なパターンはできあがっていました。その後200年のあいだに、ある程度は技術がすすんで、焼き串の効率はよくなり、主な燃料は木炭から石炭に変わっていきます。レンガのオーブンと木炭の煮炊き用ストーブは、徐々に鋳鉄製の調理用レンジに置き換えられていきました。オードリー・エンドには、18世紀末に鋳鉄レンジが導入されました。ガス調理器具は19世紀の後半に人気が高まりますが、オードリー・エンドにはまだありませんでした。

　キッチンは大きな作業台を中心に配置され、多くの仕事がこの台でおこなわれました。オードリー・エンドには、19世紀の調理台がいまだにあります（現代の解説員チームが調理に使うため、天板は新しくしてあります）。ヴィクトリア時代のキッチンでは、明かりは天井からランプで照らしていました。はじめはオイルランプ、19世紀の前半からはガス、そして1880年代には、とうとう電気の照明が普及してきます。けれど、この方面でもオードリー・エンドは大きく遅れをとっていて、1940年代になってもまだオイルランプを使っていました。使用人棟のボイラー、またはロースト用の炉の裏側にある湯沸かしから熱湯が供給される家もありました（オードリー・エンドもそうでした）が、その一方で、大きな銅のボイラーで沸かした湯を、メイドが人力で運んで回らなければならない状態が続いたところもありました。

　巨大な館、たとえば公爵邸や王宮では、こうしたものすべてに加え、さらに多くの設備がそなわっていました。ウィンザー城のキッチンには20ほどの部屋が

あり、たとえばそのうちの一室は、蒸気を作り出す機器で占められ、メインのキッチンの中央に置かれた巨大な保温テーブルに熱を送るためだけに使われていました。当時、ウィンザー城のキッチンには、45人が雇われていました。しかし最大級の邸宅でもなければ、片手の指に足りる程度の調理スタッフしかいないのがふつうでした。役割には厳格な序列があり、トップは料理人です（もっとも格式の高い家では男性シェフを雇いました）。次に（料理人が男性の場合は）助手、または第1キッチン・メイドがきて、そして最低ランクはスカラリー・メイドでした。大邸宅では学校を出たばかりの少女を雇うことはまれで（1880年時点の義務教育終了年齢はわずか10歳です）、それは、あまり若いと体力や経験が足りなかったからです。そのため、カントリー・ハウスのスカラリー・メイドは通常15〜17歳でした。1、2年働けば昇進が期待でき、もっと上のポジションを求めて転職することもよくありました。カントリー・ハウスの使用人として生きるということは、頻繁に住む場所を移す生活を意味しました。大邸宅で働いていたのは、使用人という職業のなかでもごく少数でしたから、まずまず名誉あるキャリアの道筋といえました。

デイジー・クランウェルは1913年からキッチン・メイドとしてオードリー・エンドでの生活を始めた。1920年代には料理人になった。

　勤務は長時間にわたります。たとえばスカラリー・メイドは、朝は6時前に起きて、レンジに火を入れ、温度を上げておくよう求められ、夜は11時までベッドに入れませんでした。身体を使う重労働で、かつてメイドをしていた人たちは、あまりにも疲れて泣きながら眠ったことを回想しています。その一方で、カントリー・ハウスの使用人は、食事についてはたっぷり食べられることを期待できました。少なくとも1日に1ポンド（455g）の肉は支給され、野菜は食べ放題、チーズとパンもたっぷりで、さらに職場には同僚がいます。総じてカントリー・ハウスでは、小さな家の使用人よりもはるかによい暮らしが送れました。工場労働者と比べても、使用人のほうがよかったかどうかは、その人のなかでの優先順位によります。工場労働者は、表面的には独立性があり、職場とは別の場所に住むこともでき、結婚してもやめずに続けることが可能でした。対するカントリー・ハウスの使用人は、住む部屋と食事が与えられ、昇進の見込みもあり、つぶしのきくスキルが手に入りました。いずれにせよ、当時の女性に選べる仕事の種類は多くはありませんでした。ヴィクトリア時代がまさに終わろうとするころになってようやく、都市部のサービス産業が急成長し、雇用のパターンが根本から変わり始めるのです。

毎日の食事のパターン

　ミセス・クロウコムと部下たちが、ブレイブルック男爵家の食事を作っていたことに注目しすぎると、ほかにも食べさせねばならない人が大勢いた事実を見過ごしてしまいがちです。たいていの日には、30〜38人の人が、3つか4つの

グループに分かれ、1日4回ずつ食事をしていました。

　最大のグループは使用人です。ミセス・クロウコムが料理人として働いていた1881年のオードリー・エンドでは、ブレイブルック男爵夫妻の娘のオーガスタは結婚して館を去っており（これにより世帯の人数は減っています）、室内使用人の人数は合計18〜20人で、そこに繁忙期の追加人員、または通いのスタッフも加わりました。

　使用人は朝食、昼餐（ディナー）、お茶（ティー）、夕食（サパー）を食べました。スタッフに満足な食事を与えない館には災いが降りかかることになります。声高に不平不満を言い募り、結局やめてしまうからです。オードリー・エンドの場合、鉄道と道路の便がよかったので他の館よりは良質な人材を集めることができていましたが、とはいえ、1880年代の世間ではすでに「使用人問題」の話題で持ちきりでした［※以前より使用人が足りない、待遇に不満を抱いて居着かない、という19世紀末〜20世紀初頭の雇用主の認識］。よい使用人は、自分の価値を理解していました。自らの意思で選択する力があり、それを行使したのです。使用人の朝食やお茶、夕食など、食卓の中心にはどこにでもパンとチーズがあり、おまけにケーキもつきます。主人一家の食卓からさげられた残り物や付け合わせは、別の料理に再利用ができない場合は、使用人の食事になることもよくありました。上級の使用人たちは、昼餐の一部を別の部屋でとる習慣がありましたが、階上の残り物から一番いいものを取れるからというのが理由の1つでもありました。

　さて一方で、主人一家は、朝食（ふつうはブッフェ形式でした）、昼食（ランチョン）、お茶、晩餐（ディナー）をとりました。使用人の場合もそうですが、ディナーとは一日のメインの食事のことをさし、客を招く可能性が高く、一番フォーマルな場です。主人一家は、晩餐のときには常に正装に着替える習慣がありました。オードリー・エンドの場合、2階の大きな正餐室は毎日は使われず、日々の食事は1階の、

（左）
自家菜園で撮影された使用人たち、20世紀初頭。当時の料理人、アリス・テイラーが中央に写っている。

（右ページ）
オードリー・エンドの主要な正餐室。来客がいるときは、主人一家はここで食事をとった。

キッチンに近い家族用の小さな部屋でとりましたが、そのときも服装はイブニングウェアです。招待客が加わるときは、2階の正餐室で食べました。

　食事をする人数は、年間を通じて変わりました。一家はロンドンにいるとき、あるいは別の場所で長期にわたって家を借りるときには、館の使用人を伴います。料理のスタッフ（ほぼ全員）と数人のハウスメイド、フットマン、個人付きのスタッフ（従者［※男性の主人の身の回りの世話をする使用人］と侍女［※女主人の服や美容を担当する使用人］）をつれていきました。ランドリー・メイドはオードリー・エンドに残りますが、引き続きロンドンから送られてくる洗濯物を処理しました。また、デイリーメイドも館に残って、クリームやバターを作り、ロンドンに送ります。家政婦長は一家の留守を預かり、世帯の長の代わりをつとめました。居残った使用人はみな、主人一家がいない期間の自分たちの飲食をまかなう費用として、給料に追加して食事宿泊手当の支払いを受けていました。1881年の国勢調査がおこなわれた日には、スタッフのほとんどはロンドンのアッパー・ブルック・ストリートにあったブレイブルック男爵家のタウンハウスに滞在中で、ミセス・クロウコムと部下のキッチン・メイドたちもそこにいました。

　主人一家はよく人を招いてパーティーを開き、とりわけ狩猟の季節にはその機会が増えました。上流階級の滞在客は誰もが自分付きのメイドや従者を連れてくるので、食べさせなければならない相手が増えて、一家の晩餐はもちろん、使用人の食事の量も多くなります。さらには、運転手や馬の世話係が一緒に

来ることもありました。使用人ホールで食事をとる人数は、伝統ある定例行事のときにはさらに増加します。9月は「館 VS 厩舎」クリケット対決（ブレイブルック卿チャールズ・ネヴィルは熱心なクリケットプレーヤーで、1842年、若き彼のために領地内にクリケット場が作られました）。12月26日には使用人のためのクリスマス昼餐会。そして1月半ばには使用人舞踏会が開かれていたのです。

　子どもの来客がいるときは、子ども部屋が使われました。子どものお客にはナーサリー・メイドが付き添ってきて、子ども部屋で専用の料理を作って食べさせるのですが、時にはキッチン側で用意することもありました。ヴィクトリア時代の人びとは、病人看護における食べ物の効果に極度に気を配っていたので、料理書には病人食に専用の章が割かれています。誰かが長期にわたる病弱者（ヴィクトリア朝風の表現です）の状態にあるなら、通常のスタッフとは別に病室ナースが雇われて、キッチンで専用の食事を用意して運びました。

晩餐の準備

　ヴィクトリア時代の英国では、晩餐の方式が、18世紀のフランス式給仕からエドワード時代のロシア式給仕に向けて進化していきました。フランス式給仕は、一部の家では19世紀後半にも使われ続けていましたが、これは料理をいくつかの「コース」として食卓に出す給仕法です。それぞれのコースでは、細心の注意をはらって選び抜いた料理の皿がシンメトリーに配置され、一度に並べられました。1840年代ごろまでに、フランス式給仕は、3つのコースで構成されるようになっていました。1番目のコースに含まれるのは、スープ、魚料理、そして「アントレー」、これは料理人の技術を披露するために作られる塩味のおしゃれな料理のことです。2番目のコースにはロースト肉、猟鳥獣肉、野菜料理とアントルメ（塩味のアントレーと同じ役割を担い、甘い料理で作り手の腕を見せるのです）が出ました。そして最後のコースはデザートで、必ず生のフルーツとナッツが含まれ、加えてアイス（アイスクリーム）や、時にはワインに浸して食べる甘いビスケットなども出ました。19世紀末になると、デザートと一緒に塩味の強い口直しのセイボリー料理も出るようになります。独立したコースとしてチーズが出る場合は、2番目のコースのあと、デザートの前になりました。それぞれのコースに含まれる料理は、すべて同時にテーブルにのせられ、食べる人は自分で取ったり、ほかの人に取ってあげたりしました（大きな肉の取り分けは執事が担当しました）。

　19世紀の半ばに、新しい給仕の方法が入ってきます。「ロシア式」は順序にしたがって料理を出していく給仕法で、テーブルの上に料理を並べておくのではなく、食べる人ひとりひとりの横からフットマンが出していくようになりました。それ以降は、それぞれのコースがずっと長く引き伸ばされ、料理の内容は基本的に前と変わらないものの、ひと皿ずつ次々に出すようになったのです。

　新しい様式にはお金がかかりました。新しい食器類が必要になり（この時期、

古いスタイルであるフランス式給仕でセットされたテーブル（上）と、新しいロシア式（下）。
ユルバン・デュボワ『家庭の料理書』（1871年）より。

用途の限られる道具の需要が爆発しました。フィッシュ・ナイフにフィッシュ・フォーク、ケーキ・フォークといった具合です）、食事をする2人につき1人のフットマンを用意しなければなりません。古い家柄の貴族は、このような道具や習慣を、すべて危険なまでに成金的と考えたので、18世紀の陶磁器に固執したり、エチケットのガイド本を逆に非常に行儀の悪いものとみなしたりしたのです。ヴィクトリア女王は1874年まで変化に抵抗し、その後も新しい給仕形式を完全には受け入れようとしませんでした。

　オードリー・エンドでどんな給仕をしていたかについてはわかっていません。けれど、男爵一家とその習慣や、キッチンの古めかしい器材一式（と、ミセス・クロウコムのノートに書き込まれた年代の古いレシピ）などから、エイヴィスが料理人をしていた1881年には「半ロシア式」のような形で給仕していたのではないかと私たちは推定しています。これは新旧の過渡期にあたる形式で、料理の皿はいまだに同時にテーブルに置かれていたものの、3つのコースではなく5つのコースで構成されました。つまり当時のブレイブルック男爵家では、おそらくまず最初にスープと魚が同時にテーブルにのせられて、食べる人はいずれかを選びました。次に4つかそれ以上のアントレーに置き換えられます。その次のコースはロースト肉と猟鳥獣肉と野菜料理で構成され、そしてメインの食事の最後として、スイート・アントルメが出ました。デザートが出たあとには短い幕間のように男女が別々に分かれたでしょう。そのとき男性たちは正餐室に残ってポートワインやブランデーをたしなみ、淑女たちは応接間へと引き払って、お茶の準備をし、のちに男女はまたここで合流するのでした。

その他の食事

　朝食はブッフェ形式で、熱い料理は湯せんかアルコールバーナーで保温されていました。熱い料理にはオートミールのかゆ、デヴィルド・キドニー［※とうがらしやマスタードなどで辛味をきかせた腎臓料理］、ベーコン、卵、ソーセージ、猟鳥獣肉のハッシュなどが含まれました。冷たい料理としては壺詰め肉、冷えたロースト肉、燻製の魚、生の果物と砂糖煮の果物。パンと甘い菓子パンに、ジャムや砂糖漬け、バターが添えられました。そして最後にはお茶とコーヒー、チョコレートドリンクから飲み物が選ばれて、ミルク、クリーム、砂糖が添えられます。女性のなかには朝食をベッドで取ることを好む人もいました。特に前夜が遅かった場合は。

　昼食は1881年にもまだフランス式給仕が優勢でしたが、午後のお茶は、サイドボードに一式を置くか、または、たとえば屋外でとるお茶の場合などは、

小さなテーブルに分けて出すこともありました。オードリー・エンドには「ティー・ハウス橋」と呼ばれるものがあります。ロバート・アダムが1782年にパラディオ（新古典）様式でデザインしたもので、橋の中ほどに屋根付きの建物があり、上品なお茶の時間にぴったりの場所になっています。アフタヌーン・ティーは非常に女性的で親密な食事であり、使用人は退出を命じられ、淑女たち（また時には少数の紳士たちも）が、聞き耳を立てられることなく会話に興じられる状況をつくりました。

　階下の使用人たちの食事は、もっと形式ばらず、大急ぎでとるものになりがちでした。朝食、お茶、夕食はあわただしく、食事時間の割り当てはあっても、仕事が優先されたでしょう。キッチンのスタッフなら、1人は仕事に残って煮込み中の鍋に目を光らせなければいけないし、ほかのスタッフも皆、主人たちの部屋からの呼び出しベルが鳴るのに耳をすませなければなりません。オードリー・エンドのベル・ロビーは使用人ホールのすぐ外にあります。ここにはベンチが置かれていて、フットマンの1人が姿勢よく座って待機し、ベルが鳴ったらすぐ対応できるようにしてありました。

　使用人ホールの昼餐は、きちんと着席してとる、1日のなかで唯一の温かい食事でした。料理はすべてテーブルに置かれ、席次はランクの順番を守り、ウェイター役が必要な場合は、男性スタッフのなかでもっとも序列の低い家令室付きボーイ（スチュワード・ルーム）が担当しました。これは、一家の給仕をつとめる一人前のフットマンになる前の基本的なトレーニングでもありました。

オードリー・エンドの大広間。壁のくぼみの席にお茶の支度がしてあるところ。

子ども部屋、病弱の人、貧しい人びと

　家族と使用人のほかにも、ミセス・クロウコムと部下たちは、さまざまな特別対応を必要とするグループのために料理をしていたはずです。

　ブレイブルック男爵家のひとり娘、オーガスタが、子ども部屋で過ごすくらい幼かったころには、専属のナース［※病人の看護師ではなく保育係。ナニー］がいました。オーガスタの食事はこのナースがほとんど作り、食卓をともにしていたと思われます。オーガスタのいとこが、夫を亡くした母親とともに同居していた時期があり、そのときは一緒に食事をしたでしょう。5〜6歳になるとナースが家庭教師に交代し、子ども部屋の食事に同席する役も引き継ぎます。13歳くらいになるとオーガスタは時々家族と食べるようになり、そのとき家庭教師は、上級使用人と食事したでしょう。16〜17歳となり、結婚する少し前になってからようやく、両親と日常的に食事をともにするようになるのです。もし男の子だったら、11歳くらいで寄宿学校に送られたところです。けれど、女の子なら、この時代の上流階級では、ほとんどの場合は家庭で教育を受けました。両親たちは女子の教育にはあまりお金をかけたがらず、と同時に、結婚市場で有利になれるよう、手元において目を光らせようとしたのです。

　1881年には、オーガスタはリチャード・ストラットと結婚していました。レイリー男爵の次男で、かつてはパーティー人間だったものの、このときは立派な実業家に落ち着いていました。ストラットは初め銀行業を志して失敗したあと、やがて「ターリング協同会社」を立ち上げます。類似のベンチャー事業は当時、

（上）
ブレイブルック卿夫人とオーガスタ、1867年ごろ。

（左ページ）
肉のゼリー。病人に食べさせるため「ケンブリッジのブラッドベリー博士から」エイヴィスに推薦された料理。

数多く存在したのですが、貧しい人びとの生活を改善することを目的にかかげながら、適度な利益も生み出そうとするものでした。ストラットは事業の収益で36歳で引退することができました。このときにはもうオーガスタと結婚していて、彼が31歳、彼女はわずか19歳のときでした。ストラット夫妻は1886年にひとり息子にめぐまれます（ただし第1次世界大戦で亡くなっています）。この結婚はとても幸せなものだったようです。オードリー・エンドの子ども部屋は、オーガスタが去ったあとには、彼女が幼い息子をつれて訪れたときや、そのほかの子どものお客があったときに使われたのでしょう。

　19世紀末、オーガスタは悲しいことに長きにわたる病弱者となります。原因は出産時の合併症かもしれません。そうなると、彼女がオードリー・エンドを訪れたときには、子ども部屋とはまた違う重要な特別食のカテゴリに当てはまることになりました。療養室（シックルーム）です。

　ヴィクトリア時代の料理書にはたいてい病人に与える料理の章があります。常に「病弱者向けの料理法」という見出しがつけられて、重要な位置を占めていました。なぜなら当時は抗生剤も、はしか、風疹、ポリオやおたふくかぜといったありふれた感染症のワクチン集団予防接種もなかったので、現代なら防げたはずの病気がひどくまん延し、症状は重くなり、後々まで尾をひいたからです。病弱者向け料理の基本的な理念は、身体を丈夫にすることと、もし病気が一時的なものなら、味覚を刺激して取り戻し、肉体もそれに引っ張られて回復していくようにすることでした。

　特別な食事を要する最後のグループは、カントリー・ハウスに頼って生きる人、つまり地域の貧民でした。ヴィクトリア時代の社会はいまだに個人の慈善に深く依存していました。そして、苦境におちいった人をケアすることは文明社会の義務だ、などという思想は後世には主流となりますが、当時はまだ法制度にもなかったのです。国庫による最初の老齢年金制度ができるのは、30年近くあとのことです。たとえばミセス・クロウコムが病気で働けなくなっていたとすれば、暗い未来が待っていたでしょう。救貧院は多くの人の身に迫った存在でした。とりわけ都会の貧民にとってはそうだったのです。田舎の貧民の境遇は一部ではまだましでした。

　カントリー・ハウスの周辺には緊密なコミュニティが築かれ、地域の村人はある種の役得をもらえるという点で、お屋敷を頼りにしていました。たとえば酪農室からは乳脂肪分を抜いた牛乳をもらったり、一定量までは薪を集めてもいいという許可を得たりしました（ただし、何を許すかの基準は家ごとに違いました）。同じように、お屋敷は地域のコミュニティに不定期の労働を頼むということで頼っていました。加えて、長く仕えた使用人は、働けなくなったら村に引退したかもしれませんし、庭師のような屋外の使用人は、村で結婚して住みつく傾向がありました。カントリー・ハウスは富を持っているのだから、地元の人びとを助ける義務を負っているのだとみなされていました。この義務は、特に主人一家の女性たちには非常に重く受け止められており、慈善の仕事は昔から彼女たちの

担当になっていました。

「施し物」は、毛布や衣服、燃料などの実用的な援助を与えるもので、カントリー・ハウスが長らく果たしてきた役割の一部となっていました。食卓の余りものとキッチンから出た切り落としは、毎日のように持ち出され、窮乏する人びとに配られました。特に困難な時期、たとえば極端に寒い冬や凶作の年には、館の貧民に配る料理をキッチンで作るよう求められることもありました。料理書には、材料の安さと栄養価の高さを両立できるスープのレシピが掲載されています。これらはみな、大量に作って、貧しい人に配ることを想定したものでした。

子ども部屋の食事

子どもの食事は通常はナースが調理しましたが、時々はキッチンで作ることもあったかもしれません。ヴィクトリア時代の人びとは、子どもに刺激の強い食べ物を与えると、興奮させ問題行動につながる、だから禁止すべきだと考えていました。白い肉に薄い味付けが望ましく、大量の乳製品と白いパンが消化によいものとして推奨されました。

「パンがゆ」は子ども向けのメニューのもっとも基本的なもので、離乳期から幼児期まで広く食べさせられていました。ふつうは水を使いますが、牛乳でも作れます。よくあるレシピでは、1〜2切れのパンの耳か、あるいは大さじ2〜3杯のラスク、または甘くないビスケットを砕き、弱火でさっと水煮にして、小さじ1杯の砂糖を加え、ピュレ状につぶしました。ヴィクトリア女王は離乳食としてパンと牛乳を食べていました——白パン1枚に、沸騰させた牛乳をかけただけのものです。ほかにはポリッジが与えられることもありました。これらはみんな、たいてい朝食に食べていました。

　子どものディナーは早い時間（だいたい午後1時）でした。そしてふつうは、少量のローストまたはゆでた肉と、プディングでした。エイヴィスは簡素なスエット・プディングのレシピを書き留めていますが、まさに子ども部屋の食事に出すタイプのものです。スエット225g、パン粉225g、砂糖115g、卵小2個を、牛乳125mlに入れてかき混ぜ、レモンの外皮1個分、ベーキングパウダー小さじ½を加えます。模様のない型に生地を入れて、ゆでるか蒸すかすればできあがりです。子どもが成長するのに合わせて、いくらかのドライフルーツや、少量のスパイスで風味を加えたかもしれません。

　夕食は、ベッドに入る時間に合わせて、またもやパンがゆか、パンと牛乳が与えられ、あるいは少し大きくなった子には、小さなケーキのひと切れやビスケットなどが追加されることになりました。

病弱者のための食事のトレイ

　アレクシス・ソワイエは、病室に出す料理についての理想と、悲惨な現実を合わせて以下のようにまとめています。「いい加減に作った病人食を、味覚の減退した人たちが食べさせられるさまを見るより痛ましいことはありません。すべては医師の命令のもとに、完璧を期して調理されるべきです。病人が必要としているのは、できるだけあっさりした、簡易に作られた食べ物で、下手な調理は許されません」。ソワイエもまた、この時代のレシピ作者たちの定説にのっとり、病人食に最適なのは、消化しやすく、噛みやすく、見目よく盛られて食欲をそそる食べ物だという考えでした。食べ終わったら素早く下げることが推奨されました。残り物で患者が吐き気を催すかもしれないからです。

　エイヴィスの手書きのノートにも、病弱者向けのレシピがいくつかありますが、その1つ（肉のゼリー）には「ケンブリッジのブラッドベリー博士の推薦」と記されており［※P260参照］、特に病人食として医師から教わったレシピだと推測されます。肉のゼリーは多くのレシピ作者が好んで取り上げている料理です。以下にまとめたエイヴィスのレシピは、具合が悪い人以外には、あまり食欲のそそられないものです。マトン、仔牛、牛フィレ肉それぞれ455gずつを、沸騰させないように弱火で8時間ゆでて、濾してから冷やし固めてゼリーにします。「間をあけて、小さじ1杯ずつ」が処方量でした。

　「ブリュッセル・クリーム」も彼女のレシピ帳に載っています。これは軽い昼食

や使用人の食事にもふさわしいものですが、病室の食事にもよく出されました。クリーム・ブランマンジェに米粉で粘度を高めてブレッド・ソース（またはポリッジ）のような質感を出し、レモンの外皮で風味を加えたものです。砂糖は使わず、食感をよくするため、バターのかたまりをひとかけ加えます。型で固めることもできますが、病室にはおそらくボウルかグラスで出したでしょう。患者に酒精強化ワインを与えることを熱心にすすめる医師もいたので、ブリュッセル・クリームはマデイラワインかシェリーで香りづけされたかもしれません。

　病気のときは水分補給が大切なので、病弱者用の飲み物も提案されていました。バーリー・ウォーター（大麦水）やフルーツ・ウォーター、果てはトースト・ウォーターまで（文字通りにこんがり焼いた、しかし焦がしてはいないトーストを水で煮て、濾して、冷ましたものです。驚くべきことにまあまあいけます）。また、レモネードもあり、ミセス・クロウコムは質の違うものを何種類か書き留めています。

貧民のためのスープ

　飢饉がしのびよるとき、すみやかに食事配給所〔スープ・キッチン〕が開かれました。シェフにして社会活動家のアレクシス・ソワイエは『慈善のための料理法、または貧民の再生者』（1848 年）で下記の貧民救済用スープのレシピを紹介しています。ソワイエはアイルランドで、1840 年代のじゃがいも飢饉によって飢餓におちいった大勢の人びとに食べ物を提供する団体とともに働いています。1847 年、彼はダブリンでスープ・キッチンを開き、1 日 5000 人に食事を提供しました。この場所では階級の差があからさまに表れました。お金持ちは 5 シリング払って、必死の形相でスープを食べる貧民の姿を見物できたのです。スプーンは盗難を防ぐため、器とテーブルに鎖で留められていました。

　310g のえんどう豆をたっぷりの冷水にひと晩浸します。水を切ります。玉ねぎ大 1 個、にんじん 2 本、セロリの茎 2 本を、すべて皮をむいて粗みじん切りにします。ベーコン 3 枚をさいの目に切り、バター大さじ 1 で炒めます。野菜を加え、数分炒めます。えんどう豆と 2 と ¼ リットルの野菜か肉のスープストックを加えます。沸騰したら火を弱め、45 分間ことこと煮込んで豆が「割れたら」、刻んだミントの枝 2 本と塩こしょうで調味し、さらに 5 分煮ます。

　パンとともに（あるいは静かな絶望とともに）手渡します。

その他の家族の食事

OTHER FAMILY MEALS

ケジャリー KEDGEREE

イライザ・アクトン『家族のための最新料理法』(1845年)

【材料】

4人分

卵…2個

生クリーム…140ml

バター…大さじ1

長粒米(加熱調理済み)…340g

カイエンペッパー…小さじ1

塩…小さじ½

白身魚(崩れやすい種類のもの。ターボットが最適ですが、鱈やコダラでも作れます。鮭でも大丈夫です)…340g

えび(または小えび、ゆでておく)…200g (20尾程度)

こしょう…調味用

パセリの葉(みじん切り)…飾り用

うずらの卵(1分45秒の固ゆでにし、スライスする)…12個(飾り用)

....

米

1880年代のレシピで使われていた米は「パトナ米」または「キャロライナ米」でした。パトナは長粒米(それもとても長いタイプ)で、インド産です。キャロライナも長粒米ですが、アメリカ産です。イタリアかフランス産のリゾット用の米(または短粒米)でも作れます。これはライスプディングに使われる米です。本物のヴィクトリア時代の料理を体験したいなら、長粒米を使ってください。バスマティライスでもいけます。

....

ケジャリーは、インドのキチュリーという料理にルーツを持つ料理で、もともとはレンズ豆、米、玉ねぎ、スパイスを混ぜたものでした。英国化されたときに魚が加えられ、最終的にレンズ豆は消えたのです。いまでは世界に広まった料理のなかに、よく似たものがたくさんあります。たとえばマレーシアやインドネシアのナシゴレンもそうで、卵と米を使って塩からい味付けをするところは共通しています。たいていの食文化には、炭水化物を加熱して、肉、魚、または野菜を混ぜ込んだ料理が何かしら存在します(英国人は「バブル・アンド・スクイーク」に強い愛着を持っていますが、これはじゃがいもとキャベツを炒めた料理です)。けれど、東の国の料理をイギリスの材料で作るハイブリッドという点で、ケジャリーは英国ヴィクトリア時代の典型的な料理でもあります。燻製の魚を使ったバージョンを好む人もいて、特にスコットランドのハドック[※コダラ]が人気です。とはいえもともとのレシピは燻製でない魚を使います。もし、黄色みをもう少し強くしたいなら、マスタード・パウダーやターメリックを少々加えてもかまいません。

【作り方】

卵とクリームをボウルに入れてよく混ぜ合わせます。底の厚い大きなフライパンにバターを溶かします。米をフライパンに入れて広げます。カイエンペッパーと塩、こしょうを加え、熱しながらよく混ぜて、フライパンにもう一度広げます。卵液を注ぎ入れて、固まり始めるくらいまでごくごく弱火で2〜3分加熱します。

魚とえびを加えます(飾りに使いたければ、何尾かとっておきましょう)。そっと切るように混ぜ込み、弱火を保ちながら、魚とえびに熱が通る程度まで、数分間炒めます。卵液が濃いクリームくらいのとろみになるようにしてください——火を通しすぎないように気を付けましょう。

火からおろし、温めた皿に盛ります。刻んだパセリ、固ゆでにしたうずら卵の薄切り、さらに、もしお望みならとっておいたえびを飾って出しましょう。

脳のケーキ BRAIN CAKES

ジョージアナ・ヒル『朝食の本』(1865年)

【材料】

6人分

羊の脳…6つ

セージの葉(みじん切り)…大さじ½

卵…1個

パン粉…45g

カイエンペッパー…ひとつまみ

塩…調味用

●揚げ衣用

小麦粉…55g

卵(軽く溶いておく)…1個

パン粉…55g

植物油…200ml(揚げ油用)

●サービング用

レモン果汁…½個分

バターを塗ったトースト(なくても可)

ピクルス(なくても可)

私たちの歴史上では、頭や心臓、腎臓や肝臓などの部位が、精肉と同じように重宝されていた時代のほうが長いのです。ヴィクトリア時代の人口の大多数は、不本意ながらのベジタリアンでした(ただ単に肉が買えない人たちだったのです)。そのため、動物の一部である臓物を価値が低いとか、捨てるべきものなどとは考えもしませんでした。臓物は調理に技術がいります。部位にもよりますが、普通の肉よりかたかったり、デリケートだったりするからです。脳はとても濃厚で、クリーミーな舌触りが好まれ、病人に食べさせるためにとっておくこともよくありました。レシピの出典はジョージアナ・ヒルの『朝食の本』です。この作者はテーマ別の料理書を何冊も出していますが、それはヴィクトリア時代後期の流行でもありました。

【作り方】

羊の脳を氷水に2時間浸します。水気を切ってから、鍋に沸騰させた熱湯に1分間つけて、表面を白くします。穴じゃくしで脳をひきあげ、コランダー[※穴のあいたざる、左図]で湯を切っておきます。余計な筋や血管を切り取ります。

羊の脳とセージの葉、卵を一緒にフードプロセッサーにかけます。パン粉を混ぜ入れ、塩とカイエンペッパーで調味します。冷蔵庫で30分置いて、パン粉に水分をしみ込ませ、生地を手でまとめられる程度のかたさにします。

衣をつけます。3枚の皿を用意し、1枚目に小麦粉、2枚目に卵、3枚目にパン粉を入れておきます。脳のペーストを冷蔵庫から出し、大きなスプーンを使って6つのケーキ[※円盤形のコロッケ]を作ります。手を使って軽く成形しましょう。

ケーキを1つずつ、小麦粉、卵、パン粉の順に転がしてまぶします。よくよく気を付けて作業をすすめましょう(ゴムべらが役に立つかもしれません)。フライパンに油を入れて中火にかけ、ケーキの裏表ともきつね色に変わって完全に火が通るまで焼きます。

ケーキにレモン果汁少々を絞り、熱いうちに出します。バターつきのトーストと合わせるとすばらしく美味しいですし、お好みでピクルスを添えるのもおすすめです。

プーレ・ア・ラ・サルテール
POULET À LA SARTERE

エイヴィス・クロウコム、未発表の手書きレシピ帳（日付不明）

【材料】

6人分

ローストチキン（冷えたもの。またはその切り身）
…1羽分

卵黄…1個分

マスタード…小さじ½

くせのない油…140ml

ワインビネガー…大さじ1

タラゴンの葉（みじん切り）…小さじ1

チャービルの葉またはパセリ（みじん切り）…
小さじ1

サラダバーネットの葉、またはルリジサ、また
はきゅうり（みじん切り）…小さじ1

塩と白こしょう…調味用

ハーブの葉、エディブルフラワー、または
きゅうり（薄切り）…飾り用

今日では、鶏肉は肉のなかで一番安価で手に入りやすくなっています。ヴィクトリア時代には、鶏はもっとずっと高価で珍重されていました。「チキン」は肉をとるのが目的で飼育された鶏を指しましたが、「ファウル」はそうではなく、卵をとるために飼っていた鶏で、産卵が止まってから絞めて肉にしました（ファウルはチキンとは別に専用のレシピがありました。P53参照）。そうはいっても、当時はチキンでも、現在の平均的な鶏肉より年をとっていて、筋肉が発達しており、もっと風味に深みもありました。このレシピのためには、高い動物倫理にのっとって飼われた鶏の肉を使うことが重要です。また、可能であれば、昔はそうしていたように、つるして熟成させた肉を使いましょう。このレシピのもっとも興味深い点は、使っているハーブの種類で、おそらく、かつてオードリー・エンドの自家菜園で育てられていて、ミセス・クロウコムが入手可能だったものを示しているのでしょう。そうはいっても、サラダ・バーネットが手に入らない場合は、ルリジサか小さく刻んだきゅうりをお試しください。チャービルのかわりにパセリを使ってもかまいません。

【作り方】

ローストチキンを一口大に切り、ボウルに入れます。

マヨネーズを作ります。卵黄にマスタードと塩ひとつまみを入れて泡立て器で混ぜます。混ぜ続けながら、ごくゆっくりと、少しずつ油を細い糸のようにして加え、乳化させます。もったりとした黄色みがかったマヨネーズにします。手作業だと少し時間がかかるかもしれませんが、小型のフードプロセッサーで作ると簡単にできます。もし分離してしまったら、大急ぎで氷で冷やした水を小さじ1杯加えると復活できますが——悲しいことに——たいていはそのまま駄目になり、最初からやり直す羽目になります。（手づくりしない場合は、150mlのとても上質な既製品のマヨネーズを使ってください）

マヨネーズが乳化できたら、混ぜ続けながら酢を加えます（少し白っぽくなります）。ハーブを混ぜ、白こしょうで調味し、できたマヨネーズをチキンのボウルにそっと混ぜ入れます。

ハーブの葉とエディブルフラワー、または薄切りのきゅうりを飾って出します。

朝食または昼食向きの
アスピック・ゼリー
ASPIC JELLY FOR BREAKFAST OR LUNCHEON

エイヴィス・クロウコム、未発表の手書きレシピ帳（日付不明）

【材料】

4人分（255mlの型4つ分）

豚足（生）…4本

ベーコン（脂身、ブロック）…455g

ビーフのスープストック…1と¼L

マッシュルーム・ケチャップ…大さじ1

板ゼラチン3枚、または粉ゼラチン大さじ1
（冷水につけておく、なくても可）

卵（固ゆで）…4個

●透明にする手順用

卵…2個

ハム（薄切り）…1枚

これは、ヴィクトリア時代後期のレシピのなかで、たいていの現代人が嫌悪をもよおす典型的な料理です。慣れないと理解できない味であり、調理には長い時間がかかります。けれど、このレシピはエイヴィスの生きた現実を映し出しています。たったひと皿の料理を何日も費やして作る料理人がいた時代、それを雇える富を持つ人びとが口にしていた料理を表すレシピなのです。エイヴィスがこのレシピをノートに書き留めたときには、缶入りのアスピックが出回るようになっていました。温め直すだけで使えて、さらにかたさが欲しければ（箱入りの）ゼラチンを少し足すだけでよかったのです。それでもミセス・クロウコムのような料理人は、新しい便利な技術を拒む傾向にありました。それは理由のないことでもなく、便利なグッズは料理人の技術の価値を下げ、正式な方法より味は劣ると思われていたからでした。このレシピは仔牛の足で作ることもできます。

【作り方】

豚足とベーコン、ビーフのスープストックとマッシュルーム・ケチャップを、とても大きな鍋に入れます。材料が水面から出ているようなら、かぶるくらいまで水を足します。沸騰させてアクをすくい、3〜4時間、豚足がやわらかくなり、肉が骨からはがれるまで弱火でコトコト煮込みます。

豚骨から骨を抜き取って捨てます。これはとても厄介な作業ですから、精一杯がんばってください（スカラリー・メイドに渡すのが一番よい類の作業なので、本当はね）。肉があらかた取れたら、骨の多いひづめの部分はあきらめたほうがいいかもしれません。煮込んだベーコンのブロックを薄くスライスします。

熱い煮汁を目の細かい濾し器に通します。ヴィクトリア時代の人たちなら透明にする手順をおこないましたが、そうしたほうが仕上がりはよくなります。

透明にするには、まずストックを完全に冷まします。卵を泡立て、ハムを細かく刻んで混ぜ込みます。卵液を冷たいストックに加えて混ぜます。ごくごくゆっくりとストックを鍋で温め、ここからは混ぜないようにしながら沸騰させます。沸いたらすぐに（あまり強く煮立たせないように気を付けて）火からおろします。

卵が煮汁の表面に浮く「いかだ」の役目をはたし、不純物をすべて吸い寄せてくれます。穴じゃくしを使って注意深く卵を取りのぞき、目の細かい濾し器かモスリン布で濾します。

液体（アスピック）は、透明にしてあってもしていなくても、自然とゼリー状に固まるはずです（固まるかどうか、冷やした皿に液体を少し取り、冷凍庫に15分間入れてみると確認できます）。570mlの液体をはかり取ります。かなりかたいゼリーを作る強度が必要なので、もしやわらかそうならゼラチンを加えます。（残った液体はスープのベースか料理のストックとして使えます）

　少量のアスピックゼリー液を4つの型の底に入れます（マフィン型かダリオール型が使えます）。固まるまで冷蔵庫で冷やします。固まったら卵を薄切りにして、アスピックの表面に置きます。もう少しアスピックゼリー液を加えて、ふたたび冷やして卵の位置を固定します。

　さらに型に具材を入れて層にします。薄切りのベーコン、少量の豚足の肉と固ゆで卵を散らします。肉やベーコンを使い切る必要はありません。残った分は別の料理に作り替えましょう。

　型を冷蔵庫に入れて6時間以上冷やします。型の底をお湯にさっと浸し、ひっくり返して出しましょう。

2人分の第2のコース
(アンチョビと牡蠣のトースト)

A SECOND COURSE FOR TWO PERSONS (ANCHOVY AND OYSTER TOAST)

エイヴィス・クロウコム、未発表の手書きレシピ帳（日付不明）

ミセス・クロウコムのノートでは、このレシピはただ単に「2人分の第2のコース」としか書かれていません。気どらない料理ですが、アンチョビのおかげで刺激的な味わいです。牡蠣は18世紀には安価だったのですが、19世紀のあいだに高騰していきます。牡蠣の生息域での乱獲によって、1870年代にはどんどん希少になり、ヨーロッパどころかアメリカからも輸入したにもかかわらず、牡蠣がかつての大衆食の位置付けに戻ることはなかったのです。ヴィクトリア時代の人びとは牡蠣を生でも加熱しても食べていました。そして、ほかのレシピの副材料としてもよく使われ、たとえばビーフステーキ・パイや、鱈にかけるソース（P43参照）にしました。

【作り方】

　牡蠣の殻をはずし、体液は捨てます。牡蠣と生クリームを鍋に入れて弱火にかけ、かたくなり、膨らむまで弱火で熱します。それから牡蠣をアンチョビ、カイエンペッパーとともにフードプロセッサーにかけて、なめらかなピュレ状にします。冷蔵庫に入れて冷やします。

　バターを溶かしてパンの両面に刷毛で塗ります。あぶり焼き用のグリル［※またはオーブンかオーブントースター］で両面ともきつね色になるまで焼きます。

　牡蠣のペーストをそれぞれのパンに手早く塗り、すみやかに出します。

【材料】

6人分

牡蠣…20個

生クリーム（高脂肪）…250ml

アンチョビ（缶入りでかまいません）…4尾（刻む）

カイエンペッパー…ひとつまみ

有塩バター…大さじ3

食パン…6枚

....

食 べ 物 を 新 鮮 に 保 つ 方 法

食べ物を新鮮に保つことは、今と同じく19世紀の人びとにも関心の種でした。オードリー・エンドのような邸宅には、定期的に——場合によっては毎日——仕入れ業者から食品の配達がありました。食品は、乾物貯蔵室や生鮮食品貯蔵室（魚はここ）、または低温貯蔵室に保管されました［※P72参照］。冷蔵庫は19世紀にも存在しましたが、まだ電気式ではなく、自動的に冷える仕組みもありませんでした。当時はまだ、大きな木でできた箱に氷を詰めるか、氷と塩を入れて冷やすものだったのです。

....

スポンジケーキのプディング
SPONGE CAKE PUDDING

エイヴィス・クロウコム、未発表の手書きレシピ帳（日付不明）

【材料】
6〜8人分

◉スポンジ用

砂糖…225g

水…115ml

卵（常温に戻す）…4個

レモンの外皮のすりおろし…小1個分

小麦粉…170g

バター…型用

生の果物…サービング用（なくても可）

砂糖漬けのピール、アンゼリカ、またはドレン
チェリー…飾り用（なくても可）

◉カスタード用

牛乳…570ml

全卵1個＋卵黄7個分

細目グラニュー糖…85g

バニラビーンズ（ホール、さやを裂く）2本、
またはオレンジフラワー・ウォーター小さじ
1〜2

ミセス・クロウコムはこのレシピでも、余分に焼いておいたか、残ったスポンジケーキを使っています。スポンジケーキと風味付けしたカスタードをシンプルに合わせた同時代のレシピはいくつもあり、その多くは別の名前がついていて、なかでも有名なのは「キャビネット・プディング」でしょう。エイヴィスのレシピはそこにほんの少し違いを出しています。スポンジケーキの外側の濃い焼き目がついた部分と内側の色の薄い部分を交互に配置するのは彼女のオリジナルで、当時のごく単純に見えるレシピにも使われている手法です。ほとんど無限にアレンジできるレシピで、好きなようにカスタードのフレーバーや色を変えたり、丸ごとのフルーツを入れたりもできます。ここで紹介しているスポンジケーキの作り方は、エイヴィスのノートのほかの部分からとったものですが、別のレシピのケーキを使っても大丈夫です。1人分ずつのプディングとして作ることもできます。

【作り方】

オーブンを175℃に予熱します。

砂糖と分量の水を小さな片手鍋で温め、砂糖を溶かします。弱火で3分加熱します。そのあいだに卵にレモンの外皮を入れ、ふんわりするまで泡立てます。砂糖を煮溶かした熱いシロップを、細い糸を垂らすようにゆっくりと卵に加えながら混ぜ続けます。卵液が常温になるまでそのまま混ぜます。現代の用語でいうとサバイヨン（ザバイオーネ）です。

小麦粉をふるって、可能な限り空気を含ませて軽くします。そっと切るようにサバイヨンに混ぜ込みます。

900g用のローフ型にクッキングシートを敷いてバターを塗り、ケーキ生地を流し込みます。予熱したオーブンで45分間焼くか、または串を刺しても何もついてこなくなれば焼き上がりです。型のまま10〜15分冷ましてから網にのせて完全に冷まします。

カスタード用の材料すべてとお好みのフレーバーをボウルで混ぜ合わせてよく泡立てます。

➡➡

ケーキを焼いた同じローフ型に、もう一度薄くバターを塗ったクッキングシートを敷き、側面に多めのバターを塗ります。このレシピは、ケーキを焼くのに使ったのと同じ型を使って仕上げると、よくフィットしてうまくいきます。

ケーキを 1 〜 1.5cm の厚さに切って、型の底に敷き込みます。同じ厚さでさらにケーキを外側から切って、型の側面に貼り付けます。焼き目のついた外側と白い内側を交互に並べ、幅の広いストライプを作りましょう。（ケーキの残った部分はトライフルに使えます。P87 参照）

型にカスタードを注ぎ、底のケーキが隠れたところから 1.5cm 上まで入れて、冷蔵庫で 30 分冷やします。

オーブンを 180℃に予熱します。

ロースト用の天板に、ローフ型の半分の高さまで沸騰した熱湯を注ぎます。冷蔵庫から出した型を天板に入れます。5 〜 10 分、カスタードが固まって、底と側面のケーキがしっかり固定されるまで焼きます。残りのカスタードを注いで、アルミホイルで天板全体をきっちりと覆い、オーブンに戻し入れて、90 分焼きます。カスタードが固まって、少し揺れるくらいになったらできあがりです。

完全に冷ましてから、ひっくり返して型から出します。お好みで生のフルーツを添えて出しましょう。

より華やかにするなら、左の写真のように、プディングの上面に砂糖漬けのピール、アンゼリカ、ドレンチェリーなどを切って模様を描くように飾りましょう［※ケーキを敷き込む手順の前におこないます］。まず、細く切った砂糖漬け類をよく平らにつぶします。クッキングシートを敷いた型の底に、砂糖漬けを並べて模様を作り、その上から最初のケーキを入れましょう。

....
かたまり、虫、そして小麦ふすま
ほとんどの古いレシピには、使う前に小麦粉と砂糖をふるうように書いてあります。たとえば軽いスポンジケーキを作る場合には、小麦粉をふるうことには、空気を含ませ、目が詰まるのを防ぎ、ふくらみやすくする効果があります。けれど、乾物全般に関して、ふるいを通すことには大事な目的があったのです。なぜなら保管の状態によって、砂糖には湿気でかたまりができ、小麦粉には虫がついてしまったからです。また、もし石臼でひいた標準ランクの小麦粉なら——石臼は1880年代にもまだ広く使われていたので——たいていはいくらかの小麦ふすまが含まれました。そういうわけで、軽いスポンジケーキを作るなら、小麦粉は使う前にもう一度キッチンでふるう必要がありました。
....

カレー風味の卵 CURRIED EGGS

エイヴィス・クロウコム、未発表の手書きレシピ帳(日付不明)

【材料】

2人分

パン(良質なもの)…2枚

バター…55g

バター(溶かしておく)…大さじ1

卵…4個

生クリーム(高脂肪)…大さじ4

カレー粉(マイルドなもの)…大さじ1

塩とこしょう…調味用

パセリの葉(みじん切り)…飾り用(なくても可)

....

王様にふさわしい朝食

朝食がもっとも大切な食事だという考え方は比較的新しく、シリアル産業が、第2次世界大戦中に食習慣が破壊されたのに乗じて、自社製品を売り込むために広めたものです。19世紀の半ばになるまで、ほとんどの人が、パンやドライフルーツ入りの丸パンなどが中心の、とても簡素な朝食をとっていました。けれど、ディナーの時間が遅くなり、ランチの時間が午後1時ごろに定まるにつれて、もっとたっぷりした朝食が普及していきます。エイヴィスの時代にも、朝食は簡素でした。オート麦のかゆ、トースト、ベーコンと卵。大金持ちだけが——複数のコースからなる朝食を食べる時間も、それを作るスタッフを雇うお金もある人たちだけが——もっと多くを食べていました。

....

1880年代までに、大邸宅の朝食は全盛期を迎えていました。オードリー・エンドのような館には、1年中ずっと主人一家が住んでいるわけではなく、称号を持つ世襲貴族として、議会のある時期にはロンドンで貴族院に登院していました(当時の世襲貴族は自動的に貴族院の議席を得ました)。それに、複数のカントリー・ハウスを持つ人も少なくありませんでした。とはいえ、銃猟の季節に田園にいるのは、貴族としては義務に近いことでした。参加者は——男性も女性も——朝食をとってから館をあとにし、時には日が落ちるまで次の食事をとらないこともありました。この食事は冬なら午後3時30分ごろになったので、たっぷりの朝食をとっておくのは効果的でした。このような朝食はブッフェ形式で出されます。何種類もの熱い料理は、蓋をするかアルコールバーナーで保温され、家族と滞在客は自分で好きなものをとりました。多くの大邸宅で、トースト、丸パン、果物の砂糖煮、温かい肉と冷たい肉、ソーセージ、ベーコン、パイ、そしてバラエティ豊かな方法で調理した卵が出されていました。

【作り方】

まず、あぶり焼き用のグリルでパンの片側を焼きます。裏返してもう片側にだけ大さじ1の溶かしバターを刷毛で塗り、こちらもトーストします。茶色に色づき、けれど焦がさないところまで焼きましょう。

卵に生クリームを大さじ3だけ入れ、カレー粉も加えて泡立て器で軽く混ぜます。残りのバターを溶かして卵液に加えます。弱火にかけて、卵がスクランブルエッグ状に固まり始めるくらいまで温めます。そっと、休まず卵をかき混ぜ、底から上へと返し続けましょう。さもないとゴムのようにかたくなってしまいます。できあがったらすぐに火からおろして、生クリームの残り大さじ1を混ぜ込み、塩とこしょうで調味します。トーストを添えて、お好みでパセリを散らし、すぐさま出しましょう。

チーズ風味の卵 EGGS WITH CHEESE

エイヴィス・クロウコム、未発表の手書きレシピ帳（日付不明）

【材料】

2〜3人分

卵…6個

小麦粉…30g

バター…大さじ2

牛乳（熱くしておく）…250ml

チェダーチーズ（熟成タイプ、すりおろし）…60g

イングリッシュマスタード…小さじ1

パン粉…大さじ1

カイエンペッパー…ひとつまみ＋飾り用

塩…ひとつまみ

　卵は朝食のみならず昼食にも人気がありました。「ランチ」とは、比較的新しい食習慣で、呼び名にはばらつきがあったものの、18世紀末に登場しました。それ以前には、まず朝食を食べ、次にディナーを食べ、そして夜にサパーを食べるという構成だったのです。けれど、テューダー朝以降、「ディナー」は一日のなかで遅い時間へとどんどん移動していきます。1550年代には午前11時ごろ、1700年には午後2時、1780年代には午後5時〜6時になりました。上流階級のディナーは、19世紀初頭には午後8時まで移動していたので、朝食との間にランチョンとアフタヌーン・ティーが入り込んで、ペコペコのお腹を満たしたのです。ランチはたいてい、女性が中心の食事とみなされました。男性たちは昼間は働いているか、爵位があるなら議会に行っている可能性が高かったからです。ランチには前の食事の残り物を再利用することが多く、たとえば冷えたロースト肉をカレーやスフレに加工しました。あるいは、このチーズ風味の卵のように、簡単に作れる料理もランチ向きでした。

【作り方】

　卵を冷水をはった片手鍋に入れ、火にかけて沸騰させます。6分間ゆでてから、流水で冷やします。冷たくなったら、殻をむいて縦半分に切ります。卵黄をすくい取ってボウルに入れます。

　ルーを作ります。片手鍋で小麦粉とバターを混ぜ合わせ、中火にかけて、うすく黄金色に色づいてペースト状になるまで炒めます。熱い牛乳を少しずつ注ぎ、都度よく混ぜて、濃くクリーミーなソースを作ります。チーズを加えて溶けるまで混ぜます。

　マスタードとパン粉を卵黄に加え、つぶしながら混ぜ合わせます。この卵黄に、かためのペースト状になるまでチーズソースを足していきます。カイエンペッパーと塩ひとつまみを加えて調味します。

　卵黄のペーストを星形の口金をつけた絞り袋に入れ、ゆで卵の白身の穴に絞り出します。大皿に卵を並べて卵黄の上にカイエンペッパーを散らして出します。

　簡単な方法として、卵黄をつぶす手順のときに、チーズのすり下ろしとスパイスとパン粉を混ぜるだけでもかまいませんが、若干エレガントさに欠けます。

カレー CURRY

マリア・ランデル『家庭料理の新しいシステム』(1806年)

【材料】

6人分

小麦粉…大さじ1

カレー粉(マイルドなもの)…大さじ3

チリペッパー・フレーク(あらびき赤とうがらし)…小さじ1

マトンまたはラム(角切り)…800g

植物油またはギー…大さじ3

バター…大さじ1

玉ねぎ(粗みじん切り)…3個

にんにく(細かいみじん切り)…4かけ

肉のスープストック…710ml

カリフラワー…小1株

りんご(グラニースミス、または類似の酸味のある生食用の品種)…1個

えんどう豆…200g

レモン…小1個

塩…調味用

米(調理済)…455g(サービング用)

うずらの卵…飾り用(なくても可)

....

カレー

英語でカレーという言葉が最初に記されたのは1598年にさかのぼりますが、レシピが出版されたのは1747年になってからです。語源はおそらくタミル語の「カリ」で、ポルトガル語を経由して英語に移入されたと考えられます。やがてスパイスを使ったシチューに似た料理を、なんでもカレーと呼ぶようになりました。19世紀の英国で発展したインド=英国の折衷料理にはケジャリー、チャツネ、その他多くのカレーが含まれます。発展の過程で、手に入りにくいタマリンドはリンゴ、マンゴーはきゅうりのピクルスで代用され、そしてスパイスの刺激はクリームで抑えられました。

....

ヴィクトリア時代の英国で、カレーは絶大な人気を誇りました。インドの料理はもっと前から英国でも出されるようになっていましたが、それはラジ(イギリス帝国支配下のインド)で任務についていた将官や官僚たちが持ち帰ったためでした。最初のカレー料理店が開業したのは1810年のことで、メニューにはキチュリやチャトネーやプラオ(これらは英国化されてケジャリー、チャツネ、ピラフになります)などがあり、主なターゲットは、インドに住んだことがあってその食文化を懐かしむ人たちでした。けれど、専門店ができるよりもずっと前から、出来合いのカレースパイス・ブレンドを買えるようになっていました。このスパイスミックスが普及するにつれ、英国のカレーは変化していき、ついには元のインド料理とはほとんど別物になりました。辛いスパイスに慣れていない英国人の好みに合わせ、英国で手に入りやすい材料に置き換えることで、レシピは極度に英国化されたのです。1880年代までのカレーレシピの多くのものは、基本的には古くからある英国料理「ハッシュ」のバリエーションでした。これは前の食事で残った冷たい肉を、興味深いやり方で処理する方法です。もちろん、このページで紹介しているように、新鮮な肉を使うレシピもありました。

【作り方】

小麦粉、カレー粉、チリ・フレークと塩少々を混ぜ合わせます。角切りの肉を入れ、よくかき混ぜて全体にまぶします。大きな、底の厚いフライパンに植物油かギーを入れて強めの中火で熱します。肉を入れて全体に焼き色がつくまで炒め、火からおろします。

大きな鍋にバターを溶かします。玉ねぎを入れ、弱火で3〜40分、あめ色にやわらかくなるまで加熱します。にんにくを加えて、スープストックを注ぎ入れ、肉を入れてよくかき混ぜます。弱火にかけて、肉がとてもやわらかくなるまで、コトコトと2時間煮込みます。

カリフラワーを小房に切り分け、りんごの皮をむいて角切りにします。カリフラワーとりんごをカレーの鍋に加えます。さらに5〜6分煮込んでから豆を加えます。味を見て、必要なら塩を足します。仕上げにレモンを絞ります。

蒸した米を添えて出します(ミセス・クロウコムはパトナ・ライスという長粒米を使ったでしょう)。もしヴィクトリア朝風の華やかさを加えたいなら、半分に切ったうずらの卵を飾りましょう(ミセス・クロウコムなら千鳥の卵を使ったでしょう。が、これは現在では違法です)。

ケーキとビスケット

ミンスパイ MINCE PIES

イライザ・アクトン『家族のための最新料理法』（1845年）

【材料】

ミンスミート455g分（ミンスパイを12〜15個作れます）

●ミンスミート用

加熱調理済みの牛肉またはタン（細かい角切り）…大さじ3

レーズン…55g

りんご（皮をむいて芯を抜き、刻む）…55g

スエット…55g

カランツ…85g

砂糖…85g

砂糖漬けピール（刻む）…大さじ2

レモン（やわらかくなるまでゆでて刻む）…½個

ナツメグパウダー…小さじ½

ジンジャーパウダー…小さじ½

シェリーまたはマデイラワイン…大さじ1

ブランデー…大さじ1

塩

●パイ用

パフ・ペイストリー生地（またはスイート・ショートクラスト・ペイストリー生地）…375g

バターと小麦粉…型用

英国のクリスマスはミンスミート・タルトがなければ始まりません。けれど、ヴィクトリア時代には、確かにクリスマスと結び付けられてはいたものの、それだけでなく冬じゅうずっと食べるものでした。ミンスミートは中世後期に起源をもち、名前が示すとおり、初めは肉で作っていました。記録に残る最古のレシピはテューダー朝末期のもので、半分から⅔は肉で占められていました（多くの場合は牛肉で、羊もよく使われました）。また、宗教上の節食期間のために魚と卵で作るバージョンもありました。ドライフルーツとスエットに対する肉の割合は徐々に減っていき、イライザ・アクトンが料理書を出版するころには、ほんの少しの肉しか残っていませんでした。アクトンのレシピでは16kgのミンスミートができますが、そのうちたった455gの牛肉しか使っていません。現代のレシピでは、肉の名残りとしてスエットだけが入っています。そして、ベジタリアン仕様にすることさえ可能です。

【作り方】

材料をすべて、だいたい同じ大きさに切ってください。全部の材料を大きなボウルに入れ、塩ひとつまみを加えて混ぜ合わせます。消毒した瓶に保存します（P231参照）。

ミンスパイを作ります。オーブンを175℃に予熱します。ペイストリー生地をめん棒でのばし、バターを塗って小麦粉をまぶした12〜15個のタルトレット型に敷き込みます。それぞれのタルトレットに小さじ1強（または、型の大きさによってもっと多く）のミンスミートを入れて、15〜20分間、ペイストリーがふくらんで、こんがりきつね色になり、ミンスミートが熱々になるまで焼きます。

熱いまま、または冷やして出します。

クリスマスの食べ物

たいていのクリスマス用レシピは、冬の食べ物ということと、祝宴にふさわしいものということから始まっています。かくして、英国のクリスマス料理といえば必ずロースト料理が主役となります。これは現在ではターキーが主流ですが、ヴィクトリア時代にはローストビーフのほうがふさわしいとさ

れました。多くのクリスマス料理は、たとえばこのミンスミートのように、ドライフルーツ、スパイス、そしてアルコールを基本としています。これらの材料は、レシピが作られた中世後期やテューダー朝時代にはとても高価で、なおかつ真冬にも手に入りやすいものでした。

レモンの助け

レモンをゆでるのは、苦味を少し和らげるためと、やわらかくして、切ってミンスミートに混ぜやすくするためです。

クイーン・ドロップ・ビスケット
QUEEN DROP BISCUITS

エイヴィス・クロウコム、未発表の手書きレシピ帳（日付不明）

【材料】

18〜20個分

バター（やわらかくしておく）…225g＋天板用（なくても可）

細目グラニュー糖…225g

卵（常温に戻し、軽く溶いておく）…4個

小麦粉…340g

カランツ…225g

レモンの外皮（すりおろし）…1個分

カランツの事情

ミセス・クロウコムのレシピには、多くのものに「カランツ」が使われています。この場合のカランツはドライフルーツの一種のことで、生食することもあるレッドカラント［※赤すぐり］、ブラックカラント［※黒すぐり］、ホワイトカラント［※白すぐり］とは別ものです。こうしたすぐり類もヴィクトリア時代からよく食べられていました。小さくて黒いドライフルーツのカランツは、種なしの赤ぶどうから作られます（アメリカではザンテカランツという名で売られています）。「レーズン」はもっと大きくて色が薄く、白ぶどうを干して作られます。もしドライフルーツをブランデーなどに漬け込み、ケーキやビスケットに風味を加えるために使う場合は、レーズンのほうがカランツよりも漬かりやすいのでおすすめです。「サルタナ」も白ブドウの一種から作られますが、干すと薄い黄色になります。サルタナは、カランツやレーズンよりも甘みが強めです。

この簡単なビスケットは、2009年にボブ・ストライドからエイヴィスの手書きレシピ帳を寄贈されたあと、オードリー・エンドの解説員チームが初めて再現してみたものです。時代衣装を着た解説員みんなの心を瞬く間につかみ、以来、オードリー・エンドで作るレシピの定番リストに残り続けています。味は18世紀に広く普及した「クイーン・ケーキ」に似ていますが、そちらはフルーツ入りの小さなスポンジケーキで、ふつうはさまざまな形の型に入れて焼きました。このビスケットはキッチン・メイドが料理を学ぶのに最適です（あるいは、読者の皆さんがエイヴィス・クロウコムの世界に一歩を踏み出すのにも）。

【作り方】

オーブンを200℃に予熱します。

やわらかくしておいたバターと砂糖を、白っぽくふんわりするまで練り混ぜます。卵を少しずつ加えます。分離を防ぐために、小麦粉を少し一緒に入れましょう。加えるたびに泡立て器でよくかき混ぜます。

カランツにも少し小麦粉をまぶして（こうすることで生地の中で沈むのを防ぎます）、レモンの外皮と一緒に生地に混ぜ込みます。最後に小麦粉をふるい入れ、そっと切るように混ぜます。

2枚の天板に、バターを塗ったクッキングシートかシリコン加工のシートを敷き、生地をスプーンで置くか、絞り袋で絞り出します。焼くと広がるので十分に間をあけてください。

10分ほど焼き、薄く茶色に色づき、全体に火が通ったらできあがりです。注意深く網に移して冷ましましょう。

パウンド・ケーキ POUND CAKE

エイヴィス・クロウコム、未発表の手書きレシピ帳(日付不明)

【材料】

6〜8人分(直径15cmの丸ケーキ型1つ分)

バター…225g+型用

小麦粉…225g+型用

細目グラニュー糖…225g

卵(軽く溶いておく)…4個

レモンの外皮のすりおろし…1個分

オレンジフラワー・ウォーター小さじ2、または
オレンジフラワー・エキストラクト数滴

シナモンパウダー…小さじ1

ナツメグパウダー…小さじ¼

キャラウェイシード…大さじ3(なくても可)

カランツ…100g(なくても可)

塩

オードリー・エンドのペイストリー・ルームにある計量器。

標準的なヴィクトリア時代の計量器は、両端に2つのボウルまたは台がついていて、互いの重さの釣り合いをとるという構造のものでした。つまり、料理人は材料の重さをはかることができたと同時に、材料同士の割合をはかることもできたということです。パウンド・ケーキはまさにそのようにして生まれました。基本的な材料をそれぞれ1帝国ポンド(パウンド)ずつ使ったのです[※このレシピでは半ポンドずつ]。もしあなたが昔の料理人とまったく同じようにやりたいなら、殻のままの卵の重さをはかり、次に同じ重さのバター、小麦粉、砂糖をはかり、そして何かしらのフレーバーとフルーツを入れましょう。それがエイヴィスが書いたままのレシピです。彼女のスポンジ系ケーキのレシピすべてに対していえることですが、ふくらみを確保するために小さじ1のベーキングパウダーを加えてもかまいません。ただしそうすると、彼女が本当に作ったはずの、みっしりとした歯ごたえのケーキにはならないでしょう。このケーキをガートルード・ア・ラ・クレーム(P94参照)やスポンジケーキのプディング(P163参照)のベースに使う場合は、カランツとキャラウェイシードは省いてください。

【作り方】

オーブンを180℃に予熱します。

丸ケーキ型または900g用のローフケーキ型の内側にバターを塗って小麦粉をふりかけ、底にクッキングシートを敷きます。バターと砂糖を、白っぽくふんわりするまで練り混ぜます。卵、レモンの外皮、オレンジフラワー・ウォーターを少しずつ加えて混ぜます。分離を防ぐために、一緒に小麦粉を少し入れましょう。残りの小麦粉とスパイスのパウダーを合わせてふるい、空気を含ませます。

塩ひとつまみとキャラウェイシード、カランツを生地に加え、粉類を入れて切るように混ぜます。ハンドミキサーを使うなら低速でまわしましょう。材料が混ざったら、バターを塗った型にスプーンで移します。

オーブンに入れて55分ほど焼きます。串を刺して何もついてこなければ焼き上がりです。

型のまま10〜15分冷ましてから取り出し、網にのせて冷まします。

アロウルートのビスケット
ARROWROOT BISCUITS

エイヴィス・クロウコム、未発表の手書きレシピ帳(日付不明)

【材料】

24枚分

バター…115g

細目グラニュー糖…140g

小麦粉…85g

アロウルート…85g

卵(軽く溶いておく)…2個

オレンジフラワー・ウォーター小さじ1、または
オレンジフラワー・エキストラクト数滴

....

ヴィクトリア時代のオーブン

オードリー・エンドの調理用レンジは、1881年9月にキッチンでおきた火事のあとに導入されたのですが、これには3つのオーブンがついていて、レンジのなかを通るパイプが熱を循環させる仕組みになっています。オーブンの1つはペイストリーを焼くためのもので、底から加熱されます。火から一番近い壁のそばは焦げやすいので、通常、オーブン内には回転台が用意されていて、定期的に回転させることで火の通りを均一にするようになっていました。ロースト料理はふつう、火の前にセットされた焼き串(P49参照)でおこないましたが、規模の小さな邸宅ではオーブンですることが増えていきました。

....

アロウルートとは、さまざまな南アメリカ産の植物からとれるでんぷんのことです。ヴィクトリア時代には、健康食として、また増粘剤として、とても人気がありました。アロウルートを使うことの大きな利点は、ソースを濁らせることなくねばりを出せることで、コーンスターチやブールマニエ(冷たいバターと小麦粉を混ぜ合わせたもの)の代わりに推奨されることもよくありました。アロウルートはおそらく19世紀にはヘルシーな食材と思われていたのでしょうが、いまでは栄養価はあまりないということが判明しています。それでも、アロウルートはビスケットに素敵な風味と食感を与えてくれるのです。

【作り方】

オーブンを180℃に予熱します。

バターと砂糖をボウルに入れ、白っぽくクリーム状になるまで練り混ぜます。別のボウルに小麦粉とアロウルートを合わせてふるいます。クリーム状のバターに、少しずつ卵を加えます。分離を防ぐためにときどき小さじ1くらいの小麦粉とアロウルートを入れましょう。加えるたびによくかき混ぜます。

残りの粉類とオレンジフラワー・ウォーターを入れて切るように混ぜます。2枚の天板にクッキングシートを敷いて、スプーンで生地をすくって落とします。天板1枚に6〜8枚ずつのビスケットを作りましょう(何度かに分けて焼く必要があるはずです)。

ふちが黄金色になるまで、15分焼きます。網に移して冷ますと、カリッとした食感に仕上がります。すべての生地を焼き終えるまで繰り返しましょう。

レモン・ケーキ LEMON CAKES

エイヴィス・クロウコム、未発表の手書きレシピ帳（日付不明）

【材料】

12個分

細目グラニュー糖…200g

卵（卵黄と卵白を分けておく）…7個

レモンの外皮のすりおろしと果汁…2個分

ローズウォーター小さじ2、またはローズ・エキストラクト数滴

粉糖…小さじ2

酒石酸…小さじ¼（なくても可）

小麦粉（ふるっておく）…170g＋型用

バター…型用

　エイヴィスの手書きのレシピ帳は、どうひいき目に見てもバランスのとれた本とは呼べません。ケーキ、ビスケット、お菓子のレシピが何より多く、なかでもスポンジケーキタイプが格段に多いのです。このレシピもその種の軽く、油脂分が少なく、繊細なフレーバーを加えたスポンジケーキの1つです。元のレシピは、卵をよく泡立ててふくらませるだけですが、この現代版レシピでは酒石酸水素カリウム［※クリームタータ、ケレモル］を使うことを提案します。銅のボウルがない場合に、泡立ちを安定させるためです。酒石酸の効果は、本書のなかで全卵または卵白を泡立てるレシピすべてに適用できます。

【作り方】

　オーブンを180℃に予熱します。

　細目グラニュー糖と卵黄、レモンの外皮のすりおろしと果汁、ローズウォーターをボウルに入れ、白っぽくふわふわになるまで泡立てます。

　別のボウルで卵白と粉糖を泡立てます。銅のボウルを使うか、ない場合は酒石酸を加えると泡が安定します。卵黄液に、ふるった小麦粉とメレンゲを交互にそっと入れ、切るように混ぜます。何度かに分けて、メレンゲで終わるようにしてください。

　12個のダリオール型または小さめで深さのあるマフィン型にバターを塗ります。生地を分け入れ、作業台の上に型を軽く落として余分な空気を抜きます。

　15〜18分ほど焼き、串を刺して何もついてこなくなればできあがりです。

　網の上に型を伏せて冷まし、そのあと型をそっと外します。

ホワイト・ケーキ（ショートブレッド）
WHITE CAKES（SHORTBREAD）

エイヴィス・クロウコム、未発表の手書きレシピ帳（日付不明）

【材料】

18〜20個分

小麦粉…285g＋打ち粉用

シナモンパウダー…小さじ1

有塩バター（角切り）…170g

細目グラニュー糖…85g

卵（軽く溶いておく）…1個

エイヴィスのノートにはいくつかのショートブレッドのバリエーションが書き込まれていて、このレシピもその一種です。ホワイト・ケーキは別名をスコッチ・ケーキともいい、17世紀にレシピが生まれたころにはショート・ケーキと呼ばれることもよくありました。このバージョンは、シナモンでほのかに味付けしてあり、軽いおやつとして紅茶に添えてもよく合いますし、晩餐後のワインにもぴったりです。ヴィクトリア時代には、そのように食後のワインにビスケットを食べる習慣が広く普及していました。ぜいたくな現代風のアレンジとして、溶かしたチョコレートに浸して固めるのもよいでしょう。

【作り方】

オーブンを180℃に予熱します。

小麦粉とシナモンをボウルにふるいます。バターを、指先ですり合わせるように混ぜ入れ、さらに砂糖も入れてかき混ぜます。卵を加えていき、かための生地ができたら止めます。

打ち粉をした台にめん棒で生地をのばして、5mmの厚さにします。直径6〜8cmの抜き型で円形に抜きます。

1〜2枚の天板にクッキングシートかシリコン製のマットを敷き、ショートブレッド・ケーキを並べて25〜30分焼きます。中心に火が通り、それでもあまり焦げ目はつかないくらいが目安です。

そっと網に移し、冷まします。

....

スコットランドへの小旅行

ブレイブルック男爵家は時折、狩猟の季節の初めにスコットランドに住居を借りました。「栄光の12日」_{グロリアス・トゥエルフス}とは8月12日のことで、毎年この日に、法のもとでらいちょう狩りが解禁されたのです。当時、食用にされていた猟鳥獣の種類は数多く、やましぎ、黒らいちょう、ヨーロッパおおらいちょう、しぎなども含まれていました。こうした種はいまでは撃つことが禁止されています（そうでなくとも、大きな問題を抱えています）。土地管理の変化と生息可能地域の縮小により、急速に個体数を減らしているからです。

....

バーナーズ卿のケーキ
CAKE LORD BERNERS

エイヴィス・クロウコム、未発表の手書きレシピ帳（日付不明）

【材料】

16人分（直径30cmの丸いケーキ型1つ分）

バター…170g＋型用

細目グラニュー糖…170g

卵（軽く溶いておく）…4個

小麦粉（ふるっておく）…225g

サルタナ[※P174参照]…115g

砂糖漬けミックスピール（刻む）…55g

ナツメグパウダー…ひとつまみ

とても美味しい、どっしりしたケーキのレシピです。ミセス・クロウコムがこのレシピを入手した経緯は、雇い主のうちの誰かがバーナーズ卿から直接もらってきたのか、それともバーナーズ卿の料理人から教わったのか、それははっきりしません。この件にかかわったのは、おそらく11代バーナーズ男爵ヘンリー・ウィリアム・ウィルソンでしょう。彼は王立農業協会の会長で、主邸はレスターシャーにありました。ブレイブルック男爵がオードリー・エンドの純種ジャージー牛に関心を寄せていたことを考えると、2人の男爵が交友し、農業への情熱を語り合った可能性はあります。のちの第14代バーナーズ男爵は変わり者として有名で、（ほぼ）オープンなゲイとして、まだ男性同性愛が違法だった時代を生きていました。そのため、現代風アレンジとして、レインボーカラーのアイシングをするのもふさわしいでしょう（ただしブルーは抜きです。1930年代までは、安定した、食べても安全な青の食用色素はまだ存在しなかったのです）。

【作り方】

オーブンを180℃に予熱します。

ケーキ型にバターを塗り、底と側面にクッキングシートを二重に敷いて、さらにバターを塗ります。

バターと砂糖を、白っぽくふんわりするまで練り混ぜます。卵を少しずつ加えます。分離を防ぐために一緒に小麦粉を少し入れましょう。

残りの小麦粉とドライフルーツ、スパイスを別のボウルで混ぜ合わせます。バターと卵を混ぜたボウルに粉類を入れて、切るように混ぜます。このケーキ生地を、準備しておいた型に移します。作業台の上に型を軽く落として気泡を消します。

オーブンで1時間15分ほど焼きます。串を刺して何もついてこなければ焼き上がりです。焼いているうちに焦げ色がつきそうになったら、アルミホイルをかぶせてください。

型のまま冷ましてから、網の上にひっくり返して出しましょう。

型押しジンジャーブレッド
MOULDED GINGERBREAD

マリア・ランデル『家庭料理の新しいシステム』(1806年)

【材料】

12〜16枚分(押し型または抜き型の大きさによる)

ブラックトリークル[※またはモラセス]…170g

ブラウンシュガー…100g

バター…115g

ジンジャーパウダー…小さじ2

シナモンパウダー…小さじ1

コリアンダーパウダー、またはお好みでコリアンダーシード…小さじ½

キャラウェイパウダー、またはお好みでキャラウェイシード…小さじ½

メースパウダー…小さじ½

卵(軽く溶いておく)…小1個

小麦粉(ふるっておく)…300g+打ち粉用

凝った模様の押し型

もしジンジャーブレッド用の押し型をお持ちでないなら、新品またはヴィンテージの木の型や、樹脂製のジンジャーブレッド型を買うことができます。樹脂製の型には、新しいデザインもあれば、アンティークのレプリカもあります(「シュプリンゲルレ型」[※springerle mould:アニス入りのドイツ菓子用押し型のこと]で検索してみてください)。

ジンジャーブレッドの起源は中世にさかのぼります。その当時は、高価なスパイスが大量に使われていたので、非常に珍重されていました。ヴィクトリア時代までには、しょうがはもっとも安価な部類のスパイスとなり、ジンジャーブレッドは、お祭りで不動の人気を誇る食べ物になっていました。このレシピはジョージ王朝時代のもので、当時のもっとも信頼できる、独創的な料理書からとりました。このマリア・ランデルの料理書が成功したおかげで、出版したジョン・マリーの収入が安定し、思い切ってジェーン・オースティン[※『高慢と偏見』『エマ』などの作家]の小説を出すことが可能となったのです。このレシピにはさまざまなスパイスが使われており、その組み合わせでとても複雑なジンジャーブレッドになっています。型押ししたあと、生地をしっかりと冷やすようにしてください。さもないと模様がぼやけてしまいますよ。

【作り方】

ブラックトリークル、砂糖、バターを片手鍋に入れ、バターと砂糖が溶けるまで温めます。スパイス類のパウダーを加えます(型押しをせず、生地をカットして作るつもりなら、コリアンダーシードとキャラウェイシードはホールで使うこともできます)。2分加熱して火からおろし、卵を混ぜ入れます。おそらく1個の卵すべてを入れなくてもよいはずです。まず¼の卵を混ぜ入れ、小麦粉を加えたときにかたすぎると感じたら、卵をもう少し加えます。

小麦粉を加えてしっかりと混ぜ、なめらかでツヤのあるペースト状にします。クッキングシートかラップで生地をきっちり包むか、またはボウルに入れてラップで覆い、冷蔵庫でひと晩冷やします。

次の日、型に少し小麦粉をはたいておきます。生地をひとつかみ取り、型にしっかりと押し付けます。そっと型からはがし、はみ出していたら端を切り落として、クッキングシートかシリコンマットを敷いた天板に並べます。1時間以上冷蔵庫で冷やします。オーブンを160℃に予熱します。

ジンジャーブレッドを25分ほど焼きます。焦がさないようにし、ふちがかたくなり始めたらできあがりです。オーブンから取り出して、よく気を付けてそっと網に移しましょう。冷めるとかたくなるはずです。

ブラウンブレッドのビスケット
BROWN BREAD BISCUITS

エイヴィス・クロウコム、未発表の手書きレシピ帳（日付不明）；ウィリアム・ジャリン『イタリアの菓子職人』（1820年）に基づく

【材料】

10～12個分

卵（卵黄と卵白を分けておく）…特大1個または極小2個

細目グラニュー糖…140g＋型用

レモンの外皮（すりおろし）…1個分

小麦粉…140g

ブラウンブレッドの生パン粉…70g

バター…型用

....

健康によいブラウンブレッド
ブラウンブレッドは過去の歴史においては、長く劣ったものとみなされてきました。19世紀末になって、白いパンが大多数の手の届く値段に下がったとき、ブラウンブレッドは――少しずつ――受け入れられるものとなりました。「ホーヴィス」や「アリンソン」といった会社は、自社製品を特に健康という見地から売り込み、ロール式製粉機によって小麦のふすまを取り除いてしまえば、パンに含まれる栄養分もほとんどなくなってしまうのだと指摘していました。

....

　現代英国人の味覚からすると、これはビスケットというよりケーキに近いですが、昔はこの2つの言葉はあまり区別なく使われていました。エイヴィスの手書きのノートでは、このレシピには作り方も出典も書かれていませんが、ヴィクトリア時代のお菓子のマニュアルとして非常に重要な文献の1つからとられています。ウィリアム・ジャリンはイタリア生まれの菓子職人で、当時のロンドンでもっとも有名な菓子店の「グンターズ」で働いていました。ジャリンの『イタリアの菓子職人』は、1860年代まで版を重ねており、レシピとテクニックの両方とも、詳細な筆致で書かれた、非常にプロフェッショナル向けな本です。ブラウンブレッドのパン粉が指定されていますが、残り物を使い切るためのレシピではありません。貴族の食卓に全粒粉のパンがのぼることはめったになかったでしょうから。エイヴィスはきっと、このレシピのために特別にパンを焼くか、買ってくるかしたのでしょう。

【作り方】

　オーブンを170℃に予熱します。

　卵黄と砂糖、レモンの外皮を白っぽくふわふわになるまで泡立てます。別のボウルで卵白をかたいツノが立つまで泡立てます。卵白を卵黄に入れて切るように混ぜます。小麦粉をふるって空気を含ませてからパン粉と混ぜ、それを卵液に入れて切るように混ぜ合わせます。

　ケーキ型にバターを塗ります。型の種類は小さくて繊細な模様のついた、できればヴィクトリア時代らしい形のものを選んでください。型に砂糖を入れて、回して全体にまぶし、余分をはたき落とします。生地を型に入れて天板に並べます。

　12分ほど焼き、表面がうっすらと茶色になったらできあがりです。オーブンから取り出して網の上で冷ましましょう。

ジンジャーブレッド・ケーキ
GINGERBREAD CAKE

エイヴィス・クロウコム、未発表の手書きレシピ帳（日付不明）

【材料】

8〜10人分（22cmのケーキ型1つ分、または
小さなケーキに分けて焼くこともできます）

バター…225g＋型用

ブラウンシュガー…225g

ジンジャーパウダー…大さじ3

卵（軽く溶いておく）…2個

ブラックトリークル…455g

小麦粉…455g

重曹…小さじ1

牛乳（温めておく）…115ml＋必要に応じて

粉糖…サービング用（なくても可）

　しょうがは昔、黒こしょうとならんでかなり安いスパイスでしたから、非常によく使われました。このレシピのようなケーキは、18世紀にトリークル［※糖蜜］が砂糖の安い代替品として広く普及したころに生まれました。簡単に作れて、何か月も保存できるので、使用人ホールにぴったりのケーキだったのでしょう。もし余りが出たら、本書のなかでスポンジケーキやパン粉を使う甘いプディングの材料にしてみると、面白い仕上がりになりますよ。このジンジャーブレッド・ケーキは、オードリー・エンドでとても人気の高いレシピで、2009年にエイヴィスのレシピ帳が寄贈されて以来、解説員チームは定期的にこのケーキを作っています。自宅で個人的に作っているという人も少なくありません。

【作り方】

　オーブンを180℃に予熱します。ケーキ型にクッキングシートを敷いてたっぷりとバターを塗ります。

　大きなボウルにバターを入れて、白っぽくクリーム状になるまで練ります。ハンドミキサーを使ってもかまいません。砂糖とジンジャーパウダーを加えてふたたび混ぜます。

　卵を少しずつ加えながら力強く混ぜ続けます。ハンドミキサーなら中速にしてトリークルを加えて混ぜ、さらに小麦粉を入れてさっくりと混ぜます。

　別のボウルに温かい牛乳を入れ、重曹を混ぜて溶かします。次にバターを入れます（牛乳を温めるとき、注ぎ口のあるジャグにしておけば、トリークルの入っていた缶に注いで、こびりついた残りを出すことができます）。ねっとりと粘り気のある生地が目標です。ここで牛乳か水を少し足す必要があるかもしれません。

　生地を型に流し込み、45〜60分焼きます。串を刺しても何もついてこなければ焼き上がりです。焼けたら金属の網にひっくり返して型から出します。

　もっと高級感のある仕上がりにするなら、レースペーパーを上にのせて粉糖をふり、ペーパーをはがすと、感じのよい模様がつきます。

サフラン・バンズ SAFFRON BUNS

メイ・バイロン『ありあわせの料理（ポット＝ラック）』（1914年）

【材料】

10〜12個分

小麦粉…255g

デメララシュガー［※薄茶色で細かいザラメ状の粗糖］…55g

卵（軽く溶いておく）…1個

生イースト（圧搾酵母）小さじ4、またはドライイースト小さじ2

牛乳（人肌に温める）…85ml

くせのない油…型用

シナモンパウダー、クローブパウダー、メースパウダー…各ひとつまみ

キャラウェイシード…小さじ¼（なくても可）

レモンの外皮のすりおろし…½個分

バター（常温に戻す）…大さじ2

ラード（常温に戻す）…大さじ2

サフラン（ホール、小さじ2の温かい牛乳に2時間浸す）…ひとつまみ

カランツ…90g

塩

●グレーズ用

卵…1個

牛乳…大さじ1

....

イースター

過去の歴史においては、イースターはクリスマスよりも大きなお祭りであった時期が長く、多くの食べ物がイースターと結び付けられています。19世紀の英国で主なイースター・フードといえば、その季節に生まれた仔羊、卵（本物も、ブランマンジェでできたものも）、そして栄養たっぷりのパンやケーキです。シムネルケーキは現在ではイースターに食べますが、エイヴィスの時代には、どちらかというとレント［※大斎節。イースター前の46日間のことで、節食期

サフランは、長らく英国南西部のコーンウォール地方とデヴォン地方の名産として知られていました。エイヴィス・クロウコムが生まれ育った地域です。けれど17世紀にはエセックスのウォールデンでも育てられるようになっていたので、この町はサフロン・ウォールデンと呼ばれるようになりました［※どちらも同じSaffronですが、植物はサフラン、地名はサフロンと訳されることが多いようです］。サフラン・クロッカスの収穫の季節には、捨てられた花を満載にした荷車から、舞い落ちた花びらで通りが紫色に染まったといわれています。サフロン・ウォールデンはオードリー・エンドからもっとも近い町で、領地の東側の境界線に接しています。エイヴィスが料理人として働いていた時、館に物品を納入する業者の多くはこの町を拠点としていました。食べ物としてのサフランは、とても高価だったばかりか、美味でもありました。サフラン・バンズは、明るい黄色をしているため、かつてはイースターの食べ物とみなされました。

【作り方】

リッチなパン生地を作ります。小麦粉、砂糖、塩ひとつまみ、卵とイーストを混ぜ合わせ、やわらかくべとつかない生地ができるくらいまで、牛乳を加えます。15〜20分間こねたら、油を塗ったラップに包むか、ボウルに入れてふきんをかけ、暖かい場所に置いて2倍の大きさにふくらむまで待ちます（2〜3時間）。

生地を取り出し、軽く叩いて平らにします。スパイス、レモンの皮、バター、油、牛乳に浸したサフラン（黄色くなっているはずです）、カランツを生地の真ん中に置き、たたみ込んでふたたびこねて、折りたたんだりねじったりしながら、加えた具材が生地にまんべんなく広がるようにします（ドウフックというパーツを付けたスタンドミキサーにすべてお任せでもかまいません）。もう一度覆いをかけて、2倍の大きさにふくらむまで置きます。

オーブンを180℃に予熱します。

2枚の天板にうすく油を塗り、生地を10〜12個の同じ大きさにまとめます。丸く形を整えたら、ラップで覆って2倍の大きさになるまで置きます（およそ20分）。グレーズ用の材料を小さなボウルに混ぜ合わせて塩ひとつまみを加え、バンズの表面に刷毛で塗ります。15〜20分間、こんがりときつね色になるまで焼きます。

作ったその日に食べるのが一番です。2つに切ってバターを塗っていただきましょう。

間とされます。教派によっては四旬節、受難節と呼ばれます］中の「マザリング・サンデー」［※イースター前の日曜日］に焼くものとされていました。もともとマザリング・サンデーとは、レント中に故郷の教会を訪ねる日のことでした。エイヴィスの時代には、現代の英国のように、母親をたたえる日という意味を帯びつつありました。

………………………………
焼きたてのパン

19世紀半ば以降のカントリー・ハウスでは、豪勢な朝食が出されるようになりました。しかし、それより前の時代や、ずっと後の時代のたいていの人にとっては、朝食といえばパンか、あるいはそれに類するオーブンで焼いたペイストリーなどが中心でした。お金持ちは丸パンには卵を入れたり、フルーツやスパイスでリッチにしたものを好み、しかも熱いまま出すことを要求します。そしてパンの専門店は、毎朝とても早くから仕事を始めて、熱々の丸パンを店先に並べたり、路上に出る呼び売り商人に卸したりして、人びとが働きに出る時間に間に合わせようとしました。イースターの丸パンは、初めはシンプルな「クロス・バンズ」でした。それが現在も広く親しまれている「ホット・クロス・バンズ」に変わったのは、オーブンから出したての温かいうちに食べたいという要求にこたえたからなのです。クロス・バンズを作るなら、「バース・バンズ」のレシピ（P191参照）を応用できます。ドライフルーツを少し多めにして、ミックス・スパイス（パンプキン・スパイスに似た辛くないスパイスのブレンドです）を少々加えてください。そして焼く前に十字に切り込みを入れます。［※ミックス・スパイスは、シナモン、ナツメグ、コリアンダー、オールスパイス、ジンジャー、メース、クローブのパウダーを混ぜたもの。パンプキン・スパイスは一般的には上記からメースとコリアンダーを除いたアメリカの混合スパイス］

………………………………

サヴォイ・ケーキ SAVOY CAKE

エイヴィス・クロウコム、未発表の手書きレシピ帳（日付不明）

【材料】

8〜10人分（深さのある21cmのケーキ型1つ分）

バター…型用

細目グラニュー糖…340g＋型用

卵…5個

ベーキングパウダー…小さじ1

小麦粉…225g

アーモンド・エキストラクト小さじ2（またはごく細挽きのアーモンドプードル55g）

オレンジフラワー・ウォーター小さじ2、またはオレンジフラワー・エキストラクト数滴

....

ケーキバンド

元のレシピには、焼き型の底に巻きつけてピンで固定する「バンド」を使うと書いてあります。これはおそらくモスリン布でできていて、湿らせてから型の周りにピンで止めて使いました。ふちの部分の温度を少し下げることで（ふちは中心部よりも加熱が進みやすいからです）、中央が盛り上がるのを防ぎ、平らな仕上がりになるのです。現在でも、ケーキバンド専用の製品を買うこともできますし、手作りもできます。平織のコットン生地を何度か折って層にし、8cm幅の厚手のベルトを作ります。布を濡らして絞り、ケーキ型の上部の周りをぐるりと巻いて、ピンで止めるか結んで固定し、オーブンに入れます。

....

ミセス・クロウコムの手書きレシピ帳に最初に書いてあるものです。彼女にいわせると「スポンジケーキ」ですが、油脂分を入れないケーキは「サヴォイ・ケーキ」としても知られています。レシピ帳には油脂を使わないケーキが2種類あり、そのうちの1つです。エイヴィスはほかにも10種類以上の標準的なスポンジケーキの配合を書き込んでいて、大小のケーキからドロップ・ビスケットにまで応用しています。油脂なしのスポンジは一般的なスポンジケーキよりも軽い仕上がりで、別の料理のベースに使うことも多く、ケーキからデザートへ、いとも簡単に変身させることができます。型で焼くことで形を作りますが、18世紀には、サヴォイ・ケーキ専用の型が売られていました。独特の形をしていて、底が平らにしてあるのでオーブンのなかでしっかりと立つのです。そのまま出すこともありましたが、アイシングもよく使われました。とりわけ19世紀の半ば以降には、ロイヤル・アイシングと、複雑な絞り出しのテクニックが発展していったのです。

【作り方】

オーブンを180℃に予熱します。

まずケーキ型にバターを塗ります。砂糖を入れて型を回し、側面の隅々までいきわたらせたら余分をはたき落とします（こうすることで表面をパリッとさせ、ケーキを型から出しやすくします）。卵を泡立ててクリーム状にします。砂糖を入れたら、白っぽく、とてもかたくなるまでさらに泡立てます。別のボウルで小麦粉とベーキングパウダーを合わせてふるい、空気をふくませます。泡立てた卵に、そっと、やさしく小麦粉を入れ、できるだけ空気が逃げないよう、切るように混ぜ込みます。途中でアーモンド・エキストラクトとオレンジフラワー・ウォーターを入れます。

バターと砂糖を塗った型に生地を入れます。作業台の上にそっと型を落として大きな泡を消し、オーブンに入れて30分焼きます。串を刺して何もついてこなければできあがりです。型のまま30分冷ましてから取り出します。

そのままで出すこともできますが、ロイヤル・アイシング（卵白を混ぜたアイシングです。手作りもできますし、水を加えるだけのアイシングミックスも売っています）を絞ってもよいですよ。

クリスマス・ケーキ CHRISTMAS CAKE

チャールズ・エルメ・フランカテリ『現代の料理人』（1846年）

【材料】

8〜10人分（22cmのケーキ型1つ分）

バター…455g＋型用

砂糖…340g

小麦粉（ふるっておく）…455g

卵（軽く溶いておく）…3個

ドライチェリー（あらく刻む）…340g

ドライカランツ…455g

砂糖漬けピール（刻む）…455g

アーモンドプードル…225g

オレンジの外皮（すりおろし）…2個分

ブランデー…275ml

シナモンパウダー…小さじ1

ジンジャーパウダー…小さじ1

メースパウダー…小さじ½

オールスパイスパウダー…小さじ½

塩…小さじ½

●アイシング用

マジパン…1.15kg

粉糖…打ち粉用

米粉またはコーンスターチ…打ち粉用

アプリコットジャム（濾し器を通して固形物を取り除く）…大さじ3

ロイヤルアイシング（市販のものでかまいません）…1.15kg＋225g（絞り出し用）

食用色素（お好きな色を、青以外のもので）

フルーツケーキには長く高貴な歴史があり、その起源は少なくとも中世まではさかのぼります。その当時、スパイスをたっぷり効かせたフルーツのパンは、あらゆる祝い事の中心にありました。18世紀のあいだに、現代の英国人が知るようなリッチ・フルーツケーキが現れ、マジパンとロイヤル・アイシングをほどこして完成しました。作るのには高くつきましたが、何年も保存できました。ヴィクトリア時代末までは、リッチ・フルーツケーキは十二夜〔※クリスマス期間が終了する1月6日の前夜〕のケーキとして作るのが一般的でしたが、19世紀も終わりに近づくと、クリスマス期間のお祝いはクリスマス当日を中心におこなわれ、十二夜のケーキはクリスマス・ケーキとして知られるようになります（とはいえヴィクトリア女王は生涯のあいだ十二夜に「トゥエルフス・ケーキ」を作らせ続けたのですが）。このページで紹介するレシピは、YouTubeの動画でも解説したもので、しっとりと美味しくできます。エイヴィスもレシピ帳に「クリスマス・ケーキ」のレシピを1つ書き留めていますが、こちらはおそらく使用人のクリスマス・パーティ用でしょう（「卵50個」といった調子ですから、それ相応に巨大なケーキになります）。そして、彼女が残してくれたレシピのなかでは珍しく、胸が悪くなるほど不味いのです。

【作り方】

オーブンを120℃に予熱します。バターと砂糖を練ってクリーム状にし、小麦粉と卵を交互に少しずつ加えていきます。フルーツ類とアーモンドプードル、オレンジの皮、ブランデー、スパイス類と塩を入れて念入りにかき混ぜます。

ケーキ型にバターを塗ってからクッキングシートを敷きます。生地を入れ、クラフト紙で型の周りを3〜4重に巻き、料理用の糸をぐるりと巻いて縛ります。ざっと型に合わせてクラフト紙を折りたたみ、3〜4枚の層を作って蓋にします。天板にのせます（焼くと少し漏れる可能性が高いので）。6時間焼いて、串を刺しても何もついてこなくなり、ケーキが黄金に色づいて、そしてキッチンがクリスマスの匂いで満たされたら焼き上がりです。網の上に出して半日冷ましてからデコレーションを始めてください。

デコレーションをするために、まずケーキの上面がふくらんでいたら平らに切り落とします。マジパンを細長いソーセージのように棒状にのばし、ケーキの上面のふちにぐるりとつけます。それからケーキの天地をひっくり返し、少なくとも直径

38cm 以上のケーキ台に置きます。上から軽く押して、ケーキと台をマジパンでくっつけます。パレットナイフを使って、はみだしたマジパンをケーキの側面に沿うようならします。側面や上面（ケーキ型の底だった面）の穴をマジパンで埋めます。粉糖と、米粉またはコーンスターチを混ぜた粉で作業台に打ち粉をして、めん棒でマジパンをのばし、6mm の厚さでケーキの側面を十分に覆える長さと幅にします。ケーキの側面の形とサイズに合うよう切り落とし、端は少し重なる余裕分の長さを残しておきます（先に型紙を作っておくとよいでしょう）。もう1つマジパンをのばして、上面を覆える大きさにします。

アプリコットジャムを温め、側面と上面のすみずみまで刷毛で塗ります。側面用のマジパンに、粉糖を混ぜた打ち粉をふりかけ、そっと巻き上げて、正しい位置に貼り付けやすくします。巻いたマジパンを広げて、ケーキの側面にぐるりと貼り付けます。端と端の接合部分は、まず重ねてから、上に重なった部分をまっすぐ縦に切って取り外します。マジパンの両端がぴったりとつながり、ケーキの側面にきれいな垂直の線が残るようにします。

上面用のマジパンをケーキの上にのせ、鋭いナイフを使って、はみ出した部分を整えます。ケーキ用スムーサーを使って上面も側面もなめらかに整えたら、1日以上乾かしておきます。

ロイヤル・アイシングを必要に応じて商品の指示通りに混ぜます。やわらかいツノが立つくらいになれば準備完了です。パレットナイフを使って、アイシングをケーキの上面に塗りひろげます。気泡ができたらその都度取り除きましょう。なめらかに整える動作で盛り上がる部分ができたら削り取ります。少なくとも3時間は乾かして、次は側面にアイシングを塗ります。こちらもパレットナイフを使って塗り、余分はケーキ用サイド・スクレーパーで取り除きます（回転台があると楽になります）。さらに3時間乾かします。アイシングを少なくとも2回は繰り返し塗り重ね、たっぷりと時間をかけて乾かして、なめらかで真っ白な美しいケーキに仕上げます。もし気泡が入ったり何かを失敗して完全に平らにならなかったりした場合は、絞り出しで飾るときに巧妙に隠せば大丈夫です。

ケーキを少なくとも1日は乾かしてから、残りのアイシングを絞り袋で飾ります。どんな色でも、どんな模様でも、お望みのままに絞りましょう。

チャールズ・フランカテリ

ミセス・クロウコムが間違いなく知っていて、おそらくオードリー・エンドのキッチンで利用していた料理書の1つが、チャールズ・フランカテリの『現代の料理人』です。私たち解説員チームも彼女にならって使っています。初版は1846年に発行され、幾度となく版を重ねて、1890年代になってもまだ刷られ続けていました。フランカテリはウデのあとを引き継いでクラブ「クロックフォーズ」（P106参照）で働いたあと、1841〜1842年の短期間だけヴィクトリア女王の料理長を務めます。けれどフランカテリは、この料理長職では大幅な報酬減になることと、女王のキッチンという職場は狭量で無秩序で、自分にはふさわしくないと判断したのです。彼はかっとなりやすく暴力的だという悪評をとっていました。そうしてフランカテリは疑惑のまなざしを逃れてクロックフォーズに戻り、各方面に安堵をもたらしたのでした。

バース・バンズ　BATH BUNS

エイヴィス・クロウコム、未発表の手書きレシピ帳（日付不明）

【材料】

丸パン、大12個または小24個分

強力粉（パン用の白いもの）…455g

生イースト（圧搾酵母）大さじ2、またはドライ
イースト大さじ1

バター（常温に戻す）…170g

牛乳…大さじ3と½

卵（軽く溶いておく）…4個

細目グラニュー糖…140g

塩…小さじ2

くせのない油…型用

砂糖漬けピール（刻む）…115g

ニブシュガー（パールシュガー）［※焼いても
溶け残る砂糖］…大さじ2と½

キャラウェイシード…小さじ2（なくても可）

バターとジャム…サービング用

●グレーズ用

牛乳…大さじ2

粉糖…大さじ2

　バース・バンズはもともとは「バース・ケーキ」として生まれました。イーストでふくらませたフルーツ入りの丸パンで、熱いまま朝食に出されることもよくありました。ジェーン・オースティン［※P181参照］はバース・バンズが好物で、後悔と愛着を込めて、食べすぎて「お腹をこわしてしまった」ことを1801年に書いています。もともとはキャラウェイのコンフィ（砂糖がけのキャラウェイの種が缶入りで売られていました）を入れていましたが、エイヴィスがレシピを書き込んだころにはコンフィはもうすっかり流行遅れになっていて、材料から姿を消しています。ヴィクトリア時代の人びとはキャラウェイの代わりにドライフルーツを入れるようになります。1851年のロンドン万国博覧会でもバース・バンズは提供されて、わずか5か月のあいだに95万個近くも売れたのです。あまり日持ちはしないので、作ったその日に食べるのが一番です。バターとジャムをつけると美味しいですが、風味の強いチーズと一緒に食べるとさらによいですよ。

【作り方】

　小麦粉、イースト、バターを大きなボウルで混ぜ、指でこすり合わせてパン粉のようにサラサラにします。牛乳を人肌くらいに温め、小麦粉を混ぜたボウルに卵、細目グラニュー糖、塩とともに加えます。スタンドミキサーか手で材料をよく混ぜてから、ミキサーにドウフックをつけるか手を使って、絹のようになめらかな生地になり、ボウルにくっつかなくなるまでこねます。丸くまとめて、薄く油を塗ったボウルに移します。暖かい場所に置いて、30〜60分、または2倍の大きさになるまで発酵させます。生地をたたいて空気を抜き、さらに5分ほど発酵させます。

　刻んだピール、使う場合はニブシュガーの半量とキャラウェイ・シードを加えます。115gか55gの12個〜24個に生地を分けます。大きな丸パンは朝食や夕食によく、小さなものはアフタヌーン・ティーにふさわしいでしょう。丸く整形して、天板に油を塗って並べます。油を塗ったラップかクッキングシートを上からかぶせ、30分、またはなめらかにふくらんで大きさが2倍になるまで発酵させます。オーブンを220℃に予熱します。

　焼く直前に残りのニブシュガーを散らします。15〜20分間、こんがりきつね色になるまで焼きます。牛乳と粉糖を混ぜ合わせてグレーズを作ります。オーブンからバンズを取り出したらすぐにグレーズ液を塗りましょう。熱いうちに有塩バターをたっぷりと添えて出すか、あるいは冷まして、小さなバターのかけらとお好みでジャムを添えて出しましょう。

ヴィクトリア・サンドイッチ
VICTORIA SANDWICHES

著者不明『カッセルの料理事典』(1875年ごろ)

【材料】

6人分

バター…115g＋型用

細目グラニュー糖…115g

小麦粉…115g

卵(軽く溶いておく)…4個

ベーキングパウダー…小さじ1

ストロベリーかラズベリーなどのジャム…70g

粉糖…仕上げ用

....

ヴィクトリアと彼女のサンドイッチ

ヴィクトリア女王がヴィクトリア・サンドイッチを日常的に食べていた、またはこのケーキが王宮のキッチンで発明された、という話に証拠はありません。けれど、女王は確かにケーキを好み、1880年代には、ウィンザー城のキッチンから、ティータイム用のお菓子の包みが定期的に送り出され、彼女がどこに滞在していようと届けられていたのは事実です。女王の習慣はアフタヌーン・ティーの人気を高めるのにひと役買いました。彼女が休暇で訪れた先や、オズボーン・ハウス［※ワイト島に建てた女王の離宮］の芝生のテントでお茶を楽しむ様子を描いた絵が「イラストレイテド・ロンドンニュース」［※週刊の挿絵入り大判新聞］に定期的に掲載されていたからです。フォーマルなアフタヌーン・ティーの集まりは、19世紀最後の四半世紀に特有の現象です。それをアフタヌーン・ティーと名づけたのも、ルールやマナーを考え出したのも、当時のエチケット本の著者たちなのです。ただし、コンセプト［※午後遅くに軽食とお茶をとるという］自体は18世紀から存在していました。

....

ヴィクトリア女王にちなんだ名を持つレシピは数多くありますが、ヴィクトリア・サンドイッチもその1つで、初出は1861年のイザベラ・ビートンによるベストセラー『家政の書』です。ビートンの本は巧みな言葉で書かれており、このような元気の出る一文で始まります。「一家の女主人は、軍隊の司令官のようなものです」――そして、大量のレシピが続くのです。けれど彼女は、自分の書いた内容を実のところ検証しておらず、レシピの大半は同時代のほかの本からつぎはぎしたもので、とりわけイライザ・アクトンの著書から写していました。ビートンはかなりの上昇志向で、本のなかにはフットマンをどう扱うかのアドバイスも入れていましたが、フットマンを雇えるのは彼女の本を買う人たちよりもはるかに上流の人びとでした。ミセス・クロウコムのような料理人なら、ざっと目を通しただけで剽窃に気が付いたでしょうし、載っているレシピもミセス・クロウコムが料理していた職場より少しレベルの低いものでした。このページで紹介するバージョンは、ビートンの考案したレシピが『カッセルの料理事典』に収録されたときのものです。『カッセルの料理事典』はヴィクトリア時代後期によくあった百科事典タイプの本で、オードリー・エンドの解説チームにも愛用されています。思いつく限りのありとあらゆるレシピが載っているからです。

【作り方】

オーブンを180℃に予熱します。

バターと砂糖を、白っぽくふんわりとしたクリーム状になるまで練り混ぜます。スプーン1杯の小麦粉を加えて分離を防いでから、卵を入れてかき混ぜ続けます。残りの小麦粉とベーキングパウダーを入れて混ぜます。

長方形のケーキ型(28×14cmくらい)にバターを塗って、クッキングシートを敷き、その上にも薄くバターを塗ります。生地を型に注ぎ、35～40分間、または串を刺しても何もついてこなくなるまで焼きます。型のまま20分冷ましてから、型から取り出し、網の上に移して完全に冷まします。

仕上げをします。波刃のナイフでケーキを水平方向に半分に切り、下の層の上面にジャムを塗ります。上の層をもとの位置に戻して、ケーキを8本の細い棒状に切ります。フィンガー・サンドイッチに似た形にしましょう。粉糖をふりかけます。2本ずつ直角に、格子状に積み重ねます。

5章

ミセス・クロウコムとスタッフたち

アニー・グレイ

使用人に生命を吹き込む

2008年にオードリー・エンド・ハウスの使用人区画が改装され、部屋の機能の再解釈がおこなわれたとき、イングリッシュ・ヘリテッジは時代衣装を着た解説員によるプログラムを定期的におこなうことを決定しました。私は解説員チームのリーダーとなり、通常は第1キッチン・メイドのメアリー・アン・ブルマーの役を演じていました。そのとき私は食物史の博士課程にいて、自分の研究を実地で試せるチャンスを最大限に活用すると同時に、ヴィクトリア時代の料理について学んでもいました。実際にやってみるという、ただそれだけで多くのことがわかるのです（もちろん、コルセットと正確に再現された衣装を身にまといながらです）。

メンバーの多くは俳優としての訓練を受けていましたが、料理をする人は少ししかいませんでした。そのことは意外な利点をもたらしました。私は、ヴィクトリア時代の料理法や盛り付け方を、現代の先入観にとらわれずに受け止めてくれる人にこそプロジェクトに参加してほしかったのです。私たちに託されたのは、キッチンに命を吹き込むことでしたが、そこには明確な目標がありました。幅広い社会的背景を持つグループに取り巻かれた、カントリー・ハウスの生活を見せること。かつて語る声を持たなかった人びとに語らせること。そして、豊かな料理史の遺産を演じることです。この遺産は往々にして、昔の料理といえばどれもこれもこってりしていて、野菜はゆですぎ、という考えで曇らされてきました。私たちの料理はすべて、訪問者との会話をはじめるきっかけになり、時代を代表するものとなりうる、そうした可能性から選ばれています——それでいて、誰でも作れるくらいに簡単でなければなりませんでした。

2008年にプロジェクトが始まって、キャシー・ヒパーソンが現場に入ったとき、彼女は料理ができないときっぱり言い切りました。キャシーはたいへん優秀な解説員でしたから（当時も今もずっとそうです）、訪問者から調理に関する難しい

➡

質問を受けたときにうまくさばくお決まりの返しを編み出したのです。「では、私の部下の第1キッチン・メイドに聞いてみましょう——この子には学ぶことが大切ですからね」。彼女は年齢を高く見せるために眼鏡をかけています（ミセス・クロウコムは1881年の時点で43歳でした）。また、ミセス・クロウコムのほかにも、たまに第2キッチン・メイドのシルヴィア・ワイズや、デイリーメイドのファニー・カウリーの役を演じることもありました。中心となって活動する解説員は10人いて、全員が少なくとも3人の人物は演じられるようにし、たびたび役を交換していました。

　キッチンでの（そして洗濯室と酪農室でも）1年がすぎると、チームの全員が作れるレシピのレパートリーは20種類ほどになっていました。どれも研究の裏付けがあり、料理から始めてもっと広いトピックを語るための足がかりとして使っていました。たとえば料理のグローバル化や、当時の肉体労働のこと、ヴィクトリア時代の健康観、工業型農業の倫理についてなどです。とはいえ、これらの話はみな二次資料による研究にもとづいたものです。私たちは、自分の演じる実在した人物を、語り口や性格まで再現するのは無理だということを受け入れるほかありませんでした。ところがボブ・ストライドが2009年に連絡をくれて、私たちが解説しているまさにその料理人による手書きのレシピ帳を寄贈してくれたのです。これにはほんとうにびっくりしました。

　このノートは自伝というわけではありませんが、エイヴィス・クロウコムの人生の内側に入り込むことができるものです。それまで使用人のキャラクターを演じるときは、別の使用人の書き残した回想録、同時代の日記やフィクションから洗い出した情報、演じる自分自身の性格、力、歴史への興味などを混ぜ合わせて作り上げていました。イングリッシュ・ヘリテッジのアンドリュー・ハンと同僚たちは、丹念に家族史の記録調査をおこない、その情報をもとに私たちの演じる人物の生涯に起こったできごとの骨組みを作りました。そうして調べられた情報は、過去の人たちがどんな思いで行動していたのかを想像する肉付けにも役立ちました。（もし自分の担当するキャラクターが二十歳そこそこで亡くなったと知れば、演じ方は確実に変わるでしょう。たとえば第2キッチン・メイドのシルヴィア・ワイズがそうなのです。）

　手書きのレシピ帳には、オードリー・エンドでの生活についてのエッセイが書かれているわけでもなければ、そこにいた人たちの描写もありません。けれど、エイヴィスがどんな職業料理人だったか、彼女の筆跡、受けてきた教育、読むことのできた本、それまでどんな雇い主に仕えてきたか、などを知ることができます。日付もほとんど書かれていませんが、それでも時間の経過や、食の好みの変化はわかります。数ページめくれば、いつオードリー・エンドに来て、いつ辞めたかもわかるのです。何よりよかったことは、このノートのレシピによって、それまでに選んできた料理の方向性が正しいとわかったことでした。私たちが、調査をもとに作ることを決めた料理の種類は、エイヴィスが作っていたような料理に間違いなかったのです。

エイヴィス・クロウコム

　これまでミセス・クロウコムになった解説員たちは、自身の興味や経験を反映させて、それぞれに少しずつ違った演じ方をしてきました。注意力散漫な人もいれば、お母さん風、仕事一筋のキャリアウーマン、信心深くて教会通いを欠かさず、部下のメイドの不品行に絶望しているというようなタイプもいました。キャシーのミセス・クロウコムは、きびきびしていて段取りがうまく、安心感を与える存在ですが、生意気な相手には容赦しません。きっとキャシーのバージョンは、厳しくすべきときにもどこかやさしく、とはいえメイドが大失敗のペイストリーでも持ってこようものなら、舌鋒鋭く叱ったりする、そんな人なのでしょう。本来なら、キッチンは会話をかわす場所ではありません。けれど、現代のオードリー・エンドは、おしゃべりで満ち溢れていました。見学者との対話は、私たちの大切な仕事の一部だったのです。歴史的な正確さと、必要な情報や感動を与えること、そのバランスが重要でした。

　キャラクターを構築するときにも同じことが言えます。オードリー・エンドで定期的に演じられるキャラクターはみなそうですが、本物のエイヴィスがどういう人

だったのか、私たちにはわかりません。知りえたのは彼女の生涯の骨子のみであり、国勢調査やその他の公文書を通して見える断片だけです。

　エイヴィスは 1837 年の 8 月、デヴォンの北岸にあるマーティンホーという小さな村で、リチャード・クロウコムと 2 人目の妻アグネスのあいだに生まれました。リチャードは最初の妻ジョーン・スクワイアとは 7 人の子ども（メアリー、アグネス、ジョン、リチャード、レベッカ、アン、グレース）をもうけていました。アグネスとはさらに 7 人の子どもをもうけますが、その 3 番目がエイヴィスです。クロウコム家は長く続いてきた家系で、村の内外に 40 エーカー［※ 16 ヘクタール］の農地を持っていました。1841 年には家に 7 人の子どもがおり、エイヴィスはその 1 人で当時 4 歳でした。上の子たちはすでに家を出ていて、当時はよくあることですが、下の子たちの就職を手助けしました。19 世紀半ばには学校を終了する年齢は 10 歳ぐらいで、13 歳のとき、エイヴィスは兄のジョンのもとで働いていました。ジョンはエイヴィスより 18 歳上で、マーティンホー村から 9 マイル［※ 14km］離れたチャラコーム村付近の 130 エーカー［※ 53 ヘクタール］の農場を営んでいました。そのときのエイヴィスは「雑役使用人」という職名で、あらゆる方面の仕事の経験を積んでいるところでした。

　ヴィクトリア時代の使用人の大半は多くの業務を兼任するジェネラリストで、使用人人口全体の ¾ は、1 人または 2 人しか雇われていない小さな家で働いていました。専門的な技能を身につけて、大きな屋敷のよい勤め口に転職すると決めたということは、エイヴィスがキャリア志向で、仕事熱心だったことを示しています。兄の農場をやめたあと、エイヴィスは近くの地主の屋敷でスカラリー・メイドになってから、使用人同士の非公式な情報網か紹介所を通して転職していった可能性は高いでしょう。彼女にはお手本にできる姉が 2 人いました。レベッカは 14 歳上で、デヴォンの小さな家で料理人をしており、グレースのほうは 2 つ年上で、ずっと大きな屋敷でキッチン・メイドとして働いたのちに退職し、1859 年に結婚しました。もう 1 人の姉サラも料理人としてカントリー・ハウスで働いていましたが、称号のある貴族宅の使用人のランクに届くことはありませんでした。

　1861 年、23 歳になったエイヴィスは、デヴォンから出て第 3 代シドニー子爵ジョン・ロバート・タウンゼンドの下で働いていました。タウンゼンドは経験ある自由党所属の政治家で、「宮内長官」という、実質的な仕事はあまりないけれど王室職員としては最上級の肩書を持っていました。彼の世帯にはその地位の高さにふさわしい使用人がそろい、エイヴィスはキッチン・メイド、ほかにスカラリー・メイドも 1 人、そして男性の料理人アルフレッド・フレイデンもいました。貴族が最上位の料理人として女性を雇うことはあまりありませんでした。女性は男性の料理人のように地位が高くはなく、とりわけフランス人の男性シェフは珍重されたので、非常に裕福な家なら必須の存在でした。

　男性のシェフは、フランス人でもそうでなくても、女性の二倍くらいの給料を支払われており、経験に応じて 100 〜 150 ポンドの年収を要求できました。

エイヴィスのような女性料理人は、年 60 ポンドもらえれば幸運なほうでしたが、この仕事は追加の役得がありました。たとえばうさぎの皮（手袋や服飾品を飾る毛皮になりました）や骨（肥料にされました）、古布（紙を作るのに使われていました）などを売って自分のお金にする権利が得られたのです。料理人やキッチン・メイドは食事宿泊手当を満額もらえる場合もあり、料理人なら自分専用の個室が提供されたでしょう。メイドはというと相部屋がふつうで、ベッドまで共有することもありました。

　エイヴィスが次に選んだ職場は、もう少しランクが低く、男性の料理人を雇うことが必須ではないような世帯でした。そこで彼女は、職位も給料も上げることができたのです。1871 年までに、彼女はノーフォークのロッドン付近にあるラングリー・ホールの料理人兼家政婦長（コック＝ハウスキーパー）になりました。新しい雇い主はトマスとキャサリンのプロクター＝ビーチャム夫妻でした。トマスは准男爵（バロネット）で、つまり称号はありましたが序列としてはかなり下のほうでした。使用人の人数は多く、キッチン・メイドとハウスメイドが 3 人ずつエイヴィスの直属の部下につき、ほかに屋内の使用人としてはフットマンが 2 人、侍女（レディーズ・メイド）が 2 人、保育係のナースと家庭教師（ガヴァネス）が 1 人ずつ雇われていました（プロクター＝ビーチャム家には 8 人の子どもがいたのです）。エイヴィスはいまや、未婚ながら「ミセス」という儀礼上の敬称をつけて呼ばれることになりました。若い女の子たちをしたがわせる上級の女性使用人は——料理人と家政婦長のことです——既婚女性のように扱われるべきと考えられていたのです。プロクター＝ビーチャム家の人びとは、シドニー子爵と同様、「社交期」（シーズン）（議会が開かれていて、ロンドンにおける社交行事の数々が最高潮を迎える時期）に過ごすロンドンの家を持っていたと思われます。おそらくエイヴィスが、次にブレイブルック男爵夫妻のもとに移る伝手（つて）を見つけたのも、ロンドン滞在中のことでしょう。チャールズ・ネヴィルは男爵として、もちろんロンドンの家を持っており、住所はアッパー・ブルック・ストリート

第5代ブレイブルック男爵チャールズ・ネヴィル、1870年ごろ。エイヴィスはこのブレイブルック卿に1881年までに雇われていた。

42 番で、これはメイフェアの高級住宅街にありました。

　イングリッシュ・ヘリテッジがオードリー・エンドの使用人区画を再現するとき資料として使ったのは 1881 年の国勢調査でした。このときにはエイヴィスは第 5 代ブレイブルック男爵チャールズ・コーンウォリス・ネヴィルと妻のフローレンスのもとで料理人として働いていました。ネヴィル家にはひとり娘のオーガスタがいましたが、当時 21 歳で、すでに結婚して自身の家庭を築いていました。家政婦長の職はオードリー・エンドでは料理人とは別になり、ミセス・エリザベス・ウォリックが担っていました。エイヴィスの部下には 2 人のキッチン・メイドがつきます。ヨークシャー出身のメアリー・アン・ブルマーが 25 歳、オックスフォードシャー出身のシルヴィア・ワイズが 21 歳でした。もう 1 人、スカラリー・メイドもいました。こちらはハンプシャーから来たア

ニー・チェイス、17 歳です。彼女たちはオードリー・エンドとロンドン、そして短期で借りる家のあいだを忙しく行き来する生活を送っていたのでしょう。エイヴィスがくるより前の 1860 年代と 1870 年代に、一家はボーンマスのバンクサム・ハウス（海辺で過ごすため）とピトロッホリーのクロフティンローン・ハウス（銃猟の季節のため）を借りています。

いつ、どのように、エイヴィスがベンジャミン・ストライドと出会ったかははっきりしません。彼は妻を亡くした執事で、スロックモートン家に仕えてウォリックシャーのコートン・コートで働いていました。おそらくは、エイヴィスとベンジャミンはロンドンで出会ったのでしょう。スロックモートン家のロンドンの家はバークリー・スクウェアのデイヴィス・ストリートにあり、アッパー・ブルック・ストリートからは角を曲がってすぐだったからです。1884 年の 3 月にエイヴィスとベンジャミンは結婚します。新婦は 45 歳、新郎は 46 歳でした。ベンジャミンは前の結婚で 3 人の子どもがいました。そのうち 19 歳のメアリー・アンは裁縫師で、結婚を控えていました。ウォルター・ベンジャミンは 1894 年にニュージーランドに移民することになります。そしてアンナ・ジェーンは 12 歳。エイヴィスとベンジャミンが結婚したのは愛と実利のためであって、新しい家庭を築くのが目的ではありませんでした。エイヴィスは、結婚した後も仕事を続けることができる、というよりむしろ続けなければならないことをわかっていたはずです。――2 人とも労働者階級で、

彼女が仕事をやめるなどとは思いもよらないことだったのです。とはいえ、キッチンの使用人は肉体的に厳しい仕事です。このとき彼女は使用人の職を退き、自立した労働者になる機会を得たのでした。

エイヴィスとベンジャミンは、ハノーヴァー・スクウェアの聖ジョージ教会で結婚し、ストライド夫妻となりました。この教会はロンドンの貴族社会の中心部にあり、貴族の使用人は昔からここで結婚式を挙げてきました。夫妻は、ハイド・パークにほど近い、パディントンのケンブリッジ・テラス40番地で、宿屋の経営を引き継ぎました。ここでおそらくエイヴィスは、新しく家族になった相手だけでなく、食事つきの宿泊を希望したお客にも、料理を作り続けたと思われます。1891年の国勢調査によれば、ストライド夫妻自身が家事使用人を1人雇っています。エイヴィスの人生は変遷を経て、始まったときとは正反対の位置に落ち着いたわけです。この時期に撮られた写真がストライド家に伝わっていますが、たぶんベンジャミンとエイヴィスでしょう。

2人は1893年にベンジャミンが亡くなるまで一緒に宿屋を続けました。彼はエイヴィスに496ポンド8シリング6ペンス（現在の貨幣価値で6万3000ポンド［※2021年5月現在約980万円］）分の遺産を残しています。オードリー・エンドでの推定年収の8倍で、彼女が自立して商売を続けるのに十分な額でした。このときからエイヴィスは義理の娘アンナ・ジェーン・ストライドの手を借りて、少なくとも1920年までは一緒に宿屋の経営を続けていました。エイヴィスはのちにロンドン北部、メリルボンのベル・ストリートに隠居し、1927年に慢性気管支炎で亡くなりました。89歳でした。

エイヴィスのレシピ帳がボブ・ストライドの家系に伝わった経緯は私たちにはわかりませんが、おそらく彼の祖父のダニエル・ストライドが、巡査を引退してチェルシーに住んでいたとき、エイヴィスの遺品整理に関してアンナ・ジェーンを手伝い、そこでレシピ帳を入手した可能性は高いでしょう。1932年にダニエルが妻を亡くすと、彼は娘のエルシー・ストライドのもとに引っ越しました。エルシーはフラムでたばことお菓子の店を営んでいました。ボブはおばにあたるエルシーからレシピ帳を受け継いだのです。

この時代の手書きのレシピ帳が生き残ることは、貴族自身によるコレクション以外では非常にまれですし、誰が書いたか、どのように残ったかまで判明しているのはさらに希少です。幸福な運命のいたずらを経由して、このノートは古巣のオードリー・エンドに帰ってきました。そして、ふたたび使われて、150年後の世代を喜ばせているのです。

使用人の料理

SERVANTS' DISHES

セイボリー・ローリー・ポーリー・プディング
（デッドマンズ・レッグ）
SAVOURY ROLY POLY PUDDING (DEAD MAN'S LEG)

アレクシス・ソワイエ『庶民のための1シリング料理』（1854年）に大まかに基づく

【材料】

6〜8人分

◉ペイストリー用

小麦粉…225g＋打ち粉用

スエット…85g

塩…小さじ½

水…およそ115ml

ベーコンまたはハム（刻んでおく）…200g

玉ねぎ（みじん切り）…小1個

マッシュルーム（みじん切り）…200g

ラード…揚げ焼き用（なくても可）

すばらしく安価にでき、無限のバリエーションが可能なレシピです。これこそオードリー・エンドの使用人ホールで出されていたような、そして使用人たちが幼いころから食べて育ったようなタイプの料理でもあります。中には何でも入れられます（ここではベーコンとマッシュルームを使いましたが、ソーセージ用の味付けひき肉もいけますし、もちろん甘いフィリングでも）。ジャムを包んだものは、「ジャム・ローリー・ポーリー」として知られています。混ぜて包むところまでいけば、あとは調理レンジの奥に鍋を置いて、放っておけばゆであがりました。スエットで作るペイストリーは、あらゆるペイストリー生地のなかでもっとも簡単です。冷えた手で作る必要もないし、雑に扱っても大丈夫です。そのうえ、どんな加熱方法でも作れます。——ゆでてよし、焼いてよし、揚げてよしです。

【作り方】

ペイストリー生地を作ります。大きなボウルに小麦粉、スエット、塩を混ぜて、ソフトで弾力があり、それでもべたつかないという程度の生地ができるまで少しずつ水を加えます。10分間そのまま置いてから、打ち粉をした台にのせ、めん棒で長方形に伸ばします。短い辺の長さはきっちり測り、使う予定の鍋の直径に収まるようにしてください。ですが、21cmならだいたい大丈夫でしょう。長い辺はいくら長くしてもかまいませんが、生地の厚みは5mmくらいにしてください。

ペイストリーの上にベーコン、玉ねぎ、マッシュルームを敷き詰めます。ただし、巻き終わりになる辺とその左右の辺、端から2cmくらいには、具材をのせずに空けておきましょう。片方の短い辺から固く巻いていきます。プディング布を水で湿らせて小麦粉をまぶし、プディングをしっかりと包みます。ただし、プリーツを1本たたんで、プディングがふくらんだ場合に備えましょう（布の代わりにクッキングシートかアルミホイルも使えます）。2つの端をそれぞれ料理用の糸で縛ります。包み紙の左右をひねったキャンディーを巨大にした格好になるはずです。

弱火でコトコトと2時間ゆでます。または、沸騰したお湯の鍋に蒸し網を入れ、プディングをのせて、蓋をして蒸します。できあがったら鍋からひきあげ、そっと布を外します。

熱いままでも食べられますが、冷ましてからよく冷やし、薄切りにして、ラードで揚げ焼きにしてもよいですよ。

死人の手足とシャツの袖

そう、このレシピは本当に「死者の脚（時には死者の腕）」デッドマンズ・レッグと呼ばれていたのです。水に浸かった、あるいは切り落とされた腕や脚に見えたからです。「シャツ・スリーブ」プディングとも呼ばれていました。おそらく古くなったシャツの袖に入れて料理したからでしょう。

ジプシーのポテト・パイ
GYPSIES' POTATO PIE

ウィリアム・キッチナー『料理人の託宣』（1817年）

【材料】

6人分（メイン料理として）または8人分（サイドディッシュとして）

じゃがいも（煮崩れしにくい品種）…455g

玉ねぎ…1個

バター（有塩）…115g＋皿用

野菜または肉のスープストック…240ml

パフ・ペイストリー生地…320g

卵…1個

塩とこしょう…調味用

19世紀初頭に考案された、とても質素なパイで、安価にできてお腹いっぱいになります。ねっとり系の煮崩れしにくいじゃがいもが最適ですが、粉質系の品種しか手に入らなければ、それでも大丈夫です。質素ではありますが、にもかかわらず美味しいパイです。グレイビーソースと合わせるのが一番です。じゃがいもは、17世紀に南アメリカからヨーロッパに移入されてから、日常的に広く食べられるようになるまでは1世紀ほどかかり、ヴィクトリア時代にはヨーロッパ全体に広まっていました。貧しい人びとは完全にじゃがいもに頼っていました。育てやすく、収穫が安定していて、ほどほどに栄養があり、味も良いからです。1840年代にじゃがいもが凶作に襲われると、大量の餓死者が出ました。アイルランドではとりわけ大きな被害を受け、この件は「大飢饉」［※じゃがいも飢饉］として知られることになります。すさまじい苦しみを人びとに与え、大勢の移民が主に北アメリカへと向かいました。飢えと病気によって、およそ100万人が亡くなったと推計されています。

【作り方】

オーブンを220℃に予熱します。

じゃがいもと玉ねぎの皮をむいて薄切りにします。25×15cmくらいの、ふちのあるパイ皿にバターを塗ります。じゃがいもと玉ねぎを重ね、層ごとに塩こしょうをよく振りかけます。このパイの成功は調味料にかかっていますから、こしょうは、あなたがこれくらいでいいかな、と思う量を振ったら、そこからさらに足してください。ストックを注ぎます。

バターを細かく切ってパイの上に散らします。パフ・ペイストリー生地をめん棒で伸ばしてパイ皿にかぶせます。3cmくらいの切り込みを2か所に入れるか、パイ・ファネル［※パイの蒸気を抜き、型崩れを防ぐ器具。P61の写真を参照］を中央に刺し込んで、加熱したとき蒸気が出てこられるようにします。生地の端に波模様をつけるか、編み目模様で飾ります。

卵と塩ひとつまみと小さじ1の水を混ぜてつや出し用卵液を作り、パイのすみずみまで塗ります。熱いオーブンに入れて45分間焼き、こんがりきつね色に変わってふくらんだらできあがりです。

ソーダ・ケーキ SODA CAKE

エイヴィス・クロウコム、未発表の手書きレシピ帳（日付不明）

【材料】

10〜12人分（28cmの角型ケーキ型1つ分）

バター（刻む）…225g＋型用

細目グラニュー糖…225g＋型用

小麦粉…455g

ナツメグパウダー…小さじ¼

シナモンパウダー…小さじ¼

カランツ…225g

牛乳…255ml

卵…2個

レモンエキストラクト数滴、またはレモンの
外皮すりおろし1個分

重曹…小さじ1

◉シロップ用（なくても可）

レモン果汁 大3個分、またはオレンジ果汁
2個分

砂糖…100g

安価にできてまあまあ美味しい、使用人のお茶向きのケーキで、19世紀末に典型的なレシピです。ベーキング・パウダーをはじめとする人工的な膨張剤は、19世紀の半ば以降に市場に出回るようになっていったものの、石鹸の味がする、キッチンで働く人の技能を無意味にするなどの理由で、大邸宅の料理人にはおおむね拒絶されました。けれど、膨張剤の力は認めないわけにはいかず、ついには重曹が使われるようになったのです。重曹の持つ独特の風味と、酸性の何かと混ぜるとよくふくらむという特性が求められたからで、このレシピでは牛乳を使っています。そのほかとりわけアイルランドでは、イーストが入手困難だったり高価であったために、重曹を使ったパンのソーダブレッドがよく作られるようになりました。ソーダブレッドは、その後アイルランド料理の代表となり、特にアイルランドの朝食にはよく出されるようになっていきます。

【作り方】

オーブンを180℃に予熱します。

ケーキ型にバターを塗って、適量の砂糖を振りかけ、型を回して内側全体にまぶしたら、余分をはたき落とします。

小麦粉、砂糖、スパイスを合わせてふるいます。そこへバターを入れて指先でこすり合わせ、パン粉くらいの大きさにします。カランツを混ぜ込みます。牛乳と卵を泡立て器で混ぜてから、小麦粉と合わせてよくかき混ぜます。

レモンエキストラクトまたは外皮のすりおろしと重曹を入れてふたたび混ぜます。準備のできたケーキ型に生地を流し込み、1時間ほど、または串を刺して何もついてこなくなるまで焼きます。10〜15分冷ましてから、ひっくり返して型から出し、網にのせて完全に冷まします。

このケーキはとても薄味なので、レモンかオレンジのシロップを添えるか、上からかければ、簡素な家族用のケーキに格上げできます。シロップを作るには、片手鍋にレモンかオレンジの果汁と砂糖、水少々を合わせて火にかけ、少しとろみがつくまで沸騰させます。

イヴのプディング EVE'S PUDDING

エイヴィス・クロウコム、未発表の手書きレシピ帳（日付不明）

【材料】

4〜6人分（570mlのプディング鉢1つ分）

りんご…170g（およそ2個分）

パン粉…170g

レーズン…170g＋大さじ1

卵（軽く溶いておく）…2個

ブランデー…大さじ1（なくても可）

牛乳…100〜140ml

バターと小麦粉…型用

ワインソース（P105参照）…サービング用

オードリー・エンドの使用人呼び出しベル。

....

使用人の仕事

カントリー・ハウスには明確な階層制度がありました。料理人は主人一家のために料理をし、メニューを計画し、材料を注文します。第1キッチン・メイドがそれを補助して、ソースやスープストック、ペイストリーを作ります。第2キッチン・メイドは使用人の食事を作ります。スカラリー・メイドはあらゆる食材の皮をむき、洗い、内臓を抜き、羽根をむしり、調理道具を洗いました。上等な銀食器を洗って磨くのは執事の管轄で、主人一家の陶磁器とグラスを管理するのは家政婦長の役割でした。

....

現代の「イヴのプディング」は、エイヴィス・クロウコムが書き留めたレシピからはまったく違うものになっています。今日では、ふつうはりんごをベースにして（ブラムリー・アップルを使うことが多く、英国では基本の調理用品種ですが、このりんごが商業的に普及するのは1890年代になってからです）、スポンジケーキを上にのせたものです。けれど、イヴのプディングのレシピが出回り始めた18世紀末には、パン粉と卵とフルーツを混ぜて作り、時にはスエットも使っていました。エイヴィスのレシピ帳には18世紀末から19世紀初頭に生まれたレシピが多く、言葉づかいもその時代のものになっていることがあります。それはつまりエイヴィスが、かなり時代おくれのレシピを選んで自分のノートに写していたことを示しています。あるいは、彼女が料理を作っていた相手が「古い富」、つまり領地を持つ貴族であり、商業や金融で財産を築いたばかりで、最新流行の料理を好みそうな人たちではなかったからかもしれません。

【作り方】

りんごの皮をむいて芯を除き、すりおろして、ブランデーと牛乳以外のすべての材料と混ぜます。次に、使う場合はブランデーを入れ、かための生地になるまで牛乳を加えていきます。

プディング鉢にバターを塗って、生地を入れます。水で湿らせて粉をまぶしたプディング布をかぶせて紐で口をぐるりと縛るか、または丸く切ってバターを塗ったクッキングシートとアルミホイルで蓋をします。プリーツを1本たたんで、プディングがふくらんだ場合にそなえるのを忘れないでください。

3時間ゆでるか、または蒸します。もしゆでる場合は、お湯の高さが鉢の¾までくるようにしましょう。

型から出してワインソースを添え、卓上砂糖入れと一緒に出しましょう。カスタードと合わせても美味しいですよ。

うさぎのプディング RABBIT PUDDING

メアリー・ジューリー『ウォーンのモデル料理と家事の本』(1868年)

【材料】
6人分(1と¼Lのプディング鉢1つ分)

●ペイストリー用

小麦粉…455g

スエット…170g

塩…小さじ½

水…170ml

バター…鉢用

小麦粉…打ち粉用

●フィリング用

うさぎ肉(骨抜き)…1羽

ベーコン(バラ)…285g

小麦粉…大さじ1

パセリの葉(みじん切り)…大さじ1

タイムの葉…枝2本分

マッシュルーム(みじん切り)6〜7個、または
マッシュルーム・ケチャップ大さじ1(なくても可)

白ワイン…大さじ2

チキンのスープストック…170ml

塩とこしょう…調味用

スエットを使ったペイストリー生地は、ヴィクトリア時代のキッチンでは基本の材料でした。調理が簡単で、美味しく、非常に多種多様なパイやプディングに使われました。この生地は甘いものと塩味、どちらのフィリングにも使え、何時間もかけて、ごく低温で調理することが可能でした。肉のプディングは使用人ホールの食卓では定番料理でしたが、今ではほとんど忘れ去られています(唯一の生き残りがステーキ・アンド・キドニー・プディングです)。この基本のレシピで、おおよそどんな組み合わせでも作れます。2〜3例をあげると、仔牛とハム、ビーフと牡蠣、猟鳥獣肉とプルーン、マトンとパースニップなどなど。肉に焼き目をつける手順は必須ではありませんが、風味が増します。ミセス・クロウコムなら、骨は、あとであっさりしたスープストックに使ったでしょう。

【作り方】

ペイストリー生地を作ります。小麦粉、スエット、塩に、ソフトでもべたつかない程度の生地ができるまで水を加えます。生地を10分休ませます。プディング鉢にバターを塗ります。⅓くらいの生地を残しておきましょう。⅔の生地を打ち粉をした台の上でめん棒で伸ばして、プディング鉢に敷き込みます。生地が鉢のふちから2cmくらいはみ出た状態にします。

うさぎ肉を一口大、ベーコンはさいの目に切ります。混ぜ合わせて塩とこしょうで調味し、小麦粉とハーブを振りかけます。ワインと、使うならマッシュルームまたはマッシュルーム・ケチャップを混ぜ込みます。プディング鉢にうさぎ肉のフィリングを入れます。具材の表面にかぶらない程度まで、スープストックを注ぎます。具材とスープは口までいっぱいに入れてください。

とっておいた⅓分の生地を、打ち粉をした台にのせてめん棒でのばします。鉢からはみ出した生地に水を塗って、のばした生地でしっかりと蓋をし、押し付けて封をします。端を切りそろえて、きっちり閉じているか確認します。

プディング布を湿らせて小麦粉をまぶし、プディングの上から覆って、口の周りを料理用の糸で縛ります。布の代わりにバターを塗ったクッキングシートを上面にのせて、全体をアルミホイルで包んでもかまいません。布かホイルにプリーツを1本たたんで、プディングがふくらむ余地を作ってください。

弱火で1時間30分、プディングをゆでるか(水位は鉢の¾の高さを保ちましょう)または蒸します。お湯から出し、すぐに布またはホイルをはがして、ペイストリーに小さな穴を開け、蒸気を逃がします。鉢に入れたまま出します。

プレーンな白パン A PLAIN WHITE LOAF

イライザ・アクトン『イギリスのパンの本』（1857年）

【材料】

大きなローフ型1個分（455g）

生イースト（圧搾酵母）小さじ4、またはドライ
イースト小さじ2

牛乳…170ml

水…170ml

強力粉…455g＋布用（なくても可）

塩…小さじ2

くせのない油…型用

....

メモ

イライザ・アクトンはパンをふくらませる方法
として「生種（スポンジ）」を好んで使いました。生種
とは、イーストと少量の水と小麦粉を混ぜ
て一晩おき、風味を引き出したものです。
この方法を再現したいなら、分量のイース
ト、半量の水に、生地が扱いやすくまとま
る程度の小麦粉を分量内から加えて混
ぜ、発酵させ、覆いをし、ひと晩涼し
いところに置いておきます。そしてこの種を
残りの材料に加え、あとは右の作り方にし
たがって作ります。アクトンは、整形して
焼く前の最後の生地をひとつかみ取って
おいて、次にパンを焼くときに加えると味が
よくなると提案しています。

....

　1880年代までに、南イングランドで日々のパンをすべて自宅で焼く習慣のある世帯はほとんどなくなっていました。女王その人でさえ、王宮で消費されるパンの多くを、外部の業者に注文していました。しかしそれでも、パン作りは労働者階級の女性にとって重要なスキルとみなされていました。それまでの何十年かに多くの改善策が実行されたにもかかわらず、当時のイングランドで売られるパンの大半に、いまだ劣悪な材料が混ぜられていたからです。社会の最下層では、パンはまさに「命の糧」であり、毎日食べるものの大部分を占めました。なのにイギリスのパンは不評でした。イライザ・アクトンは『イギリスのパンの本』（1857年）をこんな文章で始めています。「本物は少なく、製造過程にも間違いが横行しています」。ヴィクトリア時代のパンは、常にイーストで作られました。サワードウ［※小麦粉やライ麦粉と水を発酵させて作るパン種］の臭いは貧しさと結び付けられ、味も酷いものだと思われていたのです。

【作り方】

　牛乳と水を混ぜ、生イーストまたはドライイーストを溶かします。別のボウルで乾いた材料を混ぜ合わせます。液体を粉類に加えます。10〜15分間こねて粘り気を出します。生地をボウルに入れて、薄く粉をふった布かラップをかけます。

　2時間、または生地が2倍の大きさになるまで置いて発酵させ、それからガス抜きをし（そっと押して空気を抜きます）、さらに20分置きます。

　ローフ型に油を塗って、生地をだ円形に整形します。生地を型に入れ、型いっぱいにふくらむまで30分、またはふたたび2倍の大きさになるまで置きます。

　オーブンを220℃に予熱します。パンの上面に鋭いナイフで浅く切り込みを入れ、30分ほど、きつね色になるまで焼きます。型をひっくり返してパンを取り出し、オーブンに戻して5〜10分焼いて、側面に焼き目をつけます。

　火の通りを確かめるには、パンをひっくり返してそっと底をたたいてみます。中が空洞になっているような響きがしたら焼き上がりです。もっと正確な別の方法として、内部の温度をはかり、94℃に達していればできあがりです。

　網にのせて冷まします。

ブラウン・ミールのケーキ（ビスケット）
BROWN MEAL CAKES (BISCUITS)

エイヴィス・クロウコム、未発表の手書きレシピ帳（日付不明）

【材料】

15〜20枚分

全粒粉…225g＋打ち粉用

小麦ふすま［※小麦の表皮を挽いた粉］…
大さじ3

バター…55g

ベーキングパウダー…小さじ1

牛乳…大さじ2〜3

塩

....

ビスケット

英国英語でいうビスケットは、甘味か塩味の、オーブンで焼いた食べ物です（名前はフランス語の「二度焼いた」からきています）。ふつうはカリッと乾いた質感です。ビスケットはアメリカのクッキーと似ていますが（クッキーという名前の語源はオランダ語の小さなケーキです）、ビスケットの方が簡素で小さく、甘みも少ない傾向があります。ビスケットはチーズとともに出されるか（この場合はクラッカーと呼ばれることも）、またはお茶に添えられます。（ビスケットをお茶に浸すことが許される行為かどうかについては議論の余地があります——でも、ヴィクトリア女王もしていたんです、誰も責められませんよね？）

....

　ミール（または、小麦ふすま）は、昔は等級の低い穀物粉の1つとして扱われ、パンに使われることはあまりありませんでした。けれど、ナッツのような風味と高い栄養価を持っているため、特定のタイプのビスケットを作るのに最適なのです——すなわち、健康市場に向けたものです。「ダイジェスティブ・ビスケット」とは全粒粉［※小麦粒を表皮ごと挽いたり、小麦ふすまを加えた小麦粉］を使ったビスケットのことですが、この言葉はヴィクトリア時代初頭に生まれたもので、どこかうさんくさい健康増進の効能とともに提示されました。エイヴィスは全粒粉を使うレシピをいくつかノートに書いていますが、そのころまでには全粒粉の健康効果は完全に信じられ、地位を確立していました。このビスケットは紅茶のおともにもよいですが、バターとチーズを合わせるとさらに美味しくなります——使用人のお茶にぴったりです。

【作り方】

　オーブンを200℃に予熱します。

　全粒粉、小麦ふすま、バター、ベーキングパウダーと塩ひとつまみを混ぜてパン粉状にします。かための扱いやすい生地にまとまるまで牛乳を加えていきます。

　軽く打ち粉をした台にめん棒で生地を伸ばして、1.5〜2cmの厚さにし、直径8cmの抜き型で丸く抜きます。フォークで表面に穴を開けて10分間焼き、触るとかたく、うっすら焼き色がついたらできあがりです。注意深く取り出して（とても壊れやすいので）、網に移して冷まします。

スポテッド・ディック SPOTTED DICK

アレクシス・ソワイエ『庶民のための1シリング料理』（1854年）

【材料】

8〜10人分（1と¼Lのプディング鉢1つ分）

小麦粉…225g＋打ち粉用

スエット…170g

カランツ…170g＋大さじ1

砂糖…大さじ3

シナモンパウダー…ひとつまみ

卵…1個

牛乳…225ml

バター…型用

塩

カスタード（P113参照）…サービング用

スポテッド・ディックには、その形から、プラム・ボルスターという別名もあります（ボルスターとは、長い、円筒状の枕のことです）。ですが、イングランド名物のお菓子として愛されるようになったのは——小学生じみたわいせつなユーモアを秘めた名前のおかげもあるのでしょうが［※ディックは男性器の隠語］——20世紀半ばのことでした。このバージョンは、19世紀を代表する華々しい料理家、アレクシス・ソワイエ（P77参照）のものです。彼の本には、手堅くすばらしいものからとんでもなく変な料理まで幅広く載っており、なかには貧しい人に食べさせるための一連のレシピもありました。とはいえ、これには恩着せがましい態度も認めないわけにいかないのですが。ドライフルーツやスパイスの量を増やしたり、種類を変えたり、少量のジャムを加えるのもよいでしょう。カスタードを添えるのが最高ですが、生クリーム、アイスクリーム、さらには（ちょっと大胆にも現代風にすぎますが）チョコレートソースだっていけますよ。

【作り方】

乾いた材料［※小麦粉、スエット、カランツ、砂糖、シナモンパウダー］をすべて混ぜ合わせ、塩をひとつまみ加えます。牛乳の半量に卵を入れてかき混ぜ、乾いた材料に注ぎます。やわらかい生地ができるまで牛乳を加えていきます。

軽く打ち粉をした台にのせて少しだけこねます。

生地を太くてまっすぐなソーセージ型に整形し、クッキングシートで包み、さらにアルミホイルで包みます。または、湿らせて小麦粉をまぶしたプディング布で包み、両端を料理用の糸でしばって、包み紙の左右をひねった巨大なキャンディーのような格好にします。あるいは、プディング鉢でも作れます。その場合は鉢に生地を入れ、バターを塗ったクッキングシートを上面にのせて、湿らせて小麦粉をまぶしたプディング布か、アルミホイルで上を覆います。布かホイルにプリーツを1本たたんでプディングがふくらむ余地を作りましょう。布と鉢を使う場合は、口の周りを糸でしっかりと縛ってください。

2時間ゆでるか、または蒸します。布から中身を取り出してカスタードと一緒に出しましょう。

アンバー・プディング AMBER PUDDING

エイヴィス・クロウコム、未発表の手書きレシピ帳（日付不明）

【材料】

8〜10人分（1と¼Lのプディング鉢1つ分）

バター…型用

マーマレード（P231参照）…570g

スエット…170g

生パン粉…115g

卵（軽く溶いておく）…3個

ワインソースまたはカスタード（P105とP113
参照）…サービング用

アンバー・プディングは、琥珀色をしているためにそう呼ばれます。標準的なヴィクトリア時代のレシピでは、バターと卵、砂糖とオレンジで作ったオレンジカードを、ペイストリーに入れて焼いていました。仕上がりは半透明のオレンジ色で、間違いなく美味しくできたはずです。そのタイプのプディングのレシピは、遅くとも17世紀か、ひょっとするともっと前からありました。このバージョンも美味しさでは負けませんが、もっとヴィクトリア時代中期から後期らしさのある、当時好まれていたタイプのレシピです。安価に作れて、材料は手に入りやすく、いったん火にかけたらほとんど注意を向ける必要がありません。おそらく鋳鉄製の調理レンジの奥のほうに鍋を据えて、何時間かコトコト加熱し、そのあいだに主人一家の料理を優先して作ったのでしょう。このレシピはエイヴィスの筆跡ではなく、おそらくエドワード時代、または1920年代に書かれたと思われ、その時期の彼女はメリルボンで宿屋を営んでいました。

【作り方】

プディング鉢にバターを塗り、底に丸く切ってバターを塗ったクッキングシートを敷きます。材料をすべて混ぜ合わせますが、混ぜすぎてスエットが溶けないように気を付けて。材料をプディング鉢に入れ、表面を平らにならします。丸く切ってバターを塗ったクッキングシートを表面にのせ、プディング布かアルミホイルで上面を覆いますが、布かホイルにプリーツを1本たたんでプディングがふくらむ余地を作ってください。

弱火でお湯を煮立たせた鍋に、プディング鉢を入れます。お湯は鉢の¾に届く高さにし、鍋が空にならないようときどきお湯を足してください。鍋に蓋をし、弱火でコトコトと3時間30分加熱します。

熱いうちに出します。使用人に出すならカスタードを。または、もう少し上品にするならワインソースを添えましょう。

マカロニ・チーズ MACARONI CHEESE

ヘンリー・サウスゲイト『レディの知りたいこと』（1874年）

【材料】

2〜3人分

水…1と¼L

牛乳…570ml

マカロニ…225g

バター…115g＋皿用

パルメザンまたはその他のハードチーズ
（すりおろし）…170g

パン粉…大さじ2〜3

塩とこしょう…調味用

....

マカロニ男とマカロニ料理

18世紀に「マカロニ」というと、突飛なおしゃれを追求する紳士をさし、その趣味やファッションは「グランド・ツアー」で行ったヨーロッパの流行を真似ていました。グランド・ツアーとは、上流階級の若い男性が教育の仕上げとして行く旅のことです。1770年代のハイ・ファッションがどんどんばかげたものになっていくにつれて「マカロニ」という言葉はすみやかに侮蔑語となります。「マカロニ」たちのファッションの特徴は、天を衝くかつら、ぴっちりした長靴下、およそ実用的でない薄い柄物の布地などです。これらはみな（長靴下をのぞき）女性的な特徴ともみなされました。つまりマカロニへの批判が沸き起こった理由は、世界規模の戦争の時代にあって、ジェンダー・アイデンティティと男性性の概念に不安をもたらしかねないからなのでした。『ヤンキー・ドゥードゥル』という歌曲に出てくるマカロニは、この18世紀の男性ファッションに由来するもので、歌の主人公は帽子にパスタをつけているわけではないのです［※「帽子に羽根をさしてマカロニ気取る」という意味の歌詞が出てきます］。

....

パスタは少なくとも中世の時代にはチーズと組み合わせて食べられていましたが、使うのはソフトチーズが多く、さまざまなスパイスで風味付けされていました。現代のマカロニ・チーズと同様のものが作られるようになったのは18世紀のことで、たとえばジョージ王朝時代に名だたる料理作家エリザベス・ラファルドは、パルメザンチーズを使うよう指定しています。彼女の著書『経験豊富なイングランドのハウスキーパー』（1769年）は、当時まだ英国の支配下にあった北アメリカで数多く出回っていた英国産レシピ本の1冊でした。そして、アメリカで書かれる料理書にも、マカロニは瞬く間に取り入れられていったのです。マカロニという言葉は、現在では穴が開いたチューブ型のものをさしますが、もともとはあらゆるパスタに使われてきた総称でした。このレシピにも、どんな形や長さのパスタでも、お好み次第で使えます。とはいえ、ここで紹介するヘンリー・サウスゲイトの元のレシピで書かれているように「筒形のマカロニ」を使えば、グリルでよく火が通ってパリッと仕上がりますよ。ベーコンやソーセージを加えても、とても簡単にアレンジできます。

【作り方】

オーブンを200℃に予熱します。

水と牛乳にひとつかみ強の塩を加えて火にかけて沸かします。沸騰したらパスタを入れて、火が通るまでゆでます（通常は6〜7分ですが、パッケージを確認してください）。水気を切ります。

浅めの皿（直径21cm程度）にバターを塗り、ゆでたマカロニの半量を入れます。バターの⅓量を散らし、チーズの半量を振りかけます。こしょうで調味します。残りのマカロニを重ねて、さらに⅓量のバターを散らし、その上にパン粉と残りのチーズを混ぜたものを振りかけます。最後に残りのバターを溶かして上からかけます。

15分間焼き、チーズがグツグツと煮立ち、黄金色になったら焼き上がりです。表面をパリッと仕上げるために、あぶり焼き用のグリル［※または、オーブンやオーブントースター］で2〜3分焼き目をつけましょう。

家政婦長の部屋

THE HOUSEKEEPER'S ROOM

ブラックカラント・ビネガー
BLACKCURRANT VINEGAR

エイヴィス・クロウコム、未発表の手書きレシピ帳(日付不明)

【材料】

1と¼L分

ブラックカラント[※黒すぐり、カシス](生または冷凍)…455g

白ワインビネガー…570ml

砂糖…455g

....

オードリー・エンドの家政婦長

オードリー・エンドの家政婦長(ハウスキーパー)だったエリザベス・ウォリックは、1881年の当時、52歳でした。彼女の経歴ははっきりしませんが、若いころ、遅くとも30代までに夫を亡くしており、おそらくはハウスメイドから出世してきたと思われます。明らかに有能で、経験のある家政婦長です。そのことは、家政婦とは別に料理人も雇い、さらに5人も使用人がいた軍の大佐の家や、クレメンティア・エイヴランド女性男爵が住むリンカンシャーのグリムズソープ城などの[※格の高い]職場に勤めてきたことからもわかります。女性男爵の世帯はかなり規模が大きく、ほかでは希少な(そして古風な職種である)家令(ハウス・スチュワード)や客室接待係(グルーム・オブ・ザ・チェンバー)まで雇っていたほどです。ミセス・ウォリックは、仕事を引退したあと、領地内のオードリー・エンド村に住むことになりました。おそらくは、ブレイブルック男爵家から少しの年金をもらい、自らの蓄えの足しにしたのでしょう。ミセス・クロウコムと同様に、引退後の彼女は自らも使用人を雇うことができました。その使用人は15歳で、初めての勤め口だったと推測されます。

....

風味をつけた酢は、かつては非常に好まれたものですが、近年、その人気が復活してきています。ブラックカラント・ビネガーは料理に使うとすばらしい効果を発揮し、スイーツ(特にいちじくやその他の甘いフルーツ)にも、塩味のものにも合います(バルサミコ酢と同じように使ってください)。ヴィクトリア時代には、飲み物のベースとしても使いました。たとえば水かスパークリングウォーターに大さじ何杯か加えると、さわやかなコーディアル[※フルーツやハーブの薬用飲料、または清涼飲料水]になります。ブラックカラントはビタミンCが豊富で、このような飲み物はかつて子供や病人に与えられ、食事が満足にとれないときの滋養強壮剤として使われました。

【作り方】

ブラックカラントと酢をボウルに入れて、木のスプーンでつぶします。覆いをして冷蔵庫に入れて2日置きます。濾し器でつぶしてボウルに落とします(または、ムーラン[※手回し式の裏ごし器で、フードミルともいいます]を使ってピュレにします)。ボウルに落ちた果肉は使い、濾し器の中に残った皮と種は捨てます。

片手鍋に、濾した果汁と果肉を、砂糖と一緒に入れて火にかけ、アクが浮いたらすくいます。砂糖が溶けたら、殺菌したジャー(P231参照)に入れて密封します。1年以内に使い切りましょう。

ルバーブのジャム RHUBARB JAM

エイヴィス・クロウコム、未発表の手書きレシピ帳（日付不明）

【材料】

4〜6瓶分

ルバーブ…1.15kg

ブラウンシュガー…850g

水…140ml

レモンの外皮（すりおろし）と果汁…1個分

....

銅製の調理用容器

オードリー・エンドのキッチンを訪ねると、銅製の鍋がぎっしりと並んでいるのを見るでしょう。熱伝導性が高く——均等に熱を伝えることができるので——調理器具としてとてもすぐれているのです。銅は、たいていのプロフェッショナルな料理人が選んだ素材でした（今もなお選ばれ続けています）。料理人たちは銅製品の輝きに多大なるプライドを寄せ、それをピカピカに光るまで磨くのはスカラリー・メイドの役目でした。加熱に使う容器については、銅製品は錫めっきがされていました（卵の泡立てに使うボウルとは異なります。P120参照）。酸性の食品によって銅が溶け出すことを防ぐためです。銅をとりすぎると吐き気や嘔吐を催すこと、過剰に摂取すれば命にかかわるということはよく知られていました。そういうわけでメイドは、鍋の内側の錫の継ぎ目を念入りにチェックしたものでした。もし錫引きされていない鍋にきちんと手入れがされないと、食品の酸に反応して銅の腐食が発生し、溶け出して中毒を引き起こすおそれがあります。磨かれていない銅が薄緑色になる現象は、酸素に触れたことで起きるただの自然な錆です。たいていの銅鍋は内側が錫ですが、例外は砂糖を煮たりジャムを作るための鍋で、これは砂糖は錫の耐熱性を超えるほど熱くなるからです。現在は、砂糖やジャム用の鍋はステンレスが引かれているものもあります。

....

ルバーブを使うことにはとても長い歴史がありますが、料理の材料としてはそうでもありません。原産地のアジアから、乾燥したルバーブが中東へ伝わり、そしてギリシャ人やローマ人がヨーロッパへ輸入しましたが、いずれの土地でも初めは下剤として使われていました。17世紀には生きた植物が英国に持ち込まれ、18世紀になってからようやく、茎が（この時は、もう少し消化器にやさしい品種でした）甘いタルトに使われるようになったのです。それからもルバーブの消費は非常に低調だったのですが、ロンドンのある植物育種家が「ヴィクトリア」という品種を導入したことから状況は変わり、この種は今でも広く栽培され続けています。1880年代までに、ルバーブは促成栽培で（日光を遮って育てることで、色の薄い甘い茎を作るのです）、工業的規模の生産が行われるようになっていました。そして、ヨークシャーの生産地域は「ルバーブ・トライアングル」と呼ばれるようになります。そこから取れたてのルバーブが毎日のように鉄道に積み込まれ、「ルバーブ・エクスプレス」でロンドンのマーケットに運ばれていったのです。

【作り方】

ルバーブを乱切りにします。材料すべてを大きな片手鍋に入れます。もし銅鍋を使うなら、錫が引かれていないものを選んでください（ジャムやプレザーブ用の鍋を使ってください）。

鍋を沸騰させ、素早くかき混ぜます。30〜45分間、とろみがついてジャムの質感になるまで煮立たせ続けます。凝固する温度になったかどうかチェックするため、火からおろしてリンクル・テスト（P231参照）をするか、プローブ式の温度計を使います（凝固点は105℃です）。温度が足りないようなら、沸騰とチェックを繰り返して求める温度にします。

殺菌したジャー（P231参照）にそっと移して封をすれば、常温で1年まで保管できます。開封したら冷蔵庫に入れましょう。

ジンジャー・ビア GINGER BEER

エイヴィス・クロウコム、未発表の手書きレシピ帳（日付不明）

【材料】

4L分

水…4L

砂糖…大さじ2〜3

しょうが（生、粗みじん切りにしてつぶしておく）…30g

レモンの外皮（白い部分を除き、黄色い部分を切り取る）…1個分

パン（厚切り）…1枚

生イースト（圧搾酵母）小さじ4、またはドライイースト小さじ2

....

水

昔の人は誰も水など飲まなかった［※水が危険なために代わりにビールを飲んだ］というのは、根拠の薄い伝説です。確かに汚染された水源はありましたし、多くの人は共同給水設備を避けたがりました。その栓から出てくる水は、墓地を流れてきたか、地元のなめし皮工場の下流から取水されたものかもしれなかったからです。けれど、たいていの水は、井戸の生水だろうと、川の水や、タンクに貯めた雨水であろうと、衛生上まったく問題がありませんでした。無料で手に入る水は、大多数の人間にとって主要な飲み物だったのです。人によっては日々のパンにさえ事欠くこともあり、当然ビールなど買えるわけがありません。オードリー・エンドでは、カントリー・ハウスにはよくある例ですが、屋根の上に雨水を集める貯水槽をそなえ、料理や飲用、洗濯に使っていました。この水はロースト料理用の炉の裏にある湯沸かしに直接送られて、調理にも使う火で温められました（すでに着火されて熱くなっている炎を、有効活用できる方法でした）。

....

　エイヴィスの手書きのノートには、飲み物のレシピがいくつもありますが、その多くはレモネードかジンジャー・ビアです。このレシピは、オードリー・エンドについて記述がある点で目をひきます。下のほうに書かれたメモは、希少な歴史的証拠です——「ザ・フィールド」新聞に掲載、ブレイブルック卿夫人より写しを入手、A.E.——この「A.E.」はオードリー・エンドの略です。「ザ・フィールド」は1853年に創刊されて現在まで続いているフィールド・スポーツ専門誌で、今では銃猟、狐狩り、フィッシングを主に扱っています［※エイヴィスの時代には週刊新聞と題されていたので、メモには「新聞」とありますが、現在では月刊誌］。現代の甘いジンジャー・ビアに慣れた味覚からすると、このレシピは少々味気なく感じるかもしれません。でもそれこそがヴィクトリア時代の味なのです。ぜひ最後にはちみつや砂糖などの甘みを足してください。または、甘口のウィスキーを割って活気を加えましょう。

【作り方】

　分量の水と砂糖を火にかけて砂糖を溶かします。しょうがとレモンの外皮を加えます。常温まで冷まし、食品用のバケツか大きなボウルにそっと移します。

　パンをトーストします。イーストとぬるま湯少々を混ぜてかためのペーストを作り、トーストに塗ります。そのトーストをジンジャー・ビア液に入れます。覆いをして、常温で12〜24時間置きます。

　濾し器にキッチンペーパーを敷くか、できればモスリン布かゼリーバッグ［※ゼリーやジャムを濾すためのフィルター］を使って、液体を濾します。クリップトップ式のジャーか瓶にそっと移し、激しく泡が立った時にはガスが外に出られるようにします。

　4日以上置きましょう。数か月は保存できます。

ジン・パンチ GIN PUNCH

チャールズ・ディケンズの小説の記述に基づき、現代のオードリー・エンドでスタッフのお気に入りになっているレシピ

【材料】

マグカップ1杯あたり

ジン…30ml

ジンジャーワインまたはブランデー…30ml

レモン（薄切り）…2枚

ブラウンシュガー…小さじ1

はちみつ…小さじ1

クローブパウダー、シナモンパウダー、ナツメグパウダー…各ひとつまみ強

熱湯…濃度の調整用

●パンチボウルで作る場合

ジン…1本

ジンジャーワインまたはブランデー…1本

レモン（薄切り）…7～8個分

ブラウンシュガー…130g

はちみつ…225g

クローブ（ホール）…20粒

シナモンスティック…15本

ナツメグパウダー…小さじ1

熱湯…濃度の調整用

　パンチはヴィクトリア時代の人びとにとって、パーティーでおなじみの飲み物でした。レシピ本には、安くできるものから、ずっと高価なものまで大量のアレンジレシピが載っていました。分け合って飲むことを想定して作られた飲み物で、食後に出すこともあれば——正餐のあとには男性だけで集まる風習があって、卓上でパンチを混ぜることもあり、そうなると乱痴気騒ぎと化すのがお決まりでした——お祝いに供されることもありました。ここで紹介するレシピは安いほうのもので、ジンとジンジャーワイン（またはブランデー）を使っています。ジンはかつて危険と絶望の香りが付きまとっており、18世紀前半に法規制がかけられ、ようやく暗い面を脱し始めたところでした［※労働者階級のアルコール乱用という社会問題の象徴が安価なジンでした］。このジン・パンチはパーティー向きで、たとえばオードリー・エンドの使用人ホールで、クリスマスのあとに毎年行われる催しにぴったりですし、薬効もあります。もしくは、健康に効果がある可能性だけはあります。作り方は、すべての材料を混ぜるだけです。

パンチ

パンチは英国領西インド諸島で生み出されたと思われます。かの地ではラムベースで、柑橘類（レモンでもライムでも）と、砂糖と水で作られていました。最初に文字に記録されたのは17世紀で、18世紀までには、パーティーの場や正餐のあとで飲むものとして高い人気を博していました。パンチは男性と結び付けられる飲み物で、18世紀の風刺画には、パンチを囲んで泥酔した男たちが浮かれ騒ぐ様子を描いたものが数多くあります。さらに時代が下ると、含まれるお酒にはバリエーションが生まれ、時にはとても英国的な紅茶を使うこともありました。19世紀には、パンチは複数の材料を混ぜた飲み物全般を表す言葉になっていました。より形式ばったカクテルが登場するより前の時代から存在した混合酒なのです。

イギリス風チャツネ ENGLISH CHUTNEE

エイヴィス・クロウコム、未発表の手書きレシピ帳（日付不明）

【材料】

2〜3瓶分

りんご（食用で酸味の強いもの）…450g（およそ4個）

塩…大さじ1と½

レーズン…115g

サルタナ［※P174参照］…225g

ブラウンシュガー…455g

しょうが（生、皮をむきみじん切りにしておく）…55g

にんにく（みじん切り）…小さじ2と½

青とうがらし（みじん切り）…小さじ1（チリセラーノおよそ1本）

マスタードシード…大さじ1と½

白ワインビネガー…570ml

レモン果汁…1個分

....

フットマンと料理人

インド料理の人気を急上昇させるのに、ヴィクトリア女王がひと役買いました。1887年、即位50周年記念式典にあたって、インド人のフットマンたちをお付きに加えることを決めたときの話です。色鮮やかな絹の服とターバンで華やかに装ったインド人使用人たちは、日常的に女王を取り巻く大勢の人員のなかでひときわ目立ち、彼女の肖像画やスケッチの多くに描き込まれました。ヴィクトリアは新しい食べものを恐れなかったので、インド人使用人たちの専属料理人に、自分にも「本物の」インド料理を作ってくれるよう頼みました。ホールのスパイスを2つの石で挟んで挽き、好みに合わせて調理に使ったのです。女王はこれをたいそう気に入ったので、インド人の料理人に作らせたインド料理を、長いこと毎週のメニューに加えていました。

....

チャツネ（chutney または chutnee）もまたインドと英国の折衷料理の1つで、インドにルーツを持ちながら、英国人の経験を経由して作られたものです。この名前はヒンディー語のチャトニを由来とします。さまざまな材料を合わせた漬物で、甘みをつける材料とスパイスと酢を使って、果物や野菜を漬けたものでした。ジャムやフルーツチーズ、当時のありふれた酢漬けの野菜や果物と比べると、チャツネとの出会いは複雑で刺激的で、食感も快く感じられました。それに、長旅に耐えるほど保存がきき、味気ない肉や冷たいパイにもひと味加えることができたのです。英国人は熱狂的にチャツネを受け入れ、材料は手に入りやすいものに変更して、自由自在にアレンジしながら楽しんだのでした。グラニースミス種のりんごは──（オーストラリアで1860年代に生まれたものの）ヴィクトリア時代のイングランドではあまり知られていませんでしたが──このレシピによく合います。

【作り方】

りんごの皮をむいて芯を除き、小さめの角切りにして塩をまぶします。2時間置いて、洗い流して水を切ります。

すべての材料を大きな鍋に入れ、ゆっくりと沸騰させます。火を弱め、焦げ付かないように時々かき混ぜながらフツフツと煮ます。30〜40分加熱すればとろみがついてくるはずです。

殺菌したジャー（P231参照）にチャツネをそっと移し、封をして、少なくとも1か月は保存してから使います。開けたら冷蔵庫に保管して、3か月以内に使い切ってください。

オレンジとパイナップルの砂糖漬け
TO PRESERVE ORANGES AND PINEAPPLES

エイヴィス・クロウコム、未発表の手書きレシピ帳（日付不明）

【材料】

◉オレンジ用

砂糖…300g

水…285ml

オレンジ…12個

コアントローまたはキュラソー…70ml（なくても可）

◉パイナップル用

パイナップル…小6個

水…4と½L

砂糖…2kg

柑橘系のフルーツと、パイナップルは、それぞれ16世紀と17世紀に一世を風靡しました。いずれも異国情緒があり、美味しく、英国では育てるのが難しい果物でしたが、それでもオードリー・エンドのような大邸宅では、1880年代までには両方とも栽培するようになっていました。こうした果物を砂糖漬けにしたものは、クリスマスのような祝祭にぴったりでした。暗くした正餐室のなかでゆらめくろうそくの光や暖炉の炎を受けて、宝石のようにきらめき、そして香りと味が喜ばれたのです。シロップ漬けのフルーツは、テューダー朝時代の大きな宴席の一部を担っていましたが、1881年のオードリー・エンドでも、同じくらいその場にふさわしく上品なデザートとして出されたことでしょう。

【作り方】

〈オレンジの場合〉

砂糖と分量の水を鍋に入れて、そっと混ぜ合わせます。沸騰させてから弱火で15分加熱し、砂糖を完全に溶かします。570mlくらいの量になるまで煮詰めます（ストック・シロップといいます）。熱いままにしておきます。

オレンジの皮と白い筋を丁寧に取り除きます。金属製ではない、密閉可能な容器にすべて入れます。使う場合はここでストック・シロップにリキュールを加え、オレンジの容器に注ぎ入れて、すべてのオレンジが液体に沈むようにします。蓋をして、ラベルをつけてから、最低1週間は冷蔵庫で冷やしてから使います。

〈パイナップルの場合〉

パイナップルの皮とヘタを切り落とします。分量の水を入れた大きな鍋にパイナップルを入れ、丸く切ったクッキングシートを水面にのせて、沸騰させます。パイナップルを煮込み、やわらかくなったら取り出して、トレイに並べます。一旦よけておきましょう。

パイナップルの煮汁を濾します。4リットルはかり取って鍋に戻し、砂糖を加えます。強めに沸騰させて⅓分の量が減るまで煮詰めます。シロップ状になったら、とても大きな、金属製ではない、密閉可能な容器にパイナップルを入れて、上から注ぎます。シロップは全部使う必要がないかもしれません。

冷蔵庫に入れて1週間置いてから、角切りや薄切りにして使いましょう。

体重ウォッチング

ミセス・クロウコムがオードリー・エンドで料理人をつとめていた時期、第5代ブレイブルック男爵が持っていた奇特な趣味の1つとして、晩餐の前にゲストの体重をはかるというものがありました。彼の体重記録帳が今も私たちの手元に残っており、つけられた時期は1868〜83年のものです。それによるとたとえば、1868年11月22日に、ブレイブルック卿は10ストーン2ポンド8オンス（約65kg）、ブレイブルック卿夫人は7ストーン10ポンド8オンス（約49kg）、8歳になる娘のオーガスタは、この晩餐にはいとこたちとともに同席していたのですが、3ストーン4ポンド（約21kg）でした。

マーマレード MARMALADE

マリア・ランデル『家庭料理の新しいシステム』（1806年）

【材料】

4～6瓶分

オレンジ（セビルオレンジが最適ですが、生食用も使えます。甘みがより強くなります）…12個

砂糖…1.36kg

水…570ml＋オレンジの調理用

エイヴィスのノートには、オレンジ・マーマレード3種とアプリコット・マーマレード1種が書かれています。マーマレードはテューダー朝時代に、フルーツと砂糖を混ぜた高価な料理として生まれ、型で固めたり、さまざまな形に切って出されていました。長年にわたってマルメロで作られていましたが、17世紀にはオレンジのものが人気となります。そこからさらに100年かかって、マーマレードは四角く切れるくらいにかたい状態をようやく脱したのです。砂糖はヴィクトリア時代に値段が下がり、マーマレードは18世紀にはスコットランドと結び付けられるようになりました。どうやら、マーマレードが朝食のテーブルに必須の存在と化したのにはスコットランド人がひと役買っているようです。

【作り方】

4～6個の耐熱のジャーを低温のオーブンで殺菌します。140℃くらいに予熱し、瓶をオーブンに並べて15分間加熱します。蓋を使う場合は沸騰している湯に入れて殺菌します。

オレンジを大きなジャム用の鍋に入れてかぶるくらいの水を入れます。沸騰させて、蓋をするか丸く切ったクッキングシートで水面を覆い、45分間煮ます。6個のオレンジを取り出し、残りの6個をさらに15分煮て、とてもやわらかくします。

切れ味の鋭いナイフを使い、先に取り出した6個のオレンジの皮をむき、皮を薄く短い糸状にカットします。12個すべてのオレンジを四つ切りにして、種と白い筋をつまみ出します。四つ切りのオレンジを、皮をむいてあるものも皮がついたままのものも一緒にブレンダーかフードプロセッサーにかけ、パルプ状［※ピュレよりやや粗い状態］にします。よりなめらかな仕上がりを求めるなら、濾し器かムーラン［※P221参照］を使いましょう。取り出した種と筋をすべてモスリンの袋（ゼリーバッグ）に入れて、しっかりと口を結びます。

きれいなジャム用鍋に、パルプ状の果肉、砂糖、分量の水、種と筋の入った袋を入れます。沸騰させて、15分ほど煮ます。とろみがついて、スプーンに張り付く状態が目印です。種や筋の入った袋を取り除きます。とっておいた皮の細切りを加え、さらに5分間沸騰させます。固まる温度に達したか確認してください。リンクル・テストをするか（冷蔵庫で冷やした皿にマーマレードを1滴落とします。固まって、傾けたらしわが寄りましたか？）、または、ジャム用温度計で計ります（固まる温度は105℃です）。まだのようなら、沸騰とチェックを繰り返して目標を達成しましょう。スプーンでジャーに移し、すぐに密封してください。

酪農室

THE DAIRY

酪農室 THE DAIRY

ヴィクトリア時代の英国では、バターなしで料理するなど考えられませんでした。ただし、社会階級の下の方では、ラードやドリッピング ［※肉をローストしたとき落ちる脂分］ のほうがよく使われてはいましたが。オードリー・エンドのキッチンでは、1週間にだいたい 9 ～ 13kg のバターを使い切っており、さらには生クリームや牛乳、その他の乳製品も使っていました。

牛乳は毎日2回、朝と夜に搾乳して酪農室に届けられました。届いた生乳はクリーム分離用の鍋に入れ、表面にクリームを浮かせます。そして分離したクリームをすくい取りました。乳脂肪分が取り除かれたスキムミルクは、ときにはキッチンで料理に使われ、地元の村人に売られることもありました。超高脂肪の乳を出す品種の牛から搾ったものなので、気の抜けたような現代のスキムミルクよりは美味しかったのですが、それでもミセス・クロウコムの大方のレシピが必要とするこく味には欠けました。

まず、酪農室で使う道具類はすべて清潔のために熱湯消毒しました。また、木製の撹乳機（チャーン）には、水気を吸わせて膨張させ、隙間がふさがるようにしました。クリームの撹拌にはだいたい 45 分から 1 時間くらいかかります。かかる時間は天候や季節に左右されました。できあがったバターのかたまりはしっかりと水洗いして、水気を切っておきました。

⇒➔

ブレイブルック卿の牛

ブレイブルック男爵は純血種のオールダニー（ジャージー）牛をひと群れ飼っていました。オードリー・エンドの所領でおこなった近代的な記録のシステムと乳量の科学的分析、改良手法によって、1882年には英国酪農家協会から賞を贈られています。記録帳のいくつかは今でも残っていますが、そこにはめざましい乳量の増加だけではなく、愛らしくも遊び心ある牛の名前が見られます。ゴッサマー ［※くもの糸］、フィズ ［※チャールズ・ディケンズ作品の挿画家］、グロウワーム ［※ほたるの幼虫］、プリムラ、スパームライト ［※鯨の脳からとれる油の明かり］、そしてスクイブ ［※爆竹］といった具合です。

（左ページ）
オードリー・エンドの酪農室。バターを作る手順の最初に、クリームを分離するための浅いボウルが見える。

（右）
「レモンリーフ」という名前の牛。ブレイブルック卿が所有していたオールダニー純血種のうちの一頭。

デイリーメイドの居間に置かれたやかん。

水気が切れたバターを、繰り返し水洗いしてはまた水気を切って、余分の
バターミルクを絞り取ります。バターミルクが残っていると、腐臭の原因にな
るからです。冬のあいだ牛を小屋に入れて飼育すると、生乳は色が薄くなったので、
バターに黄色の着色をすることもありました。にんじん（ゆでて抽出します）や、
マリゴールドの花びら（少量の水に浸けてから布で絞って色素を抽出します）
などを使ったのです。バターミルクはキッチンに運ばれて、アイスや焼き菓子の
材料や、夏なら飲み物にもしました。また、洗濯室ではシミ取りに使われました（特
にインクの染みを取り除くのに効きます）。

この段階で、ふつうはバターに塩が加えられました。無塩（「スイート」）バ
ターは保存性が悪いため、大半のレシピには有塩バターが使われています。
ここで風味を加えることもできます。需要が高かったのはクレソン、パセリ、タイ
ムなどのハーブや、そして塩辛い味付けなど（こうしたフレーバーのバターは
魚料理に最適でした）。または、もっとパンチのきいたアンチョビや蟹を混ぜたり、
あるいはマスタードを含んだ「デヴィルド」と呼ばれるぴりっと辛い味付けにする
こともありました（これはトーストに塗ると食後のセイボリー料理にぴったりでした）。
反対に甘くしたバターまであって、これは「フェアリー・バター」といって、固
ゆで卵の黄身と、オレンジフラワー・ウォーター、そして砂糖を加えたものです。
サンドイッチをつくるのにも、泡立てたソースを手早く作るのにも適していました。

オードリー・エンドの酪農室は、1760 ～ 80 年代、サー・ジョン・グリフィン・
グリフィンが館の持ち主だったころに建てられました。もともとは夫人のレディ・グ
リフィン専用の庭につながる入り口があり、おそらくは彼女が「趣味の酪農」
を楽しむために使われたのでしょう。当時、バターを作るなどの趣味が上流婦
人に流行していたのです（実際に汗を流して働くのはメイドです、当然ながら）。
けれど、1881 年までにこの庭はなくなっており、酪農室では、館で使うすべて
のバターの生産に責任を持ったうえ、超過分は売っていました。それはそれと
して、足りなくなった場合には、外から買い入れていました。

バターミルクとバター
BUTTERMILK AND BUTTER

【材料】

バターミルク400gとバター600g分

生クリーム（高脂肪）…1と¼L

氷水…1と¼L以上（すすぎ用）

塩…小さじ1〜2

　バターをご自宅で作るために、スタンドミキサー［※またはハンドミキサー］が使えます——小型のバター用撹乳機をお持ちでない場合ですが。量は大幅に減りますが、ジャムの瓶に入れて手で振って作ることもできます。

【作り方】

　生クリームを「撹乳機（チャーン）」に入れて、45分間撹拌します（またはミキサーを中〜高速にセットして使ってください）。まず泡立てたクリームになり、やがて分離してポロポロになってきます。そして最後には固形分と液体が完全に分かれます。分離ができたら、さらに5分ほど撹拌してください。

　バターミルクを分離し、別のときに使うためにとっておきましょう。氷水の半量を入れてそっと撹拌し、バターを洗います。水分を切って、水が透明になるまで繰り返します。水分を切り、モスリンの布でバターを包んで吊るし、少なくとも20分は置いておきます。

　パドル［※下の写真参照］を使って繰り返しバターを押しつぶし、さらにバターミルクを取り除きます。塩を加えて冷蔵庫に入れ、使う時まで保管します。どれだけ保管できるかは、バターミルクをどこまで絞り取れたかによります。

（右）
オードリー・エンドの酪農室。

6章

ミセス・クロウコムの手書きのレシピ帳

アニー・グレイ

　以下のページは、エイヴィス・クロウコムの手書きのノートをそのまま書き起こしたものです。おそらく1860年代末、エイヴィスが初めて料理人（あるいは料理人兼家政婦長）として職を得たときから始まり、エドワード7世時代か、あるいはその少し先まで書き続けられたようです。大部分は彼女の筆跡ですが、いくつかについては確証がなく、最後の何ページかは明らかに別人の書いた文字です。

　注釈は、レシピの背景を多少なりとも伝えることを目的としています。レシピの多くは本職のシェフチームが試作しました。注釈欄は、料理方法の注意書き（特に該当レシピが現代化バージョンとして前のページで紹介されていない場合）と、歴史のトリビア、全般的に興味深い事実などをミックスしたものになっています。

　私たちがまだ試作を完了していないレシピを作るときは、いくつかの点を心に留めておいてください。まず最初に、昔の卵は小さかったということ。レシピに書かれた卵の数を⅔に減らすか、または、バンタム［※小型の家禽類の総称で、日本の矮鶏に近いもの］か、1歳未満の若いめんどりの卵を使うことをおすすめします。次に、バターは特に指定がないかぎり有塩です（無塩バターは「スイート」バターと書かれています）。そして前述のとおり、調味料と材料はご自分の好みに合わせて調節してください。上質なパンを使うことを強くおすすめします。たとえばイーストで発酵させたサンドイッチ用のパンなどです（スーパーマーケットで売っている白いパンは避けましょう）。小麦粉は中力粉、砂糖は細目グラニュー糖が最適で、すべての計量表示は帝国単位です（たとえば1パイントは20液量オンスです——これも本書冒頭の注意書きを参照してください）。最後に、どうかお気をつけて、なかにはいくつか——本当にちょっとだけですよ——びっくりするほど不味いレシピが含まれていますから。

［※訳注　次のページから始まるレシピ帳の原文には、多くの誤字脱字や大幅な手順の省略が忠実に書き起こされています。日本語版でも、単語の意味が通じる程度に小さな誤字を補ったほかは、可能な限りそのまま訳しています］

手書きの文	注釈

エイヴィス・クロウコムのレシピ帳
Avis Crocombs Receipt Book

エイヴィスの筆跡ですが、綴りが違うことに注目してください。正式な綴りはまだ確定していませんが、姓の最後には通常「e」をつけました（たとえば公文書などはそうなっています）。エイヴィスはごく基礎的な教育しか受けておらず、自分で名前を書く時は「e」はつけなかったようです。彼女の綴り方は、ひかえめに言っても特異なものでした。

スポンジケーキ
レシピ：P187

卵14個にふるった砂糖を1と½ポンド、乾燥させてふるった小麦粉を1ポンド。卵をとてもかたくなるまで泡立て、砂糖を加えて、よく混ぜ、小麦粉を加えて、そしてオレンジフラワー・ウォーターを少々、ヴォラタイル・ソルトを少々、ビターアーモンドを加える、前もって型によくバターを塗り、砂糖を振りかけておく。型の上部の周囲にバンドを巻いて留め、中温のオーブンで焼く

これは油脂分を含まないスポンジケーキで、サヴォイ・ケーキとも呼ばれていました。

文中のバンドとは濡らした布を型の上部の周囲に巻いて結ぶもので、外周がはやく焼けるのを防いで、中央が盛り上がらないようにします。これを真似するなら、湿らせたバターモスリン［※ソフトチーズ作りに用いる目の細かい平織のコットンの布］が使えます。また、現代ではケーキ型に巻く専用のケーキバンドも売られています。

「ヴォラタイル・ソルト」とは「鹿角精」または「気付け塩」とも呼ばれていたもので――鹿の角から作られるアンモニア剤［※炭酸アンモニウム］です――これは、手に入れるのは難しいでしょう。それに、慣れないと石鹸のような味に感じるでしょうから、ベーキングパウダーか、その他の膨張剤を使ってください。

パウンド・ケーキ
レシピ：P175

小麦粉1ポンド、粉糖1ポンド、バター1ポンド、卵8個、シナモン、ナツメグ、オレンジフラワー・ウォーター少々、レモンエッセンス、カランツとシードを半々で好みで混ぜる。中温のオーブンで焼く

**アロウルートの
ビスケット**
レシピ：P176

アロウルート3オンス、小麦粉を3do、砂糖5do、バター4、卵2個　小さじを使って天板に落とす。そして高温のオーブンで焼き、オレンジフラワー・ウォーターを加える

「do」は「前に同じ（ディトー）」の略で、エイヴィスはふつう「Do」と表記しています［※単位が同じくオンスという意味］。我らがシェフたちは、チョコレートに浸すのがお気に入りでした。

オレンジ・マーマレード レシピ：P231	オレンジ3ダース　まず½の皮をすりおろし、残り半分を4つ切りにし、皮を冷たい水に24時間浸けて、果肉は濾し器を通し、皮をやわらかくなるまで煮て、細い糸状に切り、果肉は皮のすりおろし少々と、棒砂糖[※円すい形に固めた精製糖]ローフ・シュガー8ポンドを加えて、20分間煮る	
オレンジを丸ごと砂糖漬けにする方法 レシピ：P228	まず皮を切り離す。なんでも好みで漬ける。水に浸けてひと晩置く　そのあとでシロップで煮る　何回煮るかは好みで	
パイナップルを砂糖漬けにする方法 レシピ：P228	できるだけかたいものを選んで余計な部分を切り落とし　とてもやわらかくなるまで水で煮て、かなり濃いシロップに入れる　そしてできあがったと思うまで何日か置いておく。好きな数にスライスして　また同じように置いておく	おそらくアメリカから伝わったレシピでしょう。
ソーダ・ケーキ レシピ：P208	細かい小麦粉2ポンド、ふるった砂糖1ポンド、卵4個、バター1ポンド、温めた牛乳1パイント、牛乳と混ぜた重曹小さじ2杯、レモンエッセンス、ナツメグ、シナモン、カランツ1ポンドを高温のオーブンで1時間焼く。	ソーダ・ケーキのレシピは複数あり、その1つです。
レモン・ケーキ レシピ：P177	砂糖1ポンド、小麦粉¾ポンド、卵14個、ローズウォーター大さじ2、レモン4個分のすりおろしと果汁。卵はごく新鮮なものを使うこと、卵白と卵黄はとても慎重に分けること、卵黄が少しでも卵白に入ったらかたく泡立てることはできず、とてもよい卵白でなければよいビスケット[※ケーキ]は作れない。底の丸くなった鍋に、卵黄に粉糖、レモンの皮と果汁、ローズウォーターを入れて、白っぽくなるまでよくかき混ぜる　この作業に½時間くらいかかる　卵白を底の丸い鍋に入れ　卵をのせたら浮くほどのかたさまで泡立てて、卵黄のペーストを卵白に入れスプーンでごく軽く混ぜる、よく混ざったら小麦粉をふるい入れて可能なかぎりそっと軽く混ぜる。このビスケットはふつう小さな円形の型に入れて、6〜7枚の紙を下にして中温で焼く。型にはバターをよく塗っておくこと　でないと型から出すのが難しくなる　これはうまく作るととても良いビスケットができる、丁寧にアイシングをしてから焼く、ただし少しだけにすること、そうすると全体を均等にできる。	ウィリアム・ジャリン『イタリアの菓子職人』（1820年）から書き写したものです。「卵が浮くほどの〜（to bear an egg）」という言い回しは17〜18世紀にはよくあったので、このレシピはほぼ間違いなくもっと古い料理書にルーツがあります。我らがシェフたちは、このケーキがバターを使っていないのにとてもしっとりしているので驚いたものです。ただし、油脂が含まれないとかたくなるのも早いので、早く食べるようにしてください（もしくはトライフルに使いましょう）。

ジンジャーブレッド・ケーキ レシピ：P183	小麦粉1ポンド、バター½ポンド、粗製糖½ポンド、トリークル1ポンド、しょうが½オンス、温かい牛乳少々に重曹小さじ1を加えたもの。鉢にバターを入れて練る　砂糖とスパイス、2〜3個の卵を入れ、トリークルと少しの水と小麦粉を少しずつ加える。牛乳と重曹を混ぜ入れたらすぐにオーブンに入れる。	オードリー・エンドの解説員に正真正銘人気のレシピで、ほぼ毎月欠かさず作っています。絶対的な美味しさです。

クイーン・ケーキ またはドロップ
レシピ：P174

小麦粉1と½ポンド、バター1ポンド、砂糖1ポンド、卵14個、カランツ¼ポンド、レモンの皮のすりおろし2個分。バターを鉢の中でクリーム状に溶かし、粉糖、レモンのすりおろしを加えて15分かき混ぜ、小枝を6〜7本束ねて縛った器具でふんわりと白くなるまで泡立てる。鉢に卵を割って、一度に3〜4個ずつ、5分間隔で生地に加え、加えるたびによく混ぜて、完全に混ざったら、よく洗ってえり抜いておいたカランツを混ぜ入れる。それからふるった小麦粉を加え、5分間さらに混ぜ続ける。このケーキは半クラウン銀貨くらいのサイズ［※約32mm］にして、熱いオーブンで、6枚の紙を下に敷いて焼く。

ウィリアム・ジャリン『イタリアの菓子職人』（1820年）から書き写したもの。

　もっとよい別のクイーン・ドロップのレシピはP244に掲載しています。さらに古くからあるレシピだということは——おそらく17世紀でしょう——小枝の泡立て器を使っていることからわかります。

スポンジ・ビスケット

卵10個、砂糖1ポンド、小麦粉6オンス、レモンの皮すりおろし2個分。卵白と卵黄を分け、卵黄に砂糖とレモンを混ぜる。じゃがいもの粉またはコーンスターチを加えながら混ぜる。「ケースド［※型で焼いた］・ビスケット」のように　型にバターを塗って生地を入れ、砂糖をふるって上からかける。中温で焼いて、うっすらと色づいたらそっと型から出す。砂糖をかけた面を下にして濾し器の上に取り出せば　砂糖がはがれない

ウィリアム・ジャリン『イタリアの菓子職人』（1820年）から書き写したもの。

ブラウンブレッドのビスケット
レシピ：P182

小麦粉1ポンド　砂糖1ポンド　卵20個、レモンの皮すりおろし4個分、ブラウンブレッド6オンス。MH（?）

ウィリアム・ジャリン『イタリアの菓子職人』（1820年）から書き写したと推定されますが、作り方が省略されています。元の本によると：

ブラウン=ブレッドのビスケット

砂糖1ポンド、卵20個、レモンの皮すりおろし4個分、小麦粉1ポンド、ブラウンブレッド6オンス。卵白と卵黄を分け、すりつぶした砂糖とレモンのすりおろしと卵黄を鉢に入れて、木のさじでふんわりと、とても白くなるまでかき混ぜます。それから卵白を泡立ててかたい雪のようにし、卵黄液をそこに入れて、ごく軽く混ぜ、小麦粉をふるい入れて、そして前もって細かくパン粉にしておいたブラウンブレッドも混ぜます。ハートやだ円、四角形などの小さな型に入れて、紙を6枚重ねた上にのせて、中温で焼きます。

　このレシピとホワイトケーキのレシピには「MH」というイニシャルが見られます。

スコッチ・ブレッド

小麦粉1ポンド　ふるった砂糖¼ポンド、バター½ポンド。まず小麦粉と砂糖を混ぜ、温めた澄ましバターを注いで、混ぜてこねてかたいペーストにして　めん棒でのばして好みの形に切る

ショートブレッドまたはそのバリエーション。

ホワイト・ケーキ **MH（?）** レシピ：P178	小麦粉10オンス、バター6オンスと砂糖3。小麦粉とバターを指でよくすり混ぜ、少量の卵を混ぜて、めん棒で伸ばして丸型で抜き、シナモン少々で風味付け	これもショートブレッド。
上質な **ジンジャー** **ブレッド**	トリークル¾　砂糖½ポンド　バター6オンス、小麦粉12オンス、しょうが1オンス　レモンの皮すりおろし、オールスパイス　トリークルとバターと砂糖を沸騰させ、熱いまま小麦粉に注いで強くかき混ぜる	これは試作したらものすごい惨事になりました──たぶん卵が必要です。 　おそらくP181のような型押ししたジンジャーブレッドを意図したものでしょう。
ロイヤル・ハート	スイートアーモンドとビターアーモンド2オンス、砂糖3オンス、卵黄14個分、小麦粉2オンスと卵白3と½個分。アーモンドを少量の水ですりつぶしてから鉢に入れて　卵黄と砂糖を混ぜ、木のスプーンでときどきかき混ぜ、卵白を雪のように泡立てて、卵白を鉢に入れてほかの材料と混ぜてから小麦粉を加える	「ロイヤル・ハート」のレシピはJ・トンプソン・ギルの『パン、ケーキ、クラッカー職人大全』（1881年）に載っています（ただし2種類のアーモンドを混ぜて使ってはいません）。そのレシピでは、バターを塗ったハート形の型に生地を入れています。
ペパーミント **ウォーター**	ペパーミントのエッセンス4ドラム［※約14ml。1ドラム＝⅛液量オンス＝3.6ml］　do［※ペパーミント］オイル1ドラム　棒砂糖2ポンド　熱湯1ガロン　オイルとエッセンスを砂糖に注ぎ、次に熱湯を注いで、冷めるまで置く	薬用。ペパーミントはあらゆる種類の疾患に使われました。
薄くてかたい **ビスケット**	細かい小麦粉1ポンドとクリーム½パイントをよく混ぜてかたいペースト状にし、½時間よくかき混ぜて、ごく薄くめん棒で伸ばし、高温のオーブンで焼く　MH（?）	「MH」のイニシャルがこのレシピと次の「リトル・ケーキ」のあいだを漂っています。
リトル・ケーキ	小麦粉1ポンド、砂糖¾、バター½ポンド、卵1個、レモンの外皮と果汁、小麦粉のかわりに砂糖の大部分を使ってめん棒で伸ばす	ケーキというよりビスケットですが、この2つの名前には互換性がありました。
ガトー・ド・ポム レシピ：P84	よく精製した砂糖を1ポンドと半パイントの水で15分沸騰させる。次にノンサッチ種かその他の風味がよく　なめらかに煮崩れする種類のりんごを数ポンド分と　レモン小数個分の果汁を入れる。弱火でかたまりが全くなくなるまで静かに煮てから　強火にして休まずかき混ぜ続けて　とても濃くて水分の少ないマーマレード状にする。火からおろす直前にレモン数個分の細かくすりおろした皮を加える。そのあとジャム鍋の底に乾いた跡がくっきりとつくようになったら　趣味のよい型に詰めて　冬に使うまでしまっておくか　すぐに使う場合は　デザートにはそのまま出す　第2のコースのアントルメにするなら　皮をむいたアーモンドをふりかけてカスタードを周りに流して飾る。 砂糖1ポンド；水½パイント：ノンサッチまたはその他の種類のりんご小15個　砂糖2ポンド　レモン大1個または小2個分の果汁：所要時間2時間以上	イライザ・アクトン『家族のための最新料理法』（1845年）から書き写したもの。 

ラ・クレーム・オ・ネスルロード
レシピ：P92

スペイン産の栗24個の殻と薄皮をむく　そして隅々まできれいにした小さな片手鍋に¾パイントの水とともに入れて　弱火で6〜8分コトコト煮て、細かい砂糖2オンスを加え、ごく弱火で静かに煮込んで完璧にやわらかくなったらお湯を切り、温かいうちにすりつぶしてなめらかなペースト状にして、目の細かい濾し器で裏ごしする　そのあいだに半オンスのアイシングラスを大さじ2〜3の水に溶かしておき　そこにクリームを加えて使ってある少量の水と合計で半パイントになるようにする。砂糖2オンスと　小さく切ってよく洗ったバニラビーンズのさや約⅓と　長く削り取ったレモンの外皮1〜2本をごく細く切ったものをクリーム液に加えて　1分間沸騰させたあと火のそばに置いて　バニラの強い香りがクリームに移るまでとても熱い状態を保つ　今度は栗と半パイントの濃く加熱していないクリームを少しずつ混ぜる　先の半パイントのクリームを目の細かいモスリンを通して濾してからクリームを全部合わせてかたく泡立てる　それから数オンスのドライチェリーを4つ切りにし　シトロンの砂糖漬け2本をごく小さなダイス状に切って混ぜる　最高品質のサラダ油を塗っておいた型にクリーム液を入れる　数時間置いたら食卓に出せるようになる。クリームは十分にかたく泡立てないとフルーツを入れたときに底に沈んでしまう　またフルーツは両方とも乾燥させたものを使うこと。

栗大24個；水¾　砂糖2オンス；アイシングラス½オンス；水大さじ3〜4　生クリーム½パイント弱　バニラのさや⅓　レモン大¼個分の外皮を加熱していない生クリームさらに½パイントに20分浸しておく　ドライチェリー2オンス；シトロン砂糖漬け

このレシピはイライザ・アクトン『家族のための最新料理法』（1845年）から忠実に書き写しています。

ガートゥード・ア・ラ・クレーム
レシピ：P94

プレーンなパウンドケーキかライスケーキをスライスしてシャルロット・ア・ラ・パリジェンヌと同じようにそれぞれのスライスの中央を錫の抜き型で丸くくり抜いてジャムを塗る。すべてを元の形に戻して、外側を緑か薔薇色のアイシングで好きなように飾り　ごく低温のオーブンに入れて乾かす。あるいは別の案としてアーモンドペースト［※マジパン］の葉を卵白でくっつける。食卓に出す直前によく水分を切って泡立てたクリームを詰める　クリームはトライフルと同じように風味をつけるか好みでほかの味にする

イライザ・アクトン『家族のための最新料理法』（1845年）から書き写したもので、元の本では「ガートルード・ア・ラ・クレーム」とあります。「ガートルード」という言葉は誤って（おそらくは植字のさいに）まぎれ込んだもので、本来はフランス語のギルロンド、「花輪（ガーランド）」という意味に違いありません。エイヴィスも誤って書き写しており、「ガートゥード」になっています。レシピは我らが素晴らしきシェフチームには「ガートルード」と呼ばれていて、ケーキに葉っぱをくっつける作業をみんなで大いに楽しみました。

シャルロット・ア・ラ・パリジ(ェ)ンヌ

この料理はイングランドではウィーンのケーキと呼ばれることもあり、ガトー・ド・ボルドーと呼ばれることもあるようだ。サヴォイ・ケーキまたはスポンジケーキを水平に半インチずつの厚さにスライスし　それぞれに別のジャムを塗る。もとの形に復元してケー

イライザ・アクトン『家族のための最新料理法』（1845年）からまとめて書き写された部分の最後のものですが、あとのほうにもう1つあります（モレッラ・チェリー、P246）。

キの表面に卵3個分の卵白と粉糖4オンスを混ぜて作ったアイシングを均等に塗る。さらに上からすみずみまで砂糖をふってかける　ごく弱火のオーブンに入れて乾かす　卵白は雪のように泡立ててから使うこと。このケーキは複数でなく1種類のジャムでも作れてスポンジビスケットのかわりにライスケーキやパウンドケーキでも作れる

スコッチ・ケーキ

小麦粉2ポンド　バター1ポンド　砂糖3オンス　シードを少し加えるが　粉には水は一切入れず　バターと粉を混ぜてどんな形でも簡単に作れるくらいのかたさにする

これもショートブレッドです。文中の「シード」はキャラウェイシードのことで、風味付けとして人気があり、さらには消化をよくし、口臭をさわやかにする効果もあるとしてもてはやされました。

エルダー・ワイン

［※エルダー（西洋にわとこ）］果汁と水を10対10にする　15ポンドの砂糖と½ポンドのあらゆる種類のスパイスを入れる

少なくとも17世紀にさかのぼるレシピです。

ダムソン・チーズ

ダムソン［※インスチチア・プラム］をジャーに入れて煮る　そして果肉と果汁を濾し器に通して果肉1ポンドにつき½ポンドの砂糖を入れて強火で固まるまで煮る

ジャムに似ています。ジャムは固形物を含み、ゼリーはゼリーバッグを通して透明にしたものです。これは型で固められますが、おそらく丈の低い型で作って、四角くカットして紙に包み、好きな時に食べられるようにしたと思われます。

アプリコット・マーマレード

甘いオレンジアプリコットを集めて皮をむいて種を除き果実1ポンドあたり¾ポンドの棒砂糖を入れて強火で固まるまで沸騰させゆでている間に（?…orlns）の皮をむいて入れる

不明な単語があり、おそらく「種（stones）」か「仁（kernels）」と思われますが、どちらにも見えません。とはいえ意味は明らかです（種を入れるとペクチンが固まるのを助けてくれます）。

オレンジ・ウエハース
レシピ：P138

オレンジ2ダースを半分に切って皮をとっておきたっぷりの水に入れてとてもやわらかくなるまで煮る　次にすりばちで細かくつぶして　果肉と果汁を目の細かい濾し器に通し　1ポンドあたり¾ポンドのすりつぶした砂糖を入れてよく混ぜ　皿にごく薄く広げて乾かす　少し乾いたら好きな形に切って皿にのせ　たびたび裏返しながら何日かかけてよく乾かす

アーモンド・ファゴット
レシピ：P137

スイート・アーモンド1ポンドを長く薄く切って½のふるった粉糖と卵白4個分を混ぜる　砂糖と卵をボウルに入れてかたい泡ができるまで泡立てる　アーモンドが立ち上がるのがわかるくらいまで卵白に加える　ライスペーパーシートに落として低温のオーブンで焼く

ウィリアム・ジャリン『イタリアの菓子職人』（1820年）にもアーモンド・ファゴットのレシピは載っていますが、エイヴィスのものと同じではありません。とはいえジャリンは盛り付けについて、ファゴットはピラミッド型に積むべきと提案しています（「小さな山に、できるだけ高く積んでください」）。

マックロニス レシピ：P126	スイート・アーモンド¾ポンドとバター¼ポンドと棒砂糖1と¼ポンドを合わせてすりつぶす　濾し器に通してもう一度すり鉢に戻す　卵白6個分とゆでたじゃがいも1個半を加えて混ぜてライスペーパーシートにくるみ大に落とし　小さな皮むきアーモンドを上にのせて低温で焼く	今の言葉でいえば「マカルーン」です。また、この名前もマカロニチーズやマカロニな男たちと近い関係にあります──詳しくはP218参照。
別の方法 [※マックロニス]	同じ量の砂糖とアーモンドと卵5個分の卵白を使って　じゃがいもは入れず濾し器も通さない　上と同じく皮むきアーモンドをのせて低温のオーブンで焼く	我らがシェフチームはこのレシピは1つ前の作り方に比べると問題があると判断しました。通常の呼び方での「マカルーン」に近いのですが、生地が広がってとても薄いビスケットになりがちです。
シュルーズベリー・ **ビスケット**	バター12オンス　砂糖12オンス　小麦粉1ポンド　卵3個　よく混ぜ合わせて丸い抜き型で抜く　厚みは半クラウン硬貨くらいにする　中温のオーブンで焼く	
スポンジケーキ	卵8個　砂糖1ポンドとカップ1杯の水を沸騰させて濃いシロップを作る　小麦粉12オンス　レモン1個分の外皮　中温のオーブンで焼く	
アイス用の **シロップ**	砂糖4ポンドに対して水2ポンド	アイスクリームやウォーター・アイス、その他もろもろを作るための基本的なシロップです。たいていのレシピは砂糖と水を等量ずつ使っています。
クイーン・ **ドロップ・** **ビスケット** レシピ：P174	バター½ポンドと砂糖½ポンドをクリーム状に練り　卵4個　カランツ½ポンド　小麦粉¾ポンド　アーモンド・フレーバー数滴　紙の上に落とす	アーモンド・エッセンスは悪くはないですが、P240に既出のレシピのようにレモンの外皮のほうが美味しくできます。
クリスマス・ **ケーキ**	フルーツ10ポンド　小麦粉8ポンド　バター8ポンド　砂糖漬けピール2ポンド　卵50個　希望があればトリークル少々と好みに合わせたスパイスを加える	このレシピの⅛量で40cmの型1つ分になります。かなりパサついたあまり美味しくないケーキです。おそらくは使用人ホール向けのレシピで、量が優先でリッチさは求められなかったのでしょう。
ティー・ケーキ	小麦粉3ポンド　砂糖1ポンド　キャラウェイシード½オンス　（ヴォラタイル）ソルト½オンス　ヴォラタイルソルトを1パイントの牛乳に浸して朝のあいだに材料を混ぜる　熱いオーブンで焼く	ケーキというよりはビスケットです。名前が示すように紅茶とともに出すことを想定したレシピでしょう。紅茶に浸すとなかなか。
シード・ **ドロップス**	小麦粉1ポンド　砂糖1ポンド　バター1ポンド　卵8個　シードを少々　温かいオーブンで焼く	クイーン・ドロップ・ビスケットによく似ていますが、そこまで美味しくはありません。
コルチェスター・ **ドロップ**	小麦粉1ポンド10オンス　砂糖1ポンド10オンス　バター1ポンド10オンス　卵8個　材料をすべてすり合わせて濃いクリーム状にし　それからプラムを上にのせ　ペーパーの上で低温で焼く	ここでいうプラムは種類を問わないドライフルーツのことです。

ライス・ケーキ	小麦粉½ポンド　米粉½ポンド　バター1ポンド　砂糖1ポンド　レモンの外皮のすりおろし3個分　バターをクリーム状に練り砂糖を加え卵を1つずつ割り入れて　小麦粉と米粉を加える　中温のオーブンで焼く	下記のライス・ビスケットと比べてみてください──ケーキとビスケットは互換性のある言葉でした。
バース・バンズ レシピ：P191	小麦粉1ポンド　バター6オンス　卵5個　ジャーマン・イースト1オンス半と少量の牛乳を½時間発酵させる　それから小さく砕いたすりつぶしてはいない白い砂糖6オンスとシトロン¼ポンドを混ぜ込み　必要なサイズの型に入れる	ジャーマン・イーストとは基本的に現在「生」イーストとして売られているようなもののことです（圧搾酵母など）。 　このレシピでエイヴィスは発酵に½時間と書いていますが実際にはもっと長くかかります。たぶん彼女はロースト用の炉の前に保温戸棚を置いていて熱効率を高めていたのでしょう。
ジンジャー ブレッド	小麦粉2ポンド　しょうが2オンス　塩少々　ジャーマン・イースト½オンス　ビール酵母小さじ1　牛乳1パイント　かなり軽くなるまでイーストを発酵させる　それから生地をこねて　とても軽くなるまでふくらませる　とても大きなローフ型1つか小さなローフ型の好きな方で作る	非常に昔風のレシピで、イーストでふくらませています。
ロック・ビスケット	小麦粉1ポンド　バター6オンス　砂糖6オンス　卵4個　レモンエッセンス12滴　よく混ぜてフォーサーで出して中温のオーブンで焼く	「フォーサー」とはビスケットを絞り出す器具です。丈夫な絞り袋を使えば同じことができるでしょう。
ライス・ ビスケット	米½ポンド　小麦粉½ポンド　砂糖½do　バター½　卵2個	上のライス・ケーキの項を参照。ソフト・ビスケットにもハード・ビスケットにもできます。
バーナーズ卿の ケーキ レシピ：P179	バター¾ポンドとすりつぶした砂糖¾ポンドをかき混ぜてクリーム状にし　卵8個を2個ずつ10分ごとに混ぜ入れる　小麦粉1ポンドを加えたら軽く混ぜて　サルタナ½ポンド　ミックスピールの角切り¼ポンド　ナツメグパウダー1　中温のオーブンで焼く	
ライス・ケーキ ミセス・ゴダード	卵大4個をブレックファスト・カップ1杯［※284ml］のすりつぶした砂糖とレモンの外皮のすりおろしを入れてよくかき混ぜる　次にバター3オンスを温めて大きいブレックファスト・カップ1杯分の小麦粉と米粉、またはそれぞれ等量ずつを合わせてよく混ぜ　カップに分け入れて中温のオーブンで焼く	これは見た目もよく、パリッとしてよい味です。
カーゾン卿の スフレ レシピ：P90	卵黄6個分を取り出してすりつぶした砂糖½ポンドと合わせ20分間泡立てる　次に卵白を泡立ててから全部を混ぜて20分（mtes）焼く　1分短くても長くても失敗する。すりおろした（grt）レモンかオレンジで風味付けする　卵白と卵黄を合わせるとき卵黄を入れる前に卵白をとても軽くなるまで泡立てる	エイヴィスがこのレシピを書き写したときにはカーゾン卿という人はいませんでしたが、名前の由来となっているのはおそらくスカーズデイル第8代准男爵・第4代男爵アルフレッド・ナサニエル・ホールデン・カーゾンです。家族の姓がカーゾンですが、称号はスカーズデイル卿でした。このレシピは試作では失敗したので、我らがシェフチームは作り直して形にしました。

ブラック カラント・ ビネガー レシピ：P221	カラントを丁寧により分け、重さをはかって鍋に入れ、ビネガーを注ぐ（カラント1ポンドにつき1パイント）。カラントをつぶして2日置き、それから水分を切り、カラントを濾し器に通す。シチュー鍋に入れて液体1パイントにつき砕いた砂糖1ポンドを加えて火にかける　よくかき混ぜて砂糖を溶かし　20分アクをすくいながら弱火で煮込む（煮立たせない）。すっかり冷たくなったら瓶に入れてコルクで封をする	抜群に美味しくできます。このビネガーは飲むこともできますし（水か炭酸水で割ります）、ドレッシングや、スイートまたはセイボリー料理にソースとしても使えます。
ジンジャー・ ナッツ	しょうが¼ポンドと小麦粉½ポンドを混ぜ　溶かしバター¼ポンドとトリークル¼ポンドをしょうがと小麦粉の上に注ぐ　少量のオレンジマーマレードを入れると風味が増す　ちょっと平らにするか丸くして形を整えたケーキを低温のオーブンで焼く　トリークルを増やすほどやわらかく仕上がる	このレシピ全体が太い線で消されています。
クリーム・チーズ	濡らしたナプキンまたはチーズ濾し布を深いタルト型に敷く。とても濃いクリームを上まで注いで――固まるまで置いておく。1日2回布を取り換えること　必ず濡らしてから皿に敷くこと――3～4日で食卓に出せるようになる	
さやいんげん	卵が浮くくらい濃い漬け込み用の塩水を作る　完全に冷まして豆にかける　豆の水分を取ってまとめる　束ねてきつく縛る	たぶんエイヴィスがラングリー・ホールで料理人兼家政婦長をしていた時代のものでしょう。保存食作りはどちらかというと家政婦の担当する仕事ですから。
ブランデー・ モレッラ・ チェリー	手に入る限り最高の完熟させた摘みたてのさくらんぼを選ぶ　茎を半分の長さに切り落とす　清潔な乾いた広口のクォート［※1.1リットル］瓶にそっと入れる　4オンスのすりつぶした砂糖が入る余裕を残しておく　最高級のフランス製ブランデーを口まで満たし針を使って果実にしっかりしみ込ませる　コルクできっちりと蓋をする	イライザ・アクトン『家族のための最新料理法』（1845年）から書き写したもの。アクトンは「このように作れば果実がしぼむことはありません。さくらんぼかあんずの種を少量、またはシナモンを少々加えるとさらによいものができます」と書いています。
ハムの 塩漬け方法	塩10ポンド　トリークル3オンス　こしょう3オンス　水6ジル［※852ml、1ジル＝142ml］をすべて沸騰させて冷ましてからハムを漬ける　7週間は置くこと	オードリー・エンドではなく、エイヴィスがティーンエイジャーのころ兄の農場で作っていたレシピと思われます。
ラズベリー・ ケーキ	好きなだけ果実を使う。重さをはかってつぶして沸騰させる。果汁がなくなってきたら生の果実の重さと同じ量の砂糖を加える。火からおろしてすべて溶けるまでよく混ぜる　それから皿にのせて日光で乾かす　表面が乾いたら小さなケーキに切り分けて裏返して新しい皿にのせる　乾いたら紙を敷いた箱に入れる	完全に同じではないものの、かなり似たレシピが、エリザベス・ハモンド『最新の家庭料理法』（1816年）ほか、あとの年代の――おそらくハモンドの本を模倣したと思われますが――ジョン・エドワード・ワトソンの『主婦の指導書』（1825年）その他に載っています。

カレッジ・ プディング	小麦粉スプーン2杯　卵3個　新鮮な牛乳¾パイント　砂糖とナツメグを好みで　よくバターを塗ったカップに入れる　希望があればカランツを入れてもよい　ワインソースを上にかける場合は生地はカップの半分まで入れる。もっとリッチにしたいときは小麦粉スプーン3杯、卵5個のうち2個は卵白を除く　そして牛乳1パイント。	まあまあです。実質的には蒸しスポンジ・プディングです。ダリオール型か深いマフィン型で作ってください。
スイス・ プディング レシピ：P91	砂糖2オンス、水小さじ1を　容量1クォートで型としても使えるような形のシチュー鍋に入れて、うすく色がつくまで沸騰させ、火からおろしてあらゆる方向に鍋を回し、シチュー鍋の隅々まで砂糖をいきわたらせる　卵黄8個分と卵白2個分と無糖の牛乳1パイントでカスタードを作る。準備の済んだ鍋にカスタードを入れて1時間蒸す　だいたい冷めたらひっくり返して平らな皿に出し　流れ落ちた茶色のシロップはとっておく。砂糖¼ポンドレモン2個分の外皮と1個分の果汁　水カップ1杯とシェリー1。これを別のシチュー鍋に入れ　濃いシロップを作る　レモンピールを取り出して手早くプディングにかける　食卓に持っていく直前にソースをかけるときれいなつやが出せる	実質的にはクレーム・キャラメルで、簡単に作れます。我らがシェフいわく、美味しくてどんなに下手でも作れるとのことです。
フレンチ・ パンケーキ	クリーム½パイントをかたく泡立てる　卵4個分の卵黄と卵白を一緒にかき混ぜる——それからクリームと混ぜ　大さじ12の小麦粉を軽く混ぜ入れて　よくバターを塗った6枚の紙の上にのせて数分焼く　2枚のパンケーキでフルーツをはさむ	厳密にいうとパンケーキではなく、シート・ケーキに近い感覚で、フランスのミルフィーユのように盛り付けます。生地はとてもデリケートで扱いが難しいものです。鍋で焼いてもオーブンで焼いても作れます。 　真のパンケーキはP114のレシピを参照してください。そちらが私たちのYouTubeビデオで紹介しているやり方です。
レタスの 砂糖漬け	レタスの若い葉を薄い塩水で12時間煮込む　それから冷たい湧き水に入れて火にかけ　煮立たせないように弱火で煮込む。水½パイントと砂糖2ポンドとジャマイカ・ジンジャー［※ジャマイカ産しょうがから抽出したエッセンス］を好みの量入れて濃いシロップを作る　シロップを沸騰させてレタスにかける　使えると判断できるまで1日1回繰り返す	シオドア・ギャレットの『実用料理法事典』（1891年ごろ）のレシピとくらべてみましょう——違うレシピではありますが、基本的な考え方は同じです。 　砂糖漬けレタスの起源は17世紀にフランス語でいうゴージュ・ダンジェ（天使の喉）にあり、これはレタスの芯を砂糖漬けにしたものでした。 　我らがシェフチームがこれを試作しましたが、悲惨な結果だったと報告しています。

ソーダ・ケーキ	細かい小麦粉2ポンド、ふるった砂糖1do、バター1do、卵4個　温めた牛乳少々　重曹小さじ2　カランツ1ポンド	これもまたソーダ・ケーキです。安価で簡単、味もそこそこです。
プレゼレント(?)→クリームレモン・スポンジ	アイシングラス1オンス　砂糖½ポンド　水3ジル　レモンの外皮1個分　すべて火にかけて溶かす　卵黄5個とレモン果汁4個か必要と思えばそれ以上を入れる　レモン1個を砂糖のシロップに削り入れる　材料をすべて火にかけてずっとかき混ぜ続ける　冷めたら卵白2個分を泡立てて混ぜ入れ型に入れる	レシピには変更がなく、タイトルだけが修正されています。
イヴのプディング レシピ：P209	パン粉6オンス　フルーツ6Do　レーズン6Do　りんご6個　りんごとレーズンを一緒にやや細かく刻む　卵3個と牛乳少々　3時間煮る　溶かしバターとブランデー少々と一緒に出す	「Do」は前に同じ(ditto)で単位がオンスということです。
アロウルートのスフレ・プディング	アロウルート大さじ2　牛乳½パイント　バター小ひとかけ　砂糖調味用　卵黄4個分　卵白は泡立てる　ドライチェリーかサルタナを飾る　アロウルートとブランデーのソース	付け合わせが必要な味です。
クリーム・ケーキ	バター2オンス　小麦粉2オンス　白い砂糖2　卵1個　すべての材料をよくかき混ぜる　タルトレット型にペースト［※ペイストリー生地］を敷いて少量のジャムを塗りその上を混ぜた卵液で覆う	
トマータ・ソースの作り方 レシピ：P78	完熟したトマトを摘み　オーブンで皮がやわらかくなるまで焼くそして濾し器を通す　果肉1ポンドあたりチリビネガー1クォート、にんにく1オンス　エシャロットDo　塩½オンス　白こしょうパウダー½D°。すべての材料を沸騰させてやわらかくなるまで煮て、濾し器を通し、そしてトマト液1ポンド当たりレモン3個分の果汁を加えてふたたび沸騰させてなめらかになりクリームくらいのとろみになるまで加熱する。冷めるまで置いて瓶に詰める。	リチャード・ドルビー『料理人辞典』(1830年)から書き写されたもの。 「D°」は前に同じということです。
ジンジャーブレッド・ビスケット	小麦粉1ポンド　トリークル¾Do　粗製糖¼D°　バター¼D°　スパイス少々　しょうが¼オンス	「D°」は前に同じということです。
オレンジかレモンの砂糖漬け方法	ヘタの部分に1シリング硬貨くらいの大きさ［※直径23.6mm］の穴をあける　切れの悪い小さいナイフで　皮を切らないように果肉をきれいにかき出す。1個ずつモスリンの袋に入れて縛り　湧き水に入れる　1日2回水を変える　そして最後に弱火でとてもやわらかくなるまでゆでる　水の蒸発に気を付けて最初にたっぷり入れておき　最後までかぶるくらいの量を保つ　果実1ポンドに対し2度精製した砂糖2オンスと水1パイント　砂糖と水をオレンジの果汁と一緒に沸騰させてシロップにする　あくを取って透明にする　そして濾して冷めるまで置く　次にシロップで果実を1時間煮る　もし仕上がりがはっきりしなければこれ	リチャード・ドルビー『料理人辞典』(1830年)から書き写されたものです。

を毎日繰り返して完成させる　［※以下は別の作り方として］グ
リーン・ピピン種りんごの皮をむいて芯を除く　味が濃くなるまで
水で煮る　つぶさないようスプーンの背でそっと押して、ゼリー
バッグでしっかり水分を切る　果実1個につき2度精製した砂
糖1ポンドとレモン1個分の果汁を加え沸騰させて濃いシロップ
にする　果実からシロップを切る　そして穴を開けたオレンジを
穴を上にして鍋に並べてりんごを上から注ぐ　取り除いた部分
も果肉と同じ手順で使う

レモン・チーズケーキ レシピ：P120	レモン2個の外皮をすりおろす　棒砂糖1ポンドを砕いて小さくする　新鮮なバター¼ポンド　卵黄6個分　卵白4個分　レモン果汁3個分　すべてをシチュー鍋に入れる。火にかけてかき混ぜて砂糖を溶かす。はちみつのようなとろみがつき始めるまでわきに置いておく　粉にしたビスケット小さじ1を加えればできあがり　この混合液は瓶に入れて口をしっかり縛っておくと長持ちする	
ブラウンミールのケーキ レシピ：P215	ブラウンミール［※小麦ふすまや胚芽を多量に含む穀物粉］1ポンドに　バター1クォーター　塩少々　ベーキングパウダー小さじ2　冷たい牛乳と混ぜて少し乾いた生地を作る　生地をめん棒で少し厚めにのばして錫のビスケット型で抜く　とても高温のオーブンで10分焼く	
丸パン	小麦粉1ポンド　バター¼　砂糖¼　カランツ¼　卵1個　ベーキング・パウダー小さじ2　冷たい牛乳と混ぜて高温のオーブンで焼く	
セントクレア・プディング	ゼラチン1オンスを鉢に入れて冷たい牛乳½パイントに½時間浸す　牛乳1パイントを沸騰させる　牛乳をゼラチンと卵黄3個分と砂糖に少しずつ加えて　風味付けをする　火にかけて沸騰させないようにしながらとろみがつき始めるまで混ぜ続ける　目の細かなふるいか濾し器を通す　冷める直前に泡立てたクリームを少量加えるととても上等に仕上がる　小さな型かカップの底に　少しゼリー［※固形物の入っていないジャム］を入れるか　または入れないで　牛乳液を注ぎ入れる　涼しい場所で固める	固めたカスタードです──この手書きのレシピ帳にいくつか書かれたうちの1つです。

アロウルートの ビスケット	アロウルート3オンス　小麦粉3　砂糖5　バター4　卵2個　好みの風味付け　まず砂糖とバターを練って　次にアロウルートと卵を加え　最後に小麦粉　天板に小さじで落として高温のオーブンで焼く　小麦粉を少し増やせばペイストリー生地になるので　めん棒で伸ばして抜き型で抜く　こうすることで1度の手間で2種類作れる	最後に書かれた実用的なアドバイスに注目！
オレンジ・ マーマレード レシピ：P231	オレンジ12個　うち6個を薄切りにして6パイントの水で強火でゆでる　十分にやわらかくして木のスプーンで押しつぶしてゼリーバッグを通す　果汁1パイントにつき1ポンドの砂糖　残りのオレンジ6個をゆでて　ピンの頭部を刺せるくらいやわらかくする　1パイントの水に対して3ポンドの砂糖を鍋に入れて細く切った皮を加えてすべて一緒に沸騰させる——スプーンに張り付くぐらいの濃いシロップにする　細く切った皮を加えて　すべて一緒にできあがったと思うところまで煮る 1870年オレンジ8ダース	
白鳥の ロースト方法	牛肉3ポンドをすり鉢で細かく挽く　こしょう　塩　メース　ナツメグ　玉ねぎで調味すると　風味がとてもよくなる。白鳥の中に肉を詰め　テープでしっかりと縛り　肉汁その他が漏れないようにする　少しかための肉のペーストを胸の上に置く　漂白されたブラウンペーパー［※ハトロン紙］で残りの部分を覆う　少なくとも15分焼いたら白鳥を取り出して　肉のペーストを胸からはがす　そうすればむね肉がこんがり色づく	このレシピとP251に掲載したグレイビーソースのレシピは、ノリッジの白鳥肉に添付して発送されていた調理法から取られたものです。元の文書は韻文で書かれていて、ミセス・クロウコムはそこに手を加えてはいますが、明らかに同じテキストをもとにしています。1870年代には彼女の職場はノリッジから9マイルの場所にありましたが、ノリッジの白鳥生産者は同時期に、いずこにでも白鳥肉を届けますという広告を出していたので、たまたま近くで働いていただけなのかもしれません。この韻文はいくつもの同時代の本に引用されていて、たとえばアレクシス・ソワイエ『美食の再生者』（1846年）やヘンリー・コールマン・フォーカード『野生の鳥』（1859年）などに出てきます。 **元の詩は以下：** 白鳥のロースト方法。 3ポンドの牛肉を、すり鉢で細かく挽いて： 白鳥にそれを入れる ——あなたの手中の、その鳥に。 こしょうを多少、塩、メース、 ナツメグいくらか、玉ねぎ1個、 それが風味を高めるそうです、 美食家の意見によれば。

そして小さなテープを使って
白鳥をしっかり縛り、
これなら肉汁、その他のものが、
漏れ出ることはありません。
肉のペースト、少々かため、
これは胸の上に置くべき、
そして白いブラウンペーパー、
その他の場所を覆うべき、
15分間、最低でも、
それから白鳥を取り出して、
鳥からペーストをはがして、
するとむね肉こんがり色づく

グレイビーソース

良質で濃い牛肉の肉汁に　½パイントのポートワインを　加えることが正解です　白鳥全体にかけたなら　すべてを熱いカラントゼリーを添えて供します

グレイビーソースの元の指示文は以下：

良質で濃い牛肉の肉汁に、
私の意見を述べますならば
半パイントのポートワインを
加えることが正解です；
これを白鳥全体に注ぎ
──そう、腹の中までもです；
そうしてすべてを熱いカラントゼリーを
添えて供します。
注記　白鳥は皮を剥いではいけません。

オレンジ・ウエハース

4ダースのとても濃いセビル・オレンジの果汁を絞って芯を除く　皮を3クォートの水でやわらかくなるまでゆでる。皮を取り出して水気を取る。とても細かく切って　きっかり同じ重さの砂糖と一緒にすり鉢に入れて2時間すりつぶす。長いナイフで型の上に広げて火の前に置いてゆっくりと乾かす　乾ききる前に好きな形に切ってブリキの箱に保管する

プディング・ド・ポム・ア・ラ・フランジパーヌ

りんご12個の皮をむいて芯を除き、薄く切って深い皿に入れ、その上に適量の粉糖をふりかけ　次にアプリコットまたはほかのジャムを塗る　そしてとても薄く切った新鮮なバターをのせるアロウルート1オンスを1パイントのクリームと混ぜて甘みをつける火にかけてとろみがついて沸騰しはじめるまでかき混ぜ　それをりんごの上からかけて中温のオーブンで焼く　アロウルートが固まりすぎたら牛乳を少々加えるとシチュー鍋から注げるようになる

そのままではありませんが、リチャード・ドルビーの『料理人辞典』(1830年)から書き写しています。ドルビーはこの料理をアップルズ・ア・ラ・フランジパーヌと呼んでいます：

アップルズ・ア・ラ・フランジパーヌ

りんご1ダースの皮をむいて芯を除き、薄く切って深い皿に入れ、その上に粉糖を適量ふりかけて、その上に薄くアプリコットジャムを塗り、そしてごく薄くスライスした新鮮なバターをのせます。じゃがいも粉1オンス、クリーム1パイント、少量のバターを混ぜ、砂糖で甘みをつけます。火にかけて沸騰し始めるまでかき混ぜて、それをりんごの上からかけて、中温のオーブンで焼きます。

チャツネ	トムズ［※トマト］　りんご　桃 またはルバーブのいずれかを4ポンド　皮をむいて種を除いておく　カイエンペッパー½オンス　にんにく2　しょうが　塩　ブラウンシュガーのかたまり2ポンド　刻んだサルタナ2　酢2クォート　フルーツを1クォートの酢で弱火で煮てパルプ状になったらほかの材料すべてと残りの酢を入れて10分弱火で煮る　混ぜ合わせて使いやすい瓶に詰める　長く置くほど味がよくなる	
ブラウンブレッドのプディング レシピ：P116	パン粉½ポンド　バター¼　ミックスピール　砂糖は好みの量　ブラック・ジャック少々　卵3個の卵白を取り出して軽く泡立てる　ワインまたはブランデー少々　ワインソースかブランデーソースとともに出す	アメリカから来たレシピです——「ブラック・ジャック」という用語に注目してください。［※焦がした砂糖のこと。着色料として使用］
オレンジ・マーマレード レシピ：P231	オレンジ1ダースの半分を薄切りにしてやわらかくなるまで煮てスプーンでつぶしてゼリーバッグを通す　果汁1パイントにつき砂糖1ポンド　そして残り半分のオレンジの皮をすり下ろしてピンの頭部を刺せるくらいまでやわらかく煮る　濾し器で水気を切ってから¼に切る　果肉を取り出して細く切る　果肉1ポンドにつき砂糖1　水½パイント　合わせて沸騰させて濃いシロップになるまで煮詰める　切った皮を加えてできたと思うまで煮る　皿に取ってできあがりを確かめる 果肉を濾し布に通す　ゼリーバッグを通した果肉を加えて合計6ポンドにする　1ポンドあたり¾の砂糖　合わせて強火でよく加熱してスプーンに付くくらいのかたさにする	オレンジ・マーマレードのレシピがこれで3つ目です！　P231参照。
ジンジャー・ビア	水12ガロン　リスボン産砂糖1ポンド½　卵白12個分　合わせてよくかき混ぜる　火にかけて沸いてきたらアクをすくう　沸騰したら最高のしょうがを軽くつぶして加えて煮る　½時間煮てから皮をごく薄くむいて薄切りにしたレモン14個に注ぐ　搾りたての牛乳くらいの温度［※人肌程度］に冷めたら　レモンの皮　新鮮なイースト大きなスプーン1杯　アイシングラス½オンスと一緒に樽に注ぎ入れて栓をする　3週間から1か月たったら瓶に移してコルクでしっかり閉める　3週間後には用意ができる	いいジンジャービアができます。泡も甘さもひかえめです。
クリーム・チーズ	1パイントから1パイント½のクリームが入る小さな木箱を用意する　布を敷いてその量のクリームを注いで空気もゴミも入らないようしっかりと密封する　箱を24時間以上48時間まで置くとクリームが固まる	試作していません！

ルバーブの ジャム レシピ：P222	フルーツ1に対してブラウンシュガー¾　フルーツ10ポンドに対してレモン果汁と細かく切った皮を4個分	よい出来。

オレンジ・ゼリー	ビター・オレンジ1ポンドあたり水1クォート入れる。オレンジの外皮を少しすりおろす。薄くスライスして水に入れて火にかけ、半分沸くまでゆでる。それからゼリーバッグで濾す。濾した果汁1パイントにつき、砂糖1と¼。ゼリーになるまで煮る。大粒の種は取り除く　入れるとかたくなりすぎる	ゼリーとしてのゼリーではなく（つまり英国的な意味でのプルプルしたスイーツのことですが）、ジャムとしてのゼリーです。

**アーモンドと
じゃがいもの
プディング**
レシピ：P80

スイート・アーモンド¼ポンドの薄皮をむく　アーモンドを新鮮な牛乳½パイントで20分間煮て　それからすり鉢でつぶしてやわらかいペーストにする　このペーストにバター¼ポンドを溶かし入れ　粉系のじゃがいもを火であぶるか蒸して細かい粉状にして混ぜ入れる　レモン大1個の皮のすりおろしと果汁　ナツメグ6粒の粉　新鮮な卵5個の卵黄と卵白を分けて別々に溶き卵黄とほかの材料すべてを混ぜる　卵白は¼時間またはそれ以上泡立てて最後に加える　錫製の型にバターを塗って高温で40分焼く　注意深く型を外してすぐに食卓に出す　割った乾燥えんどう豆と同じくらいの大きさに刻んだスイート・アーモンドを上に散らす。1875年5月20日。

アン・イライザ・グリフィスの『クレヴィドの家族の食事』（1864年）からそのまま写しています。

ベニエ・ア・ラ・ ロワイヤル レシピ：P131	パルメザンチーズ¼ポンド　卵黄4個分　牛乳½パイント　カイエンペッパーと塩　調味済みペースト状マスタード小さじ1　上質な白いスープストック大さじ1　クリーム少々またはバターひとかけを牛乳に入れてチーズを温め目の細かい濾し器を通す　次にほかの材料すべてを混ぜる　バターを塗ったタンバル型［※タンバルという肉料理に使う型］で20分蒸す　冷めたら少し厚めに切る　そして卵とパン粉をつけて高温の油で揚げてチーズを散らす	読み解くのが難しいレシピで、再現にはかなりの手間がかかりました。けれど、牛乳を温めないという単純な方法で問題は解決できました——そうしないと何もかもが崩壊するのです。我らがシェフたちは卵の量も調整しました。

ランチョン・ ケーキ	サルタナ1ポンド　小麦粉1　モイストシュガー［※未精製で糖蜜を含んだ湿った砂糖］¼ポンド　バター1と¼を指で小麦粉にすり混ぜ　砂糖漬けピール2オンス——重曹小さじ1を人肌くらいの温度の新鮮な牛乳½パイントと卵1個に溶かす　すぐオーブンに入れる	この時代の典型的なレシピです。ランチョン・ケーキという言葉は重曹で膨らませたケーキ全般に使われる総称で、ふつうはトレイベイク［※角型のケーキ型で焼いて切って出すケーキ］として作られました。

スープ・メイグル レシピ：P31	ポタージュ・オ・ピュレ・ド・ナヴェ［※かぶのピュレ・ポタージュスープ］を作る　8〜10個のターニップ　セロリの根の白い部分2本分　玉ねぎ大2個を、細かく刻んで　きれいなシチュー鍋に新鮮なバター¼ポンドを入れて　やわらかくなるまでかなり強火で熱する　新鮮な骨でとったスープを加える　十分な量のスープで野菜のピュレを液状にし　濾し布を通してクリームを加える　調味料を加える　パン・オ・マイレで保温しておかないと分離する	「パン・オ・マイレ」はエイヴィスのひどいミススペルで「湯せん鍋（パン＝マリー）」のことです。

ソルト・ビーフ **(ブレスト)**	牛のブリスケット［※胸部の肉］のかたまり1つ　10〜12ポンド分の重さに対し　バター1ポンド　モイストシュガー½　ソルトピーター［※硝酸カリウム］少々　卵くらいの大きさで　よくすり込む　塩水に入れて2週間置く——5時間ごく弱火でゆでて骨を取り出し　2枚の皿で挟んで重しをのせる	
プーレット・ **ア・ラ・** **サルテール** レシピ：P159	オードリー・エンド 冷たい老齢の鶏の肉（ゆで鶏でもローストでも）を切る　ソース卵黄1個分、マスタードスプーン1杯、タラゴン少々、チャービルとバーネットをごく細かく刻み、こしょうと塩で調味する　鉢に入れて油少々と酢を入れてとろみがつくまでよく混ぜる	上部に「オードリー・エンド」と書いてあります。 　ソースは実質マヨネーズです。
いちじくの **プディング** レシピ：P101	いちじく　パン粉　スエット　砂糖を等量用意する　すべてを細かく刻んでシナモン、ナツメグとブランデー少々で味をつけ「C. ソーダ」をひとつまみ入れる　型にバターを塗って3時間かサイズによってはそれ以上ゆでる	C. ソーダは carbonate of soda の略です［※実際に料理するなら重曹(bicarbonate of soda)を使いましょう］。
タンの **漬け込み液**	ソルトピーター2ポンド——塩2D°　ブラウンシュガー2D°——漬け込み液に9日間入れれば十分——夏にはもっと塩が必要——タンはやわらかくなるまで吊るしてから漬ける	「D°」は単位が同じということです。
うさぎのスープ レシピ：P29	絞めたばかりの2羽を玉ねぎ3個とセロリ2本と一緒に2クォートの水でよく煮込む　そして肉をすべて骨からはがしてすり鉢でよくすりつぶして濾し布を通す。晩餐用には熱々にして出すが煮立たせないように細心の注意をする　とても熱くして食卓に送り出すとき　卵黄2個とクリーム適量を入れる　2クォートきっかりのスープに対しクリームをスプーン2杯で十分 注意　少人数の場合は半量にする　お客様がいるときはうさぎではなく鶏2羽にすると素晴らしいスープができる　仔牛肉の場合はナックル［※ももの内側の肉］が必要	何の肉でも使えます。
マトンのむね肉 レシピ：P57	マトンを3と½時間ゆでる　やわらかくなったら骨をすべて取るそして2枚の皿で挟んで上に重しをのせる——ごく少量のバターを塗り　卵黄とパン粉をつけて　あぶり焼きにする　プレーンなグレイビーソースまたはブラウンソースとケイパーを刻んで一緒に皿にのせて出す	
マトンの **カットレット** レシピ：P55	マトンのラック［※骨付きあばら肉のかたまり］を用意し、厚く切ってカットレット［※マトンチョップ］にし、シチュー鍋に玉ねぎ2個とこしょう少々と一緒に入れて　スープストック1パイントを注ぎごく弱火で1と½時間やわらかくなるまで煮込む——できあがったら皿に出し　上にもう1枚皿を置いて重しをのせてプレスする完全に冷めたら余計な部分を切り落として品よく（ナイスに）	長時間加熱するので、ネック肉の切り身が最適です。けれど、牛肉や仔牛肉でも作れます。

整える　そして元のシチュー鍋に戻してスープストックをスプーン1〜2杯とグレーズ［※肉の照りを出す砂糖などのソース］少々を足す　カットレットの先を2〜3回ひっくり返し　熱々にして出す

朝食(Brk)または昼食向きのアスピック・ゼリー
レシピ：P160

大きな豚の足1頭分をラードでとてもやわらかくなるまで煮る。骨を取り除く。アクを除いた濃厚なゼリー液に　マッシュルーム・ケチャップでよく味付けし　豚足とラードに加えて温め、型に注ぎ入れて、固ゆで卵のスライスを入れて層をつくり、ひっくり返して型から出してサーブする

「Brk」は朝食(breakfast)のことです。

2人分の第2のコース
レシピ：P162

アンチョビ2尾をすり鉢ですりつぶす　牡蠣20個を細かく刻んでアンチョビと混ぜる　クリーム小さじ2を入れて火にかけてよく混ぜ、熱いトーストに塗る

晩餐後のセイボリー料理にも使えます。

チキンのマリオネード
レシピ：P53

レモンの皮またはレモン果汁、オールスパイス少々またはクローブ数粒　ローリエ2〜3枚を鉢に入れた水に混ぜる　鶏の骨付きまたは骨なしの肉を4〜5時間浸ける。漬け込み液から取り出して塩とこしょうをふりかけ、小麦粉と卵と牛乳で濃いクリームくらいのとろみにした衣をつけて油で揚げる　薄く色づいたらできあがり

我らがシェフチームではVFC（ヴィクトリアン・フライド・チキン）と呼ばれて大好評でした。

カレー風味の卵
レシピ：P166

卵2個にクリーム大さじ1を入れてかき混ぜ　カレー粉小さじ1と塩少々を加える。バター少々を鍋で溶かして卵を入れやわらかくなるまでかき混ぜる。バターを塗った熱いトーストにのせて出す。加熱時間は2分で十分

がちょうの卵で作ると格別です。

牛肉のフィレパリ風
レシピ：P66

フィレ肉を筋を断つ方向に切る　ある程度の脂身を入れ、厚さ1インチくらいにして、包丁で叩いて少し平らにのばし、グリディロン［※焼き網］にセットして、とても強い直火にあてて2〜3回返しながら焼き、半分焼けたら小さじ¼の塩と同じく¼のこしょうをふる　温めた皿にのせてメートル・ドテル・バター1オンスを塗りつけて揚げたじゃがいもと一緒に出す

チーズ風味の卵
レシピ：P169

卵を固ゆでにし、半分に切って黄身を取り出す。黄身におろしたチーズ少々　塩　ナツメグ　マスタード　ごく少量のパン粉をよく混ぜる。白身のなかに戻してトーストにのせてホワイトソースかブラウンソースと一緒に出す──おろしたチーズ抜きでも作れるかもしれない

エイヴィスが示しているようにも作れますが、試作したところベシャメル・ソースを足したほうが私たちの好みでした。もっとなめらかで現代的な（1880年代にしては）仕上がりになります。

バター・エッグ

薄切りにして卵白と一緒に煮込む
バター2オンスをシチュー鍋に入れて卵3個を割り入れる　火が通るまでナイフでかき混ぜる　そしてトーストしたパンに塗る

最初の1行は棒線で消されています。
　シンプルで、よくできたスクランブル・エッグのレシピです。おなじみの作り方ですが、ごく弱い火でごくゆっくりと加熱し、かたくなるのを防いでいます。

固ゆで卵	3～4個を固ゆでにして半分に切る　そしてハーヴィーズ小さじ½　シナモン小さじ1　タイム　パセリ　チャービル　タラゴン少々を良質なスープストック少々に加えて上からかける	実質的には固ゆで卵にソースをかけたものです。ハーヴィーズはウスターシャー・ソースに似たスパイスのきいた調味ソースで、瓶入りで売られていました。
トリュフを煮込む方法	トリュフを丸洗いして　適量の良質なスープで6～7時間煮込むが、かたいと思えばもう少し長めにする、シェリー½瓶、それとにんじん小1本　玉ねぎ1個。小さく切って、パセリ1束とタイムとローリエを野菜と一緒に束ねる。食卓に出す前にトリュフを液体から取り出してきれいなシチュー鍋に入れ　シェリーをグラス½杯［※35ml］分入れてごく弱い火にかける。トリュフに漬け汁がしみ込むまでシチュー鍋に蓋をしておいて　出すときは熱々にする　料理に合わせて1人ずつに新しいバターを添えて出す　これはトリュフの出し方としてお金がかかりすぎるように見えるかもしれないが　煮汁はトリュフを出したいときに何回でも使えるし、使うたびに味がよくなる——ただし必要な量に応じてときどきスープストック少量とワインをグラス1杯［※71ml］足す必要がある　トリュフが残った場合　つねに煮汁に浸けておかなければならない	トリュフは今と同じく当時もぜいたく品でした。そしてこのレシピがあることで、エイヴィス・クロウコムは貴族のお抱え料理人だったことを思い知らされるのです。けれど、これは可能な限り節約したレシピで、煮汁は再利用できるというアドバイスが書かれています。
ウィンザー・サンドイッチ レシピ：P127	タン¼ポンド——パルメザンチーズ¼ポンド　バター1オンス　カイエンペッパー少々、これを合わせてすり鉢ですりつぶして濾し器を通す。パンをおしゃれに切ってからペーストをあいだにはさむ。バターとパルメザンチーズをまぶして薄く色づくまで揚げる	
スポンジケーキのプディング レシピ：P163	スポンジケーキを縦に薄く切り　型にバターを塗ってスポンジケーキのスライスをぐるりと貼り付ける　茶色と白の面を交互に配置する。次に良質なカスタードを作って型の中央に流し込んで1時間蒸す　ワインソースを周囲に流す	（バターで型にケーキのスライスを貼り付けるという）この手法にご注目。型にカスタードを流し込むときケーキが浮き上がってくるという難点をうまく解決しています。
カスタード・プディング（ベリー・グッド） レシピ：P100	アイシングラス1オンスをクリーム½パイントに入れて火にかけて溶かす——次に卵黄7個分をよくかき混ぜてからクリーム1と½パイントに入れる。火にかけて沸騰させる。とろみがつくまでかき混ぜて、絹の濾し器を通し、同時にアイシングラスも濾して合わせる。好みで甘みをつけ、オレンジフラワー・ウォーター少量とブランデー適量を加えて型に入れ　テーブルに出すときまで外さずにおく　型を冷水につけてしばらく置いてから皿に出し、ワインソースかカラントゼリーを周りに流す	これは、本当に美味しい（ベリー・グッド）です。
ブリュッセル・クリーム	大さじ1半の米粉に中くらいの型を満たせる量のクリームを加える　レモンの皮をすり下ろして砂糖適量に混ぜ入れ、卵大のバターを加え、火にかけて煮立たせ　絶えずかき混ぜながら5分間沸騰させる　¼オンスの澄ませた［※水に浸けて火にかけ不純物をすくった］アイシングラスを加え　好みで甘みを足して	実質的にはブランマンジェです。 昼食によし、使用人のまかないにもよしです。

すべて合わせて型に入れて氷で冷やす　冷えたら皿に盛り付ける　少量の溶かしたカラント・ゼリーを周りに流す——米粉のとろみはブレッド・ソースよりもかたくしないこと

バーケンヘッド・プディング	パン粉6オンス——細かく刻んだビーフ・スエット6do、モイストシュガー6オンス、レモンの皮と果汁½個分　ブランデー大さじ1　クリーム1　細かく刻んだオレンジ・マーマレード少々　すべてよく混ぜて4時間ゆでる	ジャム・スエット・プディングです。使用人に最適です。このレシピではブランデーによって上等になっています。主人一家の昼食や夕食にも使えたでしょうし、上級使用人が食べたかもしれません。
マデイラ・プディング	皿にパフ・ペースト[※ペイストリー生地]を敷いて底にアプリコットジャムを½インチの厚さに塗る　卵黄4個とすりつぶした砂糖を入れ　次にティーカップ1杯[※142ml]の良質なクリーム——または牛乳　グラス2杯のシェリーを加える　パイ皿に注いで　薄く色づくまで焼く　熱いうちに出す	「または牛乳」は鉛筆で書かれています。
スエット・プディング レシピ：P154	スエット½ポンド　パン粉½do　砂糖¼ポンド　レモンの皮のすりおろし1個分。卵2個。牛乳ティーカップ1杯　卵と一緒にかき混ぜて　小さじ½のベーキングパウダー。ワインソース	
チーズ・セフトン レシピ：P129	チェシャー・チーズのすりおろし½ポンド　小麦粉ふたつかみ　カイエンペッパーひとつまみ。これをバター¼ポンドと指先ですり混ぜてかたいペースト状にし、めん棒でのばして細いひも状にする。そして中低温のオーブンで数分焼く。焦げ色がつかないようにする	セフトンには多くのレシピがあります——おそらくはどれもルイ＝ウスタシュ・ウデが作った「ラメクイン・ア・ラ・セフトン」をもとにしていて、たとえば彼の1829年版『フランスの料理人』にも掲載されています。レシピの名前はウデが雇われていたセフトン伯爵にちなんだものです。

もう少しあとのアレクシス・ソワイエ『現代の主婦』（1849年）やイライザ・アクトンの『家族のための最新料理法』（1845年）にもバリエーションが載っていますし、イザベラ・ビートンの『家政の書』やチャールズ・センの『新世紀の料理書』（1901年）にもそれぞれ別のバージョンが含まれます。

みなパフ・ペイストリー生地にチーズの層を折り込む作り方で、リング状の生地を使う仕上げ方も上記の本のいくつかに出てきます（1911年のマーガレット・フェアクラフ『理想の料理書』にも）。

別の方法がアン・イライザ・グリフィスの『クレヴィドの家族の食事』（1864年）に掲載されていますが、ミセス・クロウコムはこの本から別のレシピを少なくとも1つは参照していることがわかっています。グリフィスのレシピではチーズ・ビスケットと呼んでいて、混ぜるだけの生地で、パフ・ペイストリー[※折りパイ]ではありません。

パフ生地ではないバージョンとして、我らがシェフチームは基本的なチーズ・ストローを試作し、これはとても美味しかったと報告しています。

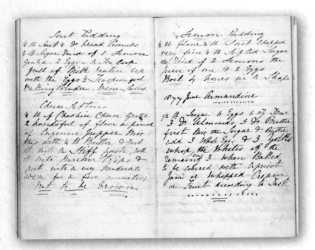

小麦粉55g、チェシャー・チーズ115g、塩ひとつまみ、バター55g、カイエンペッパーひとつまみ、卵黄1個分、水小さじ1をかたいペースト状にし、めん棒で薄く伸ばして最低1時間は冷やします。細長くカットしてふたたび20分冷やしてから170℃で10分焼きます。

レモンの プディング	小麦粉½ポンド　ごく細かく刻んだスエット½ポンド　ふるった砂糖½ポンド　レモン2個分の皮と1個分の果汁　卵2個。型に入れて4時間ゆでる	よい出来。
1877年6月の アーマンディーヌ	砂糖½ポンド　卵6個　小麦粉6オンス　アーモンド3do　バター3do。まず砂糖とバターを混ぜる　次に全卵3個と卵黄3個分　残った3個分の卵白を泡立てて加える　焼いたあとアプリコットジャムかホイップクリームかフルーツを好みに合わせて上にのせる	スポンジをちょっとおしゃれに仕上げたものです。貴族のスイート料理に最適です。
ライス・ケーキ	小麦粉½ポンド　米½　砂糖½　ベーキングパウダー小さじ1　卵1〜2個　温めた牛乳少々　バター¼ポンド。レモンエッセンス	
ケーキ・ プディング	バター3オンス　棒砂糖6　小麦粉5　卵4個　よくかき混ぜて完全になじませる　そしてカップに入れて20分焼く　ソースを添えて出す	またもやスポンジケーキのバリエーションで、これは1人分ずつ型に入れた蒸しスポンジです。材料の単位はオンスで、ソースはワインソースか、またはその他の甘いソースでもいけます。
カースル・ プディング レシピ：P103	同じ重さの卵、小麦粉、白砂糖　レモン少々で風味をつけたバター　コーヒーカップか小さなプディング型で焼く　よくよく注意してしっかりと火を通す　それぞれの材料を¼ポンドよりほんの少し多いくらいで5個のプディングを作れる——卵は殻のままはかること　プディング1つずつの上から少量のすりつぶした棒砂糖をふりかけ　ワインソースをソースボートに入れて出す	

マデイラ・プディング	皿にパフ・ペイストリー生地を敷いて底にアプリコットジャムを½インチの厚さに塗る　卵黄4個とすりつぶした砂糖を入れ　次にティーカップ1杯の良質なクリームとグラス2杯のシェリーを加える　パイ皿に注いで　薄く色づくまで焼く　熱いうちに出す	P257のマデイラ・プディングとまったく同じレシピです。
バター・エッグ	バター2オンスをシチュー鍋に入れて卵3つを割り入れる　火が通るまでナイフでかき混ぜる　そしてトーストしたパンに塗る	P255のバター・エッグとまったく同じレシピです。
タンの塩漬け方法	ソルトピーター1と½オンスをよくすり込んで4時間おく――そしてソルトピーターを洗い落とし　普通の塩1ポンドとモイストシュガー½ポンドを合わせてよくすり込む　5日後には下処理できるようになる　ごく弱火でゆでる	いたって普通の塩漬けのレシピです。タンは多くの場合は下処理済みで届けられました――現在もだいたいそうですが、この当時も肉屋さんが塩漬けしていたのです。
ビスケット・プディング	3～4個の卵の重さをはかる――小麦粉、棒砂糖、バターを同じ量にする　砂糖とバターを合わせてよく混ぜる　ティーカップに入れて¾時間中温のオーブンで焼く　ワインScと一緒にサーブする	まったくもって基本的なスポンジケーキのレシピで、すべての材料を卵と同じ量にしています。焼き型にティーカップを使っていることにご注目を――高度に物質的な文化が地方のカントリー・ハウスにまで及んできていたことの素敵な例です。P258のケーキ・プディングと比べてみてください。「ワインSc」はワインソースのことです。
型で固めたりんごとクリーム レシピ：P97	アイシングラス1オンスを½パイントの水に溶かして濾し器を通す　砕いた砂糖1パイント分とレモンの外皮1個分と　もし希望があればノワイヨウ少々を風味付けに加える　それからりんごをシャーロットのようにする［※P97参照］　ただしこの場合は冷ます。クリームを型に流し込む　りんごは一度に少量ずつ入れないとあとでクリームが崩れてしまうし、そ（れ）を型の中央に置いて皿に盛っても同じ位置にとどまるようにする	ノワイヨウ(Noyeau)は正しくは「クレーム・ド・ノワイヨー(Noyaux)」で、アーモンド・リキュールのことです。
ガトー・ド・ポム レシピ：P84	砕いた砂糖1と½ポンドを1パイントの水に入れる。沸騰させて砂糖が固まってくるまで煮る――皮をむいて芯を取ったりんご2ポンドとレモン大1個分の皮を加え、とてもかたくなるまで煮る　そして型に入れる　冷えたら型から出し　周りに濃いカスタードを流す	ガトー・ド・ポム（アップル・チーズ）の2つ目のレシピです。
モック・ブローン	豚の頭と足、耳に塩を塗って1週間置く　次に骨と肉が離れるまでゆでる。熱いうちに肉をよくほぐしてシチュー鍋に移す　そして骨はすべて取り出す　冷めるまで鍋のまま置いておく　それから取り出す　手に入るなら牛の足の肉を使うとよりよくなる	もともとブローンとは豚の肩肉を塩水に漬け、ゆでて薄切りにしたものをいいました。19世紀までにはブローンは現在の英国にもよくあるものに近づいてきました。それは、ゆでた頭の肉を少量の煮汁と一緒に鉢に入れて、上から重しをした皿でプレスするという料理です。

この種のブローンは現代の前菜用テリーヌに似ています。「モック(にせ)」という言葉を使っていることから、17〜18世紀のレシピだと推測されます。2つのタイプのブローンが両方あった時代を示しているのです。

プディング・ア・ラ・ヴィクトリア レシピ：P83	シトロン4オンス　チェリーシロップ漬け4　グリーンゲージ種プラム9個　新鮮なバター3　ジョーダン種アーモンド½　モイストシュガー大さじ2　ペニー・スポンジケーキ［※現代の指型ビスケット(レディフィンガー)に近い焼き菓子］4個を牛乳につけておく　卵2個　ナツメグ少々　レモンの皮と果汁　シトロンを小さく切る　アーモンドは縦に割ってシンプルな型に敷き詰める　材料を混ぜた生地を型に入れて2時間蒸す　アロウルートのパウダーとレッドカラント・ゼリーを等量ずつ合わせてソースにして添える	ジョーダン種アーモンドまでの材料単位はオンスです。
サルタナ・プディング	サルタナ½ポンド　細かく刻んだスエット½　パン粉ティーカップ1杯　よく溶いた卵2個　牛乳ティーカップ1杯　しょうがとナツメグ各少々　ブランデーをワイングラス1杯　3時間ゆでる	これもまたスエット・プディングです。かなり質素なものの、よい味です。
クロケット・ド・パルメザン	パルメザンチーズ4オンス　バター2Do　卵黄1個分　クリーム少々　すべてすり鉢ですり混ぜて　大きな卵1つ分の卵白を泡立てる	
クルスタード・オ・パルメザン レシピ：P134	パンを何枚かスライスして丸い抜き型で抜き　バターで揚げて上と同じ材料をつける	
ボストン・クリーム	水10パイント、棒砂糖3ポンドを鍋に入れて沸騰させ、ボウルに入れてすっかり冷えるまで置いて、次に酒石酸¾ポンドとレモンエッセンス小さじ2　卵白3個分を泡立ててふわふわにして加え、瓶に詰めれば何か月ももつ。──少量の重曹と、グラスに半分［※71ml］のボストンクリームを混ぜ、さらに水を加えて飲む	おそらくは薬用でしょう。
肉のゼリー	脂身の少ない牛肉(フィレ)　仔牛肉、マトン　それぞれ1ポンドずつを小さく切って　片手鍋に水とともに入れて　火のそばで8時間コトコト煮る(しかし沸騰させてはいけない)　液体を濾す(少量の味のない肉の繊維が残る)　液体をゼリー状にしてやわらかいかたまりにする　間をあけてスプーン1杯ずつ　ケンブリッジのブラッドベリー博士推薦	あきらかに薬用で、病人または年配者に与えるためのレシピです。P154参照。

ジンジャー・ビア レシピ：P223	砕いた砂糖1と¼　しょうが¾オンスをすり鉢で突き混ぜて、レモン1個分の皮をごく細く切る　ピッチャーに入れて　熱湯11パイントを注ぎ、よくかき混ぜて蓋をしておく——搾りたての牛乳くらいの温度に冷めたら　火であぶった熱いトーストの切れ端にイーストをスプーン2杯のせたものとレモン果汁を加える——12時間発酵させてからモスリン布で濾して瓶に詰める——4日たったら飲めるようになる　「ザ・フィールド」新聞より。B. ブルック卿夫人より写しを入手。A. E.	オードリー・エンドの名前が書かれた希少な記録です。 　私たちは前に、このジンジャー・ビアを仕込んで1年忘れてしまい、庭師を演じる解説員にその1年物を2本持たせてあげたことがあります。彼は2本とも飲み干し、即座に木の下で眠り込んでしまいました。訪問者はそれを見て筋書きの一部だと思ったのでした。
ラマキン レシピ：P125	古くなったチーズ2オンスと、かたくなったパン2doの両方をとても細かくすりおろし、卵3個をよくかき混ぜる　かたい生地ができるまでクリームを混ぜ入れる　マスタード小さじ2、塩とカイエンペッパー少々　紙に生地を¾量ほど入れる　数分で焼ける	紙を使っているところに注目。オックスフォード英語辞典によると、ラメキンという言葉を食べ物を入れる型の名前として使う用法の初出は1895年です。
フォンデュ用	チェシャー・チーズ½ポンドをすりおろして　卵4個をよくかき混ぜて加え　クリームをティーカップ1杯　牛乳に溶かしたバター1オンス　パン粉小さじ2　1時間焼く	現代の感覚ではフォンデュというよりチーズ・カスタードに近いものです。
オレンジ・ **クリーム**	オレンジ4個分の果汁と卵黄4個分をよくかき混ぜ、好みで甘みをつけ、ごく弱火にかけてかき混ぜ続けて濃いクリーム状にする	オレンジ・カードの別名です。トーストにのせたりタルトのフィリングにするとなかなかです。
（無題）	塩1と½オンス　酒石酸1オンス　レモンの薄切り1枚　お湯1パイントをレモンにかけて1時間置いてから塩と酒石酸を溶かす	おそらくは薬用か、あるいはすごく塩辛いレモネードといったところ。おぞましい代物です。
1889年12月 **女子大修道院長** **のプディング**	すりつぶしたスイート・アーモンド¼ポンドをクリームとオレンジフラワー・ウォーターで湿らせ　すり鉢で突き混ぜてかたい生地を作る　タルトレット型12個に生地を入れて中温のオーブンでうすい茶色に色づくまで焼く　クリームを泡立てておいて　プディングの上に厚くのせてそれぞれの中央にドライチェリーを1つずつのせる	このレシピは、イライザ・アクトン『家族のための最新料理法』（1845年）、『カッセルの料理事典』、マリア・ランデル『家庭料理の新しいシステム』（1806年）などには「女子大修道院長のパフ［※焼き菓子］」という名前で載っています。『カッセル』には女子大修道院長のプディングも載っていますが別のものです。 　このレシピと次の1つは違う筆跡で書かれています——誰の字かは不明です。
1889年12月 **スイス・** **プディング** **バスケット** レシピ：P103	カースル・プディング6個　それぞれの中央を少しくりぬいて　皿に出したレッドカラントゼリーの上を転がす　まんべんなく塗れたらそれぞれのプディングに細かく刻んだピスタチオを薄くまぶしつける　中央の穴に泡立てたクリームを詰めて　細く切ったアンゼリカを上に渡してつけてバスケットの取っ手にする　そしてさくらんぼの砂糖漬けかいちごを1つずつ中央にのせる	前のレシピと同じ筆跡です。

イギリス風チャツネ
レシピ：P227

皮をむいて芯を除いた酸味のあるりんご4ポンド、レーズン1ポンド、サルタナ2ポンド、モイストシュガー4ポンド、生しょうが½ポンド　塩4オンス　にんにく2オンス　生の青とうがらし¾オンスまたは乾燥とうがらし¼オンス、マスタードシード4オンス、酢2瓶、レモン果汁半個分。

　りんごを小さめに切って塩をふりかけ、ひと晩おいて水分を切る。酢ひと瓶でりんごを煮て冷めるまで置き、砂糖を薄いシロップになるまで煮詰めて、とうがらしとしょうがをごく細かくすりつぶして　ほかの材料もごく細かく刻んてすべて混ぜ合わせ、日光に当ててひと月置く。

ここから「チョコレート・プディング」まで、また筆跡が変わっています。前の2ページの字とも、ミセス・クロウコムの字とも違っています。義理の娘が書いたのかもしれません。

ジンジャー・ビア

水8クォート、レモン2個、棒砂糖2ポンド、しょうが2オンス、酒石酸1オンス、卵1個、イースト大さじ1。レモンをスライスし、しょうがをたたいてつぶし、砂糖を加えて沸騰した湯をかけて、だいたい冷めたら酒石酸と卵とイーストを加える。よく混ぜて12時間置いてから不純物をすくって濾し器を通し、瓶に詰める。24時間置いたら飲める

前のレシピと同じ筆跡です。

アンバー・プディング
レシピ：P217

オレンジマーマレード1瓶、スエット6オンス、パン粉4オンス、卵3個　3と½時間ゆでる

前のレシピと同じ筆跡です。
　標準的なアンバー・プディングの作り方とはまったく違っています。ふつうはオレンジ・カードを入れて焼いたペイストリーですから（ドルビーやランデル、その他の資料を参照のこと）。
　試作したなかでもシェフチームのお気に入りです――これほど簡素なレシピにもかかわらず、快い酸味がすばらしいとのことでした。

修道士のオムレット

りんご大8オンス分、新鮮なバター2オンス、砂糖は好みの量、パン粉適量。りんごをパルプ状になるまでゆで、バターを混ぜ入れてすりつぶした砂糖を加える　冷ましてからよく溶いた卵を加え、バターを深いオーブン皿に塗って底と側面にパン粉を散らしてくっつけ、りんご液を入れてさらに上からパン粉をたっぷりと散らす　中温のオーブンに入れて焼きあがったら取り出して粉糖を上からかける。

前のレシピと同じ筆跡です。

どんな果物とも合わせるメレンゲ
レシピ：P113

底に濃いカスタード、次に果物、またカスタードでもう一度果物　もう一層カスタード　その上に卵白と砂糖を泡立てたものを入れる。短時間きつね色になるまで焼く

前のレシピと同じ筆跡です。

チョコレート・
プディング
レシピ：P89

チョコレート½ポンド、パン粉5オンス、細目グラニュー糖¼ポンド、牛乳½パイント、卵4個とバター5オンス。チョコレート、牛乳、パン粉とバターをシチュー鍋でとろみがつくまで加熱する。かなりかたくなったら鉢に入れ、卵の卵黄と卵白を分け　卵黄を砂糖とよく混ぜ合わせてほかの材料に加える。次に卵白をよく泡立てて加える。材料を軽く混ぜ合わせて型に入れて1時間蒸す。注ぎ口のついた容器に入れたクリームを添えて熱々で出す。熱いままでもいいが　薄く切って冷やして食べるととても美味しい

前のレシピと同じ筆跡です。

　イライザ・ウォーカー・カーク『試作を重ねた愛される料理の本』（1900年）に載っているレシピにとてもよく似ています。

コレット・D・ウフ

固ゆで卵4個を角切りにしてベシャメル・ソース½パイントと生の卵黄　タン少々　トリュフ・マッシュルーム少々　カイエンペッパーと塩少々　冷めたら小麦粉　卵　パン粉をつけて脂で揚げる　生のパセリを添えて出す

ミセス・クロウコムの筆跡と不安定な文法が復活しています。これは明らかに卵のカットレットあるいは卵コロッケにフランス語の名前をつけたものです。料理人の多くがそうだったように、彼女はフランス語を発音の通りにつづっています。

　材料は小さいカットレット型［※あばら肉の切り身に似せた、平らなしずく型］に整形します。1つずつ小麦粉、卵、パン粉をまぶして揚げてください。

チーズ・
フェバリット

ティーカップ1杯の水を片手鍋に入れ、バター1オンスを加えて沸騰させる　そこに小麦粉2と½オンスを入れてかき混ぜ　とてもなめらかになったら　C／ペッパー［※カイエンペッパー］と塩を少々加え　卵1個を割り入れてしっかりと混ぜ合わせる　そしてもう1個卵を入れてなめらかに混ぜ　すりおろしたパルメザンチーズ1オンスを入れて　完全に混ざったらコランダー［※穴あきのざる］をラードを溶かしたフライパンの上で持つ　［※コランダーの穴を通してチーズ生地を押し出して］揚げる　そして熱いうちに出す

くるくるカールしたチーズ味のドーナツを作る素敵な方法です。アームカバーを着けて作りましょう。

ピラミッド・オ・
パルメザン

アスピック・ゼリー少々をタンバル型に入れて固まるまで待つ　カスタード½パイント　卵黄2個分　チーズ1オンス　こしょうと塩で調味し　固めるためにゼラチン半オンスを加える　チーズ液を型に入れて冷やして固め　ひっくり返して型から出してアスピック・ゼリーとタラゴンひと枝を刻んで1つ1つに飾る

これは明らかに小さなピラミッド型で固めるべきものでしょう。食後のセイボリー料理として考えられたものです。アスピック・ゼリーを使っていることが目をひきますが、このころまでには缶入りの既製品が手に入るようになっていたのです。古い時期のレシピでは仔牛の足のゼリーを必要としました。ずいぶん時代は変わったものです！

ヨークシャー・
ケーキ

卵1個、同じ重さの小麦粉、バター、米粉と砂糖。ベーキングパウダー小さじ1　ほんの少量の牛乳：すべて混ぜ合わせる　よくバターを塗ったデザート皿2枚に生地を広げて10〜15分焼く　焼けたら皿からすべらせて出して片方にジャムを塗りもう片方をジャムの上にのせてやさしく押し付ける　上から細目グラニュー糖をふりかける

このレシピは3つ目の新しい筆跡で書かれています──ミセス・クロウコムの書いた字はこの後もう出てきません。前の2つの筆跡と同様、誰が書いたのかはわかりません。エドワード7世時代かもしれませんが、1920年代か1930年代の可能性のほうが高いでしょう。

ワインソース レシピ：P105	水1ジル アプリコットジャム大さじ2 細目グラニュー糖1オンス レモン果汁適量 シェリー酒またはクラレット［※ボルドー産赤ワイン］グラス1	

このレシピと上の1つは、私たち現代人がレシピといわれて期待する形にレイアウトされています──まず材料の明瞭なリストがあり、その次に、この場合は、作り方が続きます。

これはアイスではありません。簡素なムースです。バニラを省いてはいけません──ただし、ほかのフレーバーでも作れます。

アメリカン・ アイス	新鮮な牛乳1パイント ゼラチン½オンス 細目グラニュー糖2オンス 産みたての卵2個 アメリカン・アイスの続き ゼラチンを牛乳に浸けて½時間置く　沸騰させて絶えずかき混ぜ、砂糖を加え、卵白と卵黄を分けて　卵黄をかき混ぜて牛乳に加えてもう一度火にかける　卵白をふんわりするまで泡立てて加える　バニラ少々を加えてよくかき混ぜる　型に入れる

エッグ・ セイボリー （冷）	卵2個を10分ゆでる 冷たくなるまで水に入れたまま置く 皮をむいて縦に2つに切る。黄身を取り出し、バター少々と冷えた（脂身の少ない）ベーコンのみじん切りほんの少し、細かく刻んだパセリ、そしてこしょうと塩少々とともにすり鉢で突き混ぜる。白身の穴に黄身のペーストを入れて小さなグリーン・ラウンド［※西洋かぶ、ターニップの品種名］と一緒に出す── サラダかクレソンでもよい。

これは前のレシピよりもずっと古い、たぶんヴィクトリア時代に作られたレシピだと思われます。P255の「カレー風味の卵」と比べてみてください。

（つづく数ページは切り取られ、そのあとは白紙になっている）

Cheese Soufflé

½lb of Cheddar ... grated
2 handful of flour
a pinch of Cayenne pepper
4 to butter

Make first a paste, & then rub
the ... above into the paste
... of making a puff paste
Using a moderate heat, cook
for a very short time ... in a ...
oven.

参考文献および読書案内

■料理の本

＊印はエイヴィス・クロウコムが使ったとわかっているもの。

『Cassell's Dictionary of Cookery』〈カッセルの料理事典〉著者不明
（1875年ごろ、および続版）

『The English Bread Book』〈イギリスのパンの本〉Acton, Eliza（1857年、
および続版1918年まで）

＊『Modern Cookery for Private Families』〈家族のための最新料理法〉
Acton, Eliza（1845年、および続版）

『The Book of Household Management』〈家政の書〉Beeton,
Isabella（1861年、および続版多数）

『The Illustrated London Cookery Book』〈絵入りロンドン料理書〉
Bishop, Frederick（1852年、および続版）

『Pot-Luck』〈ありあわせの料理（ポット＝ラック）〉 Byron, May（1914年、
および続版）

＊『The Cook's Dictionary』〈料理人辞典〉Dolby, Richard（1830年、
および続版）

『The Ideal Cookery Book』〈理想の料理書〉Fairclough, Margaret
Alice（1911年）

『Boston Cooking School Cook Book』〈ボストン料理学校の料理書〉
Farmer, Fannie（1918年改訂版）

『The Wild-Fowler』〈野生の鳥〉Folkard, Henry Coleman（1859年）

『The Modern Cook』〈現代の料理人〉Francatelli, Charles Elmé
（1846年、および続版）

『The Encyclopaedia of Practical Cookery』〈実用料理法事典〉
Garrett, Theodore 編（1891年ごろ）

『The Complete Bread, Cake and Cracker Baker』〈パン、ケーキ、
クラッカー職人大全〉Gill, J. Thompson（1881年）

『The Royal Cookery Book』〈王室料理法〉Gouffé , Jules ／
Alphonse Goufféによる翻訳（1867年）

＊『Cre-Fydd's Family Fare』〈クレヴィドの家族の食事〉Griffiths,
Anne Eliza（1864年、および続版）

『Modern Domestic Cookery』〈最新の家庭料理法〉Hammond,
Elizabeth（1816年）

＊『The Italian Confectioner』〈イタリアの菓子職人〉Jarrin, William
（1820年、および続版）

『Warne's Model Cookery and Housekeeping Book』〈ウォーンのモデル
料理と家事の本〉Jewry, Mary（1868年、および続版）

『Tried Favourites Cookery Book』〈試作を重ねた愛される料理の本〉
Kirk, Eliza Walker（1900年）

『The Cook's Oracle』〈料理人の託宣〉Kitchiner, William（1817年、
および続版）

『The Book of Ices』〈アイスの本〉Marshall, Agnes（1885年、および
続版）

『The Experienced English Housekeeper』〈経験豊富なイングランドの
ハウスキーパー〉 Raffald, Elizabeth（1769年）

『A New System of Domestic Cookery』〈家庭料理の新しいシステム〉
Rundell, Maria（1806年、および続版、1911年ごろまで）

『The New Century Cookery Book』〈新世紀の料理書〉Senn,
Charles Herman（1901年、および続版）

『Things a Lady Would Like to Know』〈レディの知りたいこと〉
Southgate, Henry（1874年、および続版）

『The Gastronomic Regenerator』〈美食の再生者〉Soyer, Alexis
（1846年）

『Charitable Cookery, or, the Poor Man's Regenerator』〈慈善のた
めの料理法、または貧民の再生者〉Soyer, Alexis（1848年、および続版）

『The Modern Housewife』〈現代の主婦〉 Soyer, Alexis（1849年、
および続版）

『A Shilling Cookery for the People』〈庶民のための1シリング料理〉
Soyer, Alexis（1854年、および続版）

『The French Cook』〈フランスの料理人〉Ude, Louis-Eustache（1813年、
および続版）

『The Housewife's Directory』〈主婦の指導書〉Watson, John
Edward（1825年）

■読書案内

『The Victorian Country House』〈ヴィクトリア時代のカントリー・ハウス〉
Girouard, Mark（1985年）

『The Greedy Queen: Eating with Victoria』〈食いしん坊の女王：
ヴィクトリアと食事を〉Gray, Annie（2017年）

『Ladies of the Manor』〈領主夫人たち〉Horn, Pamela（2015年）

『Technology in the Country House』〈カントリー・ハウスのテクノロジー〉
Palmer, Marilyn and West, Ian（2016年）

『The Birth of the English Kitchen, 1650-1850』〈イングランドのキッチン
の誕生 1650〜1850年〉Pennell, Sara（2016年）

『The Country House Servant』〈カントリー・ハウスの使用人〉
Sambrook, Pamela（2002年）

『The Country House Kitchen 1650-1900』〈カントリー・ハウスのキッチン
1650〜1900年〉Sambrook, Pamela and Brears, Peter（2010年）

『The Country House: Material Culture and Consumption』〈カント
リー・ハウス:物質文化と消費〉Stobart, Jon and Hann, Andrew（2016年）

　以上に加えて、少し異なる位置づけの作品に『The Victorian Kitchen』
（邦訳『英国ヴィクトリア朝のキッチン』）および『The Victorian Kitchen
Garden』（『ヴィクトリア時代の自家菜園』未訳）があります。1980年代末に
BBCが制作したこの偉大な2つのテレビシリーズを超えるものはいまだかつて
ありません。

謝 辞

アニー・グレイは以下の皆さんにお礼を申し上げます。キャシー・ヒパーソンならびにエイヴィスとそのキッチンメイドを演じてきた多くの女性たち。レシピの実践に多くの時間を費やし、私が彼女たちの小道具を失敬しても許してくれました。2009年のあの忘れられない1本の電話から、私の共犯者になってくれたアンドリュー・ハン。資料を調査してくれたベタニー・フィッシャー。イングリッシュ・ヘリテッジからは、動画シリーズの陰の首謀者であるギャレス・クリフォード。そしてドミニク・バウチャード。動画の撮影者、ジョニー・ウォルトン、そしてキャストの皆さん。ルーシー・チャールズ（ファニー・カウリー役）、トレイシー・ラッセル（エリザベス・ウォリック役）、ベンジャミン・ローレンス（エドガー・アシュマン役）、そしてキール・オシェイ（ジェームズ・ヴァート役）。非凡なるフード・スタイリストのソフィー・ライト、そして最強シェフ・チームのメンバー、ミランダ・ゴドフリーとイアン・サットン、アシストのリー・ティン・シューに感謝を。設備を使わせてくれたウェストミンスター・キングスウェイ・カレッジにも感謝を。マット・ハウリング、休みを取ると言ったのにまた1冊本を書いてしまった私に耐えてくれて、個人的にありがとう。そしてリチャード・グレイとジェス・スミス、カップ計量の攻撃に追い詰められた私を床から引きはがしてくれたことに感謝いたします。

アンドリュー・ハンは、ジャン・サマーフィールド、ブライオニー・リード、シェリー・ガーランド、フィリパ・メイプス、その他の皆さん、かつて2008年に使用人区画のプロジェクトをあのような成功に導いてくれたイングリッシュ・ヘリテッジのチームに感謝の意を表します。

アニーとアンドリューの2人は、たぐいまれなる編集者のキャサリン・デイヴィに厚く感謝いたします。終わりの見えないカップ計量や、不発気味のおならギャグや、ヴィクトリア時代のカントリー・ハウスの日々の暮らしのこまごました事柄にも臆せず立ち向かう、すばらしい仕事ぶりでした。最後になりますが、私たち2人は、あらためてボブ・ストライドに感謝いたします。寛大にもレシピ帳をイングリッシュ・ヘリテッジに寄付し、私たちと訪問者の前に過去への窓を開いてくれました。

索 引

*印は図版を参照してください

■日本語版スタッフ

翻訳：村上リコ

編集協力：久世高明

デザイン協力：澁谷明美

企画：森基子（ホビージャパン）

編集統括：アリーチェ・コーミ（ホビージャパン）

■原書スタッフ

編集：キャサリン・デイヴィ

編集協力：レベカ・シール

デザイナー：アンドリュー・バロン（thextension）

メイン撮影：アビ・バンサル

歴史レシピ開発シェフ：ミランダ・ゴドフリー、イアン・サットン

フードスタイリスト：ソフィー・ライト

●画像協力

146、151、200ページの肖像写真
© www.EliotsofPortEliot.com

73ページ右上の写真 © スタンとサラ・カスポルト私蔵

その他写真 © ヒストリック・イングランド（Historic England）

ミセス・クロウコムに学ぶ ヴィクトリア朝クッキング
男爵家料理人のレシピ帳

2021年 8月20日　初版発行

著　　者　アニー・グレイ、アンドリュー・ハン

翻　　訳　村上リコ

発 行 人　松下大介

発 行 所　株式会社ホビージャパン

　　　　　〒151-0053　東京都渋谷区代々木2-15-8

　　　　　電話 03-5354-7403（編集）

　　　　　電話 03-5304-9112（営業）

印刷所　　株式会社廣済堂

Printed in Japan　　ISBN 978-4-7986-2563-8 C0076

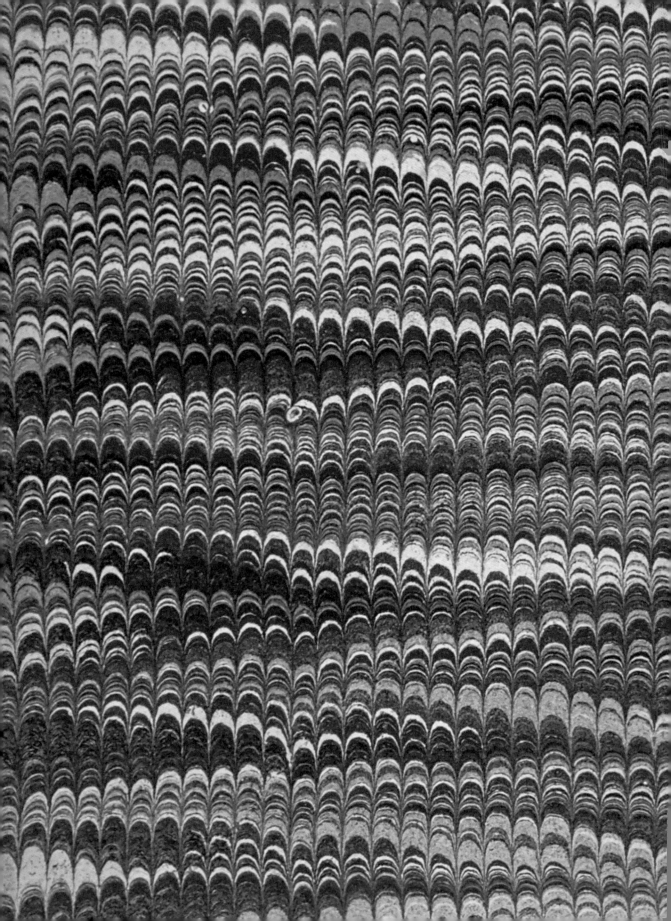

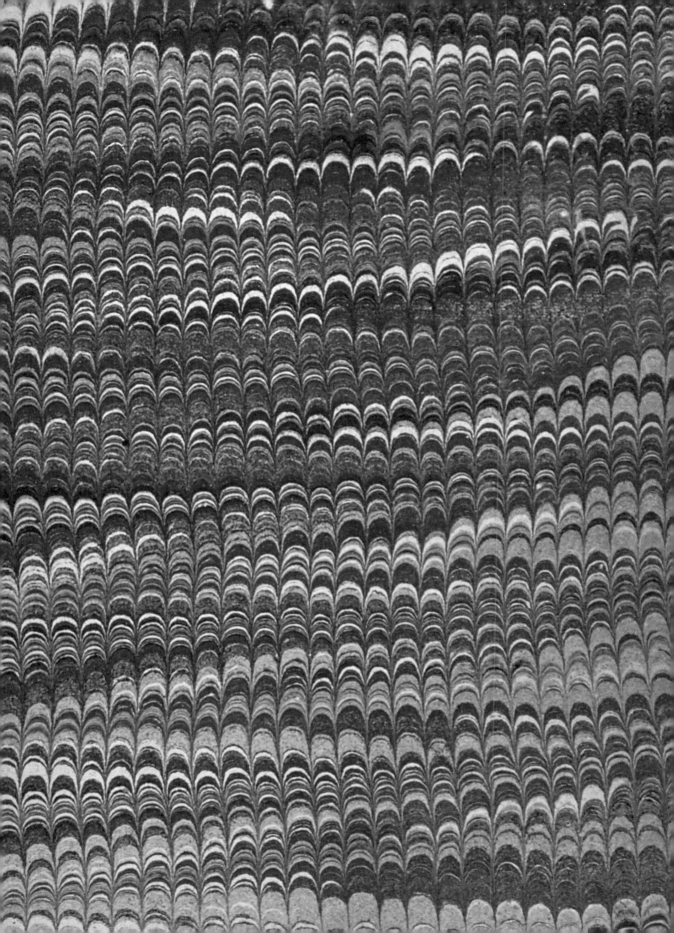